(사)한국어문회 주관 | 국가공인급수

# 한자능력 검정시험

## 기출·예상 문제집

1급

**배정한자 + 기출문제 완벽 반영!**
**예상문제 10회 + 기출·예상문제 5회 수록!**

- 한자어의 이해와 활용능력을 길러주기 위한 다양한 유형의 문제 수록
- 본 시험과 같은 유형의 기출·예상문제 수록
- 실제 시험처럼 연습할 수 있는 답안지 수록

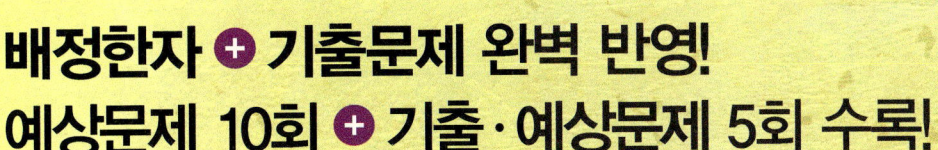

# 한자능력검정시험 1급
## 기출·예상문제집

**머리말**

문자는 언어를 체계화하여 인간의 내면세계를 구체화하고 서술하는 데에 필요한 도구이다. 따라서 한 나라의 문자 정책은 그 나라의 이상과 추구를 구체화하며 아울러 세계 인류의 의식세계를 교류하는 데에 가교架橋 역할을 한다.

지금 우리나라는 문자 정책의 혼선으로 말미암아 어문 교육 정책은 실마리를 찾지 못하고 있으며, 사회 각처에서의 언어적 무가치와 무분별한 외래어 남용을 해소할 수 없어 내 나라 내 글인 한국어의 우수성을 저버리고 있다.

새삼 한국어의 구성을 강조하지 않더라도 한국어는 한자와 한글로 구성되었음은 누구나 아는 사실이다. 특히 그 구성에 있어서 한자 어휘가 약 70% 이상을 차지하고 있으므로 한자와 한글을 따로 떼어서 교육하려는 것은 굴대에서 바퀴가 빠진 수레를 몰고자하는 것과 같다. 그럼에도 불구하고 학자들 간의 이권利權으로 말미암아 어문 정책이 양분되어 논쟁을 벌이는 것은 불필요한 지식 소모에 지나지 않는다.

이로 인하여 (사)한국어문회에서는 우리글인 한국어를 올바로 인식시키고, 고급 지식의 경제 생산을 이룩하기 위하여 초등학생부터 일반인에 이르기까지 '한자능력검정시험'을 시행하고 있다. 매년 수험생이 증가하고 있어 다행한 일이라 여겨지기는 하나 전국민이 학교의 의무 교육으로부터 올바른 한국어 교육을 받을 수 있도록 정책을 세우는 것보다는 못할 것이다.

한편 사회 각처에서 국한國漢혼용의 필요성이 대두되면서 한자교육학회의 난립과 한자검정시험이 난무하고 있어, 오랜 세월 학자들이 주장해온 국한 혼용의 본래 취지와 한국어 교육의 참뜻을 저해할까 두려운 마음이 앞선다.

다행히 무분별한 외래문화의 수용 속에서 우리 것을 바로 알고 지켜나가는 (사)한국어문회가 어문 정책의 일환으로 추진하는 '한자능력검정시험'이 꾸준히 뿌리를 내리고 있어 한결 마음 뿌듯하며, 한국어 학습자와 수험생에게 조금이나마 보탬이 되고자 이 책을 펴낸다.

원기호

# 차 례

- 머리말   3
- 차 례   4
- 시작하기 전에   5
- 출제기준   6
- 급수별 배정한자(8급 ~ 1급)   9
- 1급 예상문제(1회 ~ 10회)   67
- 1급 연습용 답안지   117
- 1급 기출·예상문제(1회 ~ 5회)   139
- 정답 및 해설   167
  - 예상문제 정답 및 해설(1회 ~ 10회)
  - 기출·예상문제 정답 및 해설(1회 ~ 5회)

# 시작하기 전에

**01** 본 문제집은 급수별 시험에 대비하는 학생이나 사회인이 한자어의 이해와 활용 능력을 기르는 데에 도움이 되도록 엮은 것이다.

**02** 본 문제집은 (사)한국어문회에서 주관하고 한국한자검정회에서 시행하는 한자능력검정시험의 출제유형에 따라 예상문제와 기출·예상문제를 구성한 것이다.

**03** 본 문제집은 한자능력검정시험과 같이 문제지와 답안지를 별도로 수록하여, 본 시험에 대비해 보다 실전에 가까운 체험을 할 수 있도록 꾸며졌다.

**04** 본 문제집은 먼저 답안지에 1차 답안을 작성하여 채점한 후에 틀린 부분을 문제지에서 다시 풀어 볼 수 있도록 구성하였다.

**05** 본 문제집의 예상문제는 출제기준에 따라 각 급수에 배정된 한자의 범위 안에서 엮은 것으로, 본 시험에 가깝게 난이도를 조정하였으며 별도로 정답과 해설을 수록하여 문제의 이해를 높이려고 하였다.

**06** (사)한국어문회에서 주관하고 한국한자검정회에서 시행하는 한자능력검정시험은, 급수별로 8급(50자) / 7급Ⅱ(100자) / 7급(150자) / 6급Ⅱ(225자) / 6급(300자) / 5급Ⅱ(400자) / 5급(500자) / 4급Ⅱ(750자) / 4급(1,000자) / 3급Ⅱ(1,500자) / 3급(1,817자) / 2급(2,355자) / 1급(3,500자) / 특급Ⅱ(4,918자) / 특급(5,978자) 등에 배정된 한자의 범위에서 출제되고 있어서 국내 여러 한자검정시험 중 급수별로 가장 많은 배정한자를 지정하고 있다.

**07** 한자 관련 시험의 종류로는 (사)한국어문회에서 주관하고 한국한자능력검정회에서 시행하는 한자능력검정시험과 국내 각종 한자자격시험 및 한자경시대회 등이 있다.

# 출제기준

- ✓ 상위급수 한자는 모두 하위급수 한자를 포함하고 있습니다.
- ✓ 쓰기 배정 한자는 한두 급수 아래의 읽기 배정한자이거나 그 범위 내에 있습니다.
- ✓ 공인급수는 특급 ~ 3급II이며, 교육급수는 4급 ~ 8급입니다.
- ✓ 출제기준표는 기본지침자료로서, 출제자의 의도에 따라 차이가 있을 수 있습니다.
- ✓ 급수는 특급, 특급II, 1급, 2급, 3급, 3급II, 4급, 4급II, 5급, 5급II, 6급, 6급II, 7급, 7급II, 8급으로 구분합니다.

| 구분 | 특급 | 특급II | 1급 | 2급 | 3급 | 3급II | 4급 | 4급II | 5급 | 5급II | 6급 | 6급II | 7급 | 7급II | 8급 |
|---|---|---|---|---|---|---|---|---|---|---|---|---|---|---|---|
| 독음 | 45 | 45 | 50 | 45 | 45 | 45 | 32 | 35 | 35 | 35 | 33 | 32 | 32 | 22 | 24 |
| 한자쓰기 | 40 | 40 | 40 | 30 | 30 | 30 | 20 | 20 | 20 | 20 | 20 | 10 | 0 | 0 | 0 |
| 훈음 | 27 | 27 | 32 | 27 | 27 | 27 | 22 | 22 | 23 | 23 | 22 | 29 | 30 | 30 | 24 |
| 완성형(成語) | 10 | 10 | 15 | 10 | 10 | 10 | 5 | 5 | 4 | 4 | 3 | 2 | 2 | 2 | 0 |
| 반의어(相對語) | 10 | 10 | 10 | 10 | 10 | 10 | 3 | 3 | 3 | 3 | 3 | 2 | 2 | 2 | 0 |
| 뜻풀이 | 5 | 5 | 10 | 5 | 5 | 5 | 3 | 3 | 3 | 3 | 2 | 2 | 2 | 2 | 0 |
| 동음이의어 | 10 | 10 | 10 | 5 | 5 | 5 | 3 | 3 | 3 | 3 | 2 | 0 | 0 | 0 | 0 |
| 부수 | 10 | 10 | 10 | 5 | 5 | 5 | 3 | 3 | 0 | 0 | 0 | 0 | 0 | 0 | 0 |
| 동의어(類義語) | 10 | 10 | 10 | 5 | 5 | 5 | 3 | 3 | 3 | 3 | 2 | 0 | 0 | 0 | 0 |
| 약자 | 3 | 3 | 3 | 3 | 3 | 3 | 3 | 3 | 3 | 3 | 0 | 0 | 0 | 0 | 0 |
| 장단음 | 10 | 10 | 10 | 5 | 5 | 5 | 3 | 0 | 0 | 0 | 0 | 0 | 0 | 0 | 0 |
| 한문 | 20 | 20 | 0 | 0 | 0 | 0 | 0 | 0 | 0 | 0 | 0 | 0 | 0 | 0 | 0 |
| 필순 | 0 | 0 | 0 | 0 | 0 | 0 | 0 | 0 | 3 | 3 | 3 | 3 | 2 | 2 | 2 |
| 출제문항(計) | 200 | | | 150 | | | 100 | | | | 90 | 80 | 70 | 60 | 50 |
| 합격문항 | 160 | | | 105 | | | 70 | | | | 63 | 56 | 49 | 42 | 35 |
| 시험시간(분) | 100 | 90 | | 60 | | | 50 | | | | | | | | |

- ● 한자능력검정시험은 《(사)한국어문회》가 주관하고, 《한국한자능력검정회》가 1992년 12월 9일 전국적으로 시행하여 현재에 이르기까지 매년 시행하고 있는 국내 최고의 한자자격시험입니다. 또한 시험에 합격한 재학생은 내신 반영은 물론, 2000학년부터 3급과 2급 합격자를 대상으로 일부 대학에서 특기자 전형 신입생을 선발함으로써 더욱 권위있고 의미있는 한자자격시험으로 인정받고 있습니다.
- ● 《(사)한국어문회》는 1992년 6월 22일에 문화부 장관 인가로 발족하고, 그 산하에 《한국한자능력검정회》를 두고 있습니다.
- ● 한자능력검정시험은 국어의 전통성 회복과 국어 생활을 바르게 하는 데에 그 목적이 있습니다. 따라서 시험에 출제되는 내용은 교과서·교양서적·논고 등에서 출제될 것입니다.

# 正鵠 정곡

화살이 과녁을 벗어났다면 무엇을 탓할 것인가? 군자는 활을 쏘는 자신의 자세에 그 원인이 있다고 여기고, 스스로 반성하여 향상을 도모하는 기회로 삼는다. 그래서 공자孔子는 "활쏘기는 군자와 유사한 데가 있으니, 정곡을 맞히지 못하면 돌이켜 자신에게서 그 원인을 찾는다(「中庸」)."라고 하여, 자신의 분수에 편안히 여기고 외물外物에 마음을 잃지 않을 것을 강조하였다.

'일이나 대답이 핵심을 정확하게 꿰뚫은 것'을 '정곡을 꿰뚫었다'라고 말한다. 여기에서 '정正'자가 '한가운데'를 뜻하는 것은 수긍이 가지만 '고니[鵠]'가 '과녁'을 뜻하는 것은 쉽게 이해가 되지 않는다.

원래 정正과 곡鵠은 새[鳥] 이름이었다. '정正'은 '제견鵜肩'이라는 새로, 행동이 민첩하고 영리해서 활을 쏘아도 좀체 맞히기가 어렵다. '곡鵠'은 겨울 철새로, 매우 높고 멀리 날아가기 때문에 역시 화살을 쏘아 명중시키는 것이 쉽지 않다. 그래서 예로부터 '정곡을 맞히는 것'을 '뛰어난 사람'으로 여겼기 때문에 이를 궁술의 용어로 쓴 것이다.

# 吹毛覓疵 취모멱자

'털을 입으로 불어가며 털 속에 있는 작은 흉터를 찾아낸다.'는 뜻으로, '남의 약점을 악착같이 찾아내려는 야박하고 가혹한 행동'을 이르는 말이다.

현명한 군주는 지혜로써 마음을 더럽히지 않으며, 사리를 추구함으로써 몸을 더럽히지 않는다. 또한 법술에 의해 국가의 어지러움을 다스렸고, 상벌에 의해 시비를 분별하며 가볍고 무거움은 저울에 따라 판단했다. 하늘의 이치를 거스르지 않고 사람의 감정과 본성을 상하게 하지 않았다.

털을 불면서 작은 흠집을 찾으려 하지 않으며, 때를 씻고 알기 힘든 상처를 찾지 않는다. (不以智累心 不以私累己 寄治亂於法術 託是非於賞罰 屬輕重於權衡 不逆天理 不傷情性 不吹毛而求小疵 不洗垢而察難知)

큰일을 도모하는 사람은 대체大體만을 바로잡아 나아가야 한다. 마치 털을 불어 작은 흉터를 찾아내듯이 사소한 일에 지나칠 정도로 세심한 주위를 기울이다보면 큰일을 그르칠 수 있기 때문이다. -『韓非子』, 「大體」

# 급수별 배정한자 (가나다 순)

한자능력검정시험 8급~1급 3,500자

: 표는 長音, ◦표는 長·短音 漢字임

## 8급 배정한자

| 한자 | 훈 | 음 | 부수-획수 |
|---|---|---|---|
| 敎 | 가르칠 | 교: | 攴-총11획 |
| 校 | 학교學校 | 교: | 木-총10획 |
| 九 | 아홉 | 구 | 乙-총 2획 |
| 國 | 나라 | 국 | 囗-총11획 |
| 軍 | 군사 軍士/軍事 | 군 | 車-총 9획 |
| 金 | 쇠 | 금 | |
| | 성姓 | 김 | 金-총 8획 |
| 南 | 남녘 | 남 | 十-총 9획 |
| 女 | 계집 | 녀 | 女-총 3획 |
| 年 | 해 | 년 | 干-총 6획 |
| 大 | 큰 | 대◦ | 大-총 3획 |
| 東 | 동녘 | 동 | 木-총 8획 |
| 六 | 여섯 | 륙 | 八-총 4획 |
| 萬 | 일만 | 만: | 艸-총13획 |
| 母 | 어미 | 모: | 母-총 5획 |
| 木 | 나무 | 목◦ | 木-총 4획 |
| 門 | 문 | 문 | 門-총 8획 |
| 民 | 백성百姓 | 민 | 氏-총 5획 |
| 白 | 흰 | 백 | 白-총 5획 |
| 父 | 아비 | 부 | 父-총 4획 |
| 北 | 북녘 | 북 | |
| | 달아날 | 배 | 匕-총 5획 |
| 四 | 넉 | 사: | 囗-총 5획 |
| 山 | 메 | 산 | 山-총 3획 |
| 三 | 석 | 삼 | 一-총 3획 |
| 生 | 날 | 생 | |
| | 낳을 | 생 | 生-총 5획 |
| 西 | 서녘 | 서 | 襾-총 6획 |
| 先 | 먼저 | 선 | 儿-총 6획 |
| 小 | 작을 | 소: | 小-총 3획 |
| 水 | 물 | 수 | 水-총 4획 |
| 室 | 집 | 실 | 宀-총 9획 |
| 十 | 열 | 십 | 十-총 2획 |
| 五 | 다섯 | 오: | 二-총 4획 |
| 王 | 임금 | 왕 | 玉-총 4획 |
| 外 | 바깥 | 외: | 夕-총 5획 |
| 月 | 달 | 월 | 月-총 4획 |
| 二 | 두 | 이: | 二-총 2획 |
| 人 | 사람 | 인 | 人-총 2획 |
| 日 | 날 | 일 | 日-총 4획 |
| 一 | 한 | 일 | 一-총 1획 |
| 長 | 긴 | 장◦ | 長-총 8획 |
| 弟 | 아우 | 제: | 弓-총 7획 |
| 中 | 가운데 | 중 | ｜-총 4획 |
| 靑 | 푸를 | 청 | 靑-총 8획 |
| 寸 | 마디 | 촌: | 寸-총 3획 |
| 七 | 일곱 | 칠 | 一-총 2획 |
| 土 | 흙 | 토 | 土-총 3획 |
| 八 | 여덟 | 팔 | 八-총 2획 |
| 學 | 배울 | 학 | 子-총16획 |
| 韓 | 나라 | 한◦ | |
| | 한국韓國 | 한◦ | 韋-총17획 |
| 兄 | 형 | 형 | 儿-총 5획 |
| 火 | 불 | 화◦ | 火-총 4획 |

※ 8급은 모두 50자입니다. 8급 시험에서 한자쓰기 문제는 출제되지 않습니다. 하지만, 8급 한자는 모든 급수의 기초가 되므로 많이 읽고 그 쓰임에 대하여 알아보는 것이 중요합니다.

## 7급II 배정한자

| 家 | 집 | 가 | 宀-총10획 |
| 間 | 사이 | 간▶ | 門-총12획 |
| 江 | 강 | 강 | 水-총6획 |
| 車 | 수레 | 거 | |
| | 수레 | 차 | 車-총7획 |
| 空 | 빌[虛空] | 공 | 穴-총8획 |
| 工 | 장인匠人 | 공 | 工-총3획 |
| 記 | 기록할 | 기 | 言-총10획 |
| 氣 | 기운氣運 | 기 | 气-총10획 |
| 男 | 사내 | 남 | 田-총7획 |
| 內 | 안 | 내: | 入-총4획 |
| 農 | 농사農事 | 농 | 辰-총13획 |
| 答 | 대답對答 | 답 | 竹-총12획 |
| 道 | 길 | 도: | |
| | 말할 | 도: | 辶-총13획 |
| 動 | 움직일 | 동: | 力-총11획 |
| 力 | 힘 | 력 | 力-총2획 |
| 立 | 설 | 립 | 立-총5획 |
| 每 | 매양每樣 | 매▶ | 母-총7획 |
| 名 | 이름 | 명 | 口-총6획 |
| 物 | 물건物件 | 물 | 牛-총8획 |
| 方 | 모[四角] | 방 | 方-총4획 |
| 不 | 아닐 | 불 | 一-총4획 |
| 事 | 일 | 사: | 亅-총8획 |
| 上 | 윗 | 상: | 一-총3획 |
| 姓 | 성姓 | 성: | 女-총8획 |
| 世 | 인간人間 | 세: | 一-총5획 |
| 手 | 손 | 수▶ | 手-총4획 |
| 時 | 때 | 시 | 日-총10획 |
| 市 | 저자 | 시: | 巾-총5획 |
| 食 | 먹을 | 식 | |
| | 밥 | 사/식 | 食-총9획 |
| 安 | 편안便安 | 안 | 宀-총6획 |
| 午 | 낮 | 오: | 十-총4획 |
| 右 | 오를 | 우: | |
| | 오른(쪽) | 우: | 口-총5획 |
| 自 | 스스로 | 자 | 自-총6획 |
| 子 | 아들 | 자 | 子-총3획 |
| 場 | 마당 | 장 | 土-총12획 |
| 電 | 번개 | 전: | 雨-총13획 |
| 前 | 앞 | 전 | 刀-총9획 |
| 全 | 온전 | 전 | 入-총6획 |
| 正 | 바를 | 정▶ | 止-총5획 |
| 足 | 발 | 족 | 足-총7획 |
| 左 | 왼 | 좌: | 工-총5획 |
| 直 | 곧을 | 직 | 目-총8획 |
| 平 | 평평할 | 평 | 干-총5획 |
| 下 | 아래 | 하: | 一-총3획 |
| 漢 | 한수漢水 | 한: | |
| | 한나라 | 한: | 水-총14획 |
| 海 | 바다 | 해: | 水-총10획 |
| 話 | 말씀 | 화 | 言-총13획 |
| 活 | 살[生活] | 활 | 水-총9획 |
| 孝 | 효도孝道 | 효: | 子-총7획 |
| 後 | 뒤 | 후: | 彳-총9획 |

※ 7급II는 8급[50자]에 새로운 한자 50자를 더하여 모두 100자입니다.

## 7급 배정한자

| 歌 | 노래 | 가 | 欠-총14획 |
| 口 | 입 | 구▶ | 口-총3획 |
| 旗 | 기 | 기 | 方-총14획 |
| 冬 | 겨울 | 동▶ | 冫-총5획 |
| 洞 | 골 | 동: | |
| | 밝을 | 통: | 水-총9획 |
| 同 | 한가지 | 동 | 口-총6획 |
| 登 | 오를[登壇] | 등 | 癶-총12획 |
| 來 | 올 | 래▶ | 人-총8획 |

# 1급

| | | | |
|---|---|---|---|
| 老 | 늙을 | 로 | 老-총6획 |
| 里 | 마을 | 리 | 里-총7획 |
| 林 | 수풀 | 림 | 木-총8획 |
| 面 | 낯 | 면 | 面-총9획 |
| 命 | 목숨 | 명 | 口-총8획 |
| 文 | 글월 | 문 | 文-총4획 |
| 問 | 물을 | 문 | 口-총11획 |
| 百 | 일백 | 백 | 白-총6획 |
| 夫 | 지아비 | 부 | 大-총4획 |
| 算 | 셈 | 산 | 竹-총14획 |
| 色 | 빛 | 색 | 色-총6획 |
| 夕 | 저녁 | 석 | 夕-총3획 |
| 所 | 바 | 소 | 戶-총8획 |
| 少 | 적을[젊을] | 소 | 小-총4획 |
| 數 | 셈 | 수 | |
| | 자주 | 삭 | 攴-총15획 |
| 植 | 심을 | 식 | 木-총12획 |
| 心 | 마음 | 심 | 心-총4획 |
| 語 | 말씀 | 어 | 言-총14획 |
| 然 | 그럴 | 연 | 火-총12획 |
| 有 | 있을 | 유 | 月-총6획 |
| 育 | 기를 | 육 | 肉-총8획 |
| 邑 | 고을 | 읍 | 邑-총7획 |

| | | | |
|---|---|---|---|
| 入 | 들 | 입 | 入-총2획 |
| 字 | 글자 | 자 | 子-총6획 |
| 祖 | 할아비 | 조 | 示-총10획 |
| 住 | 살 | 주 | 人-총7획 |
| 主 | 임금 | 주 | |
| | 주인主人 | 주 | ㇔-총5획 |
| 重 | 무거울 | 중 | 里-총9획 |
| 地 | 땅[따] | 지 | 土-총6획 |
| 紙 | 종이 | 지 | 糸-총10획 |
| 川 | 내 | 천 | 巛-총3획 |
| 千 | 일천 | 천 | 十-총3획 |
| 天 | 하늘 | 천 | 大-총4획 |
| 草 | 풀 | 초 | 艸-총10획 |
| 村 | 마을 | 촌 | 木-총7획 |
| 秋 | 가을 | 추 | 禾-총9획 |
| 春 | 봄 | 춘 | 日-총9획 |
| 出 | 날 | 출 | 凵-총5획 |
| 便 | 편할 | 편 | ※'편'만 장단음 |
| | 똥오줌 | 변 | 人-총9획 |
| 夏 | 여름 | 하 | 夂-총10획 |
| 花 | 꽃 | 화 | 艸-총8획 |
| 休 | 쉴 | 휴 | 人-총6획 |

※ 7급은 7급Ⅱ[100자]에 새로운 한자 50자를 더하여 모두 150자입니다. 7급에서 한자쓰기 문제는 출제되지 않습니다. 하지만, 7급에서 사용되는 한자는 앞으로 공부할 모든 급수에서 중요한 한자이므로 모두 쓸 수 있도록 학습하는 것이 좋습니다.

## 6급Ⅱ  배정한자

| | | | |
|---|---|---|---|
| 各 | 각각 | 각 | 口-총6획 |
| 角 | 뿔 | 각 | 角-총7획 |
| 計 | 셀 | 계 | 言-총9획 |
| 界 | 지경地境 | 계 | 田-총9획 |
| 高 | 높을 | 고 | 高-총10획 |
| 功 | 공[功勳] | 공 | 力-총5획 |
| 公 | 공평할 | 공 | 八-총4획 |
| 共 | 한가지 | 공 | 八-총6획 |
| 科 | 과목科目 | 과 | 禾-총9획 |
| 果 | 실과實果 | 과 | 木-총8획 |
| 光 | 빛 | 광 | 儿-총6획 |
| 球 | 공 | 구 | 玉-총11획 |
| 今 | 이제 | 금 | 人-총4획 |
| 急 | 급할 | 급 | 心-총9획 |
| 短 | 짧을 | 단 | 矢-총12획 |
| 堂 | 집 | 당 | 土-총11획 |

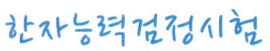
한자능력검정시험

| 代 | 대신할 | 대 : 人 - 총 5획 |
| 對 | 대할 | 대 : 寸 - 총 14획 |
| 圖 | 그림 | 도 : 囗 - 총 14획 |
| 讀 | 읽을 | 독 |
|   | 구절句節 | 두 : 言 - 총 22획 |
| 童 | 아이 | 동 : 立 - 총 12획 |
| 等 | 무리 | 등 : 竹 - 총 12획 |
| 樂 | 즐길 | 락 |
|   | 노래 | 악 |
|   | 좋아할 | 요 木 - 총 15획 |
| 理 | 다스릴 | 리 : 玉 - 총 11획 |
| 利 | 이할 | 리 : 刀 - 총 7획 |
| 明 | 밝을 | 명 : 日 - 총 8획 |
| 聞 | 들을 | 문 : 耳 - 총 14획 |
| 班 | 나눌 | 반 : 玉 - 총 10획 |
| 反 | 돌이킬 | 반 : 又 - 총 4획 |
| 半 | 반 | 반 : 十 - 총 5획 |
| 發 | 필 | 발 : 癶 - 총 12획 |
| 放 | 놓을 | 방 : 攴 - 총 8획 |
| 部 | 떼[部類] | 부 : 邑 - 총 11획 |
| 分 | 나눌 | 분 : 刀 - 총 4획 |
| 社 | 모일 | 사 : 示 - 총 8획 |

| 書 | 글 | 서 : 曰 - 총 10획 |
| 線 | 줄[針線] | 선 : 糸 - 총 15획 |
| 雪 | 눈 | 설 : 雨 - 총 11획 |
| 省 | 살필 | 성 |
|   | 덜 | 생 : 目 - 총 9획 |
| 成 | 이룰 | 성 : 戈 - 총 7획 |
| 消 | 사라질 | 소 : 水 - 총 10획 |
| 術 | 재주 | 술 : 行 - 총 11획 |
| 始 | 비로소 | 시 : 女 - 총 8획 |
| 神 | 귀신鬼神 | 신 : 示 - 총 10획 |
| 身 | 몸 | 신 : 身 - 총 7획 |
| 信 | 믿을 | 신 : 人 - 총 9획 |
| 新 | 새 | 신 : 斤 - 총 13획 |
| 藥 | 약 | 약 : 艸 - 총 19획 |
| 弱 | 약할 | 약 : 弓 - 총 10획 |
| 業 | 업 | 업 : 木 - 총 13획 |
| 勇 | 날랠 | 용 : 力 - 총 9획 |
| 用 | 쓸 | 용 : 用 - 총 5획 |
| 運 | 옮길 | 운 : 辶 - 총 13획 |
| 音 | 소리 | 음 : 音 - 총 9획 |
| 飮 | 마실 | 음 : 食 - 총 13획 |
| 意 | 뜻 | 의 : 心 - 총 13획 |

| 昨 | 어제 | 작 : 日 - 총 9획 |
| 作 | 지을 | 작 : 人 - 총 7획 |
| 才 | 재주 | 재 : 手 - 총 3획 |
| 戰 | 싸움 | 전 : 戈 - 총 16획 |
| 庭 | 뜰 | 정 : 广 - 총 10획 |
| 題 | 제목題目 | 제 : 頁 - 총 18획 |
| 第 | 차례 | 제 : 竹 - 총 11획 |
| 注 | 부을 | 주 : 水 - 총 8획 |
| 集 | 모을 | 집 : 隹 - 총 12획 |
| 窓 | 창 | 창 : 穴 - 총 11획 |
| 淸 | 맑을 | 청 : 水 - 총 11획 |
| 體 | 몸 | 체 : 骨 - 총 23획 |
| 表 | 겉 | 표 : 衣 - 총 8획 |
| 風 | 바람 | 풍 : 風 - 총 9획 |
| 幸 | 다행多幸 | 행 : 干 - 총 8획 |
| 現 | 나타날[現象] | 현 : 玉 - 총 11획 |
| 形 | 모양 | 형 : 彡 - 총 7획 |
| 和 | 화할 | 화 : 口 - 총 8획 |
| 會 | 모일 | 회 : 曰 - 총 13획 |

※ 6급Ⅱ는 7급[150자]에 새로운 한자 75자를 더하여 모두 225자입니다. 단, 6급Ⅱ에서의 한자쓰기 문제는 8급[50자]에서 출제됩니다.

## 6급 배정한자

| 感 | 느낄 | 감 : | 心 – 총13획 |
| 強 | 강할[強=强] | 강 ▶ | 弓 – 총11획 |
| 開 | 열 | 개 | 門 – 총12획 |
| 京 | 서울 | 경 | 亠 – 총 8획 |
| 苦 | 쓸[味覺] | 고 | 艹 – 총 9획 |
| 古 | 예 | 고 : | 口 – 총 5획 |
| 交 | 사귈 | 교 | 亠 – 총 6획 |
| 區 | 구분할 | 구 | |
| | 지경地境 | 구 | 匸 – 총11획 |
| 郡 | 고을 | 군 : | 邑 – 총10획 |
| 近 | 가까울 | 근 : | 辶 – 총 8획 |
| 根 | 뿌리 | 근 | 木 – 총10획 |
| 級 | 등급等級 | 급 | 糸 – 총10획 |
| 多 | 많을 | 다 | 夕 – 총 6획 |
| 待 | 기다릴 | 대 : | 彳 – 총 9획 |
| 度 | 법도法度 | 도 ▶ | |
| | 헤아릴 | 탁 | 广 – 총 9획 |
| 頭 | 머리 | 두 | 頁 – 총16획 |
| 例 | 법식法式 | 례 : | 人 – 총 8획 |
| 禮 | 예도禮度 | 례 : | 示 – 총18획 |
| 路 | 길 | 로 : | 足 – 총13획 |
| 綠 | 푸를 | 록 | 糸 – 총14획 |
| 李 | 오얏 | 리 : | |
| | 성姓 | 리 : | 木 – 총 7획 |
| 目 | 눈 | 목 | 目 – 총 5획 |
| 米 | 쌀 | 미 | 米 – 총 6획 |
| 美 | 아름다울 | 미 ▶ | 羊 – 총 9획 |
| 朴 | 성姓 | 박 | 木 – 총 6획 |
| 番 | 차례 | 번 | 田 – 총12획 |
| 別 | 다를 | 별 | |
| | 나눌 | 별 | 刀 – 총 7획 |
| 病 | 병 | 병 : | 疒 – 총10획 |
| 服 | 옷 | 복 | 月 – 총 8획 |
| 本 | 근본根本 | 본 | 木 – 총 5획 |
| 死 | 죽을 | 사 : | 歹 – 총 6획 |
| 使 | 하여금 | 사 : | |
| | 부릴 | 사 : | 人 – 총 8획 |
| 石 | 돌 | 석 | 石 – 총 5획 |
| 席 | 자리 | 석 | 巾 – 총10획 |
| 速 | 빠를 | 속 | 辶 – 총11획 |
| 孫 | 손자孫子 | 손 ▶ | 子 – 총10획 |
| 樹 | 나무 | 수 | 木 – 총16획 |
| 習 | 익힐 | 습 | 羽 – 총11획 |
| 勝 | 이길 | 승 | 力 – 총12획 |
| 式 | 법法 | 식 | 弋 – 총 6획 |
| 失 | 잃을 | 실 | 大 – 총 5획 |
| 愛 | 사랑 | 애 ▶ | 心 – 총13획 |
| 野 | 들[坪] | 야 : | 里 – 총11획 |
| 夜 | 밤 | 야 : | 夕 – 총 8획 |
| 陽 | 볕 | 양 | 阜 – 총12획 |
| 洋 | 큰바다 | 양 | 水 – 총 9획 |
| 言 | 말씀 | 언 | 言 – 총 7획 |
| 永 | 길 | 영 : | 水 – 총 5획 |
| 英 | 꽃부리 | 영 | 艹 – 총 9획 |
| 溫 | 따뜻할 | 온 | 水 – 총13획 |
| 園 | 동산 | 원 | 囗 – 총13획 |
| 遠 | 멀 | 원 : | 辶 – 총14획 |
| 油 | 기름 | 유 | 水 – 총 8획 |
| 由 | 말미암을 | 유 | 田 – 총 5획 |
| 銀 | 은 | 은 | 金 – 총14획 |
| 衣 | 옷 | 의 | 衣 – 총 6획 |
| 醫 | 의원醫院/醫員 | 의 | 酉 – 총18획 |
| 者 | 놈 | 자 | 老 – 총 9획 |
| 章 | 글 | 장 | 立 – 총11획 |
| 在 | 있을 | 재 : | 土 – 총 6획 |
| 定 | 정할 | 정 : | 宀 – 총 8획 |
| 朝 | 아침 | 조 | 月 – 총12획 |
| 族 | 겨레 | 족 | 方 – 총11획 |

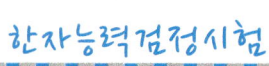

| 晝 | 낮 | 주 | 日-총11획 |
| --- | --- | --- | --- |
| 親 | 친할 | 친 | 見-총16획 |
| 太 | 클 | 태 | 大-총4획 |
| 通 | 통할 | 통 | 辶-총11획 |
| 特 | 특별할 | 특 | 牛-총10획 |
| 合 | 합할 | 합 | |
| | | 홉 | 口-총6획 |
| 行 | 다닐 | 행 | ※'행'만 장단음 |
| | 항렬行列 | 항 | 行-총6획 |
| 向 | 향할 | 향: | 口-총6획 |
| 號 | 이름 | 호▶ | 虍-총13획 |
| 畫 | 그림 | 화: | ※'화'만 장음 |
| | 그을[劃] | 획 | 田-총13획 |
| 黃 | 누를 | 황 | 黃-총12획 |
| 訓 | 가르칠 | 훈: | 言-총10획 |

※ 6급은 6급Ⅱ[225자]에 새로운 한자 75자를 더하여 모두 300자입니다.

### 5급Ⅱ 배정한자

| 價 | 값 | 가 | 人-총15획 |
| --- | --- | --- | --- |
| 客 | 손[賓客] | 객 | 宀-총9획 |
| 格 | 격식格式 | 격 | 木-총10획 |
| 見 | 볼 | 견: | |
| | 뵈올 | 현: | 見-총7획 |
| 決 | 결단할 | 결 | 水-총7획 |
| 結 | 맺을 | 결 | 糸-총12획 |
| 敬 | 공경恭敬 | 경: | 攴-총13획 |
| 告 | 고할 | 고: | 口-총7획 |
| 課 | 공부할 | 과▶ | |
| | 과정課程 | 과▶ | 言-총15획 |
| 過 | 지날 | 과: | 辶-총13획 |
| 關 | 관계할 | 관 | 門-총19획 |
| 觀 | 볼 | 관 | 見-총25획 |
| 廣 | 넓을 | 광: | 广-총15획 |
| 具 | 갖출 | 구▶ | 八-총8획 |
| 舊 | 예 | 구: | 臼-총18획 |
| 局 | 판[形局] | 국 | 尸-총7획 |
| 己 | 몸 | 기 | 己-총3획 |
| 基 | 터 | 기 | 土-총11획 |
| 念 | 생각 | 념: | 心-총8획 |
| 能 | 능할 | 능 | 肉-총10획 |
| 團 | 둥글 | 단 | 口-총14획 |
| 當 | 마땅 | 당 | 田-총13획 |
| 德 | 큰 | 덕 | 彳-총15획 |
| 到 | 이를 | 도: | 刀-총8획 |

| 獨 | 홀로 | 독 | 犬-총16획 |
| --- | --- | --- | --- |
| 朗 | 밝을 | 랑: | 月-총11획 |
| 良 | 어질 | 량 | 艮-총7획 |
| 旅 | 나그네 | 려 | 方-총10획 |
| 歷 | 지날 | 력 | 止-총16획 |
| 練 | 익힐 | 련: | 糸-총15획 |
| 勞 | 일할 | 로 | 力-총12획 |
| 類 | 무리 | 류▶ | 頁-총19획 |
| 流 | 흐를 | 류 | 水-총10획 |
| 陸 | 뭍 | 륙 | 阜-총11획 |
| 望 | 바랄 | 망: | 月-총11획 |
| 法 | 법 | 법 | 水-총8획 |
| 變 | 변할 | 변: | 言-총23획 |
| 兵 | 병사兵士 | 병: | 八-총7획 |
| 福 | 복 | 복 | 示-총14획 |
| 奉 | 받들 | 봉: | 大-총8획 |
| 史 | 사기史記 | 사: | 口-총5획 |
| 士 | 선비 | 사: | 士-총3획 |
| 仕 | 섬길 | 사▶ | 人-총5획 |
| 産 | 낳을 | 산: | 生-총11획 |
| 相 | 서로 | 상 | 目-총9획 |
| 商 | 장사 | 상 | 口-총11획 |

# 1급

| 한자 | 훈 | 음 | 부수-획수 |
|---|---|---|---|
| 鮮 | 고울 | 선 | 魚-총17획 |
| 仙 | 신선神仙 | 선 | 人-총5획 |
| 說 | 말씀 | 설 | |
| | 달랠 | 세: | |
| | 기쁠 | 열 | 言-총14획 |
| 性 | 성품性品 | 성: | 心-총8획 |
| 洗 | 씻을 | 세: | 水-총9획 |
| 歲 | 해 | 세: | 止-총13획 |
| 束 | 묶을 | 속 | 木-총7획 |
| 首 | 머리 | 수 | 首-총9획 |
| 宿 | 잘 | 숙 | |
| | 별자리 | 수: | 宀-총11획 |
| 順 | 순할 | 순: | 頁-총12획 |
| 識 | 알 | 식 | |
| | 기록할 | 지 | 言-총19획 |
| 臣 | 신하臣下 | 신 | 臣-총6획 |
| 實 | 열매 | 실 | 宀-총14획 |
| 兒 | 아이 | 아 | 儿-총8획 |
| 惡 | 악할 | 악 | |
| | 미워할 | 오 | 心-총12획 |
| 約 | 맺을 | 약 | 糸-총9획 |
| 養 | 기를 | 양: | 食-총15획 |
| 要 | 요긴할 | 요 | 襾-총9획 |
| 友 | 벗 | 우: | 又-총4획 |
| 雨 | 비 | 우: | 雨-총8획 |
| 雲 | 구름 | 운 | 雨-총12획 |
| 元 | 으뜸 | 원 | 儿-총4획 |
| 偉 | 클 | 위 | 人-총11획 |
| 以 | 써 | 이: | 人-총5획 |
| 任 | 맡길 | 임: | 人-총6획 |
| 材 | 재목材木 | 재 | 木-총7획 |
| 財 | 재물財物 | 재 | 貝-총10획 |
| 的 | 과녁 | 적 | 白-총8획 |
| 典 | 법法 | 전: | 八-총8획 |
| 傳 | 전할 | 전 | 人-총13획 |
| 展 | 펼 | 전: | 尸-총10획 |
| 切 | 끊을 | 절 | |
| | 온통 | 체 | 刀-총4획 |
| 節 | 마디 | 절 | 竹-총15획 |
| 店 | 가게 | 점: | 广-총8획 |
| 情 | 뜻 | 정 | 心-총11획 |
| 調 | 고를 | 조 | 言-총15획 |
| 卒 | 마칠 | 졸 | 十-총8획 |
| 種 | 씨 | 종: | 禾-총14획 |
| 週 | 주일週日 | 주 | 辶-총12획 |
| 州 | 고을 | 주 | 巛-총6획 |
| 知 | 알 | 지 | 矢-총8획 |
| 質 | 바탕 | 질 | 貝-총15획 |
| 着 | 붙을 | 착 | 目-총12획 |
| 參 | 참여할 | 참 | |
| | 갖은석 | 삼 | 厶-총11획 |
| 責 | 꾸짖을 | 책 | 貝-총11획 |
| 充 | 채울 | 충 | 儿-총6획 |
| 宅 | 집 | 택 | |
| | 집 | 댁 | 宀-총6획 |
| 品 | 물건物件 | 품: | 口-총9획 |
| 必 | 반드시 | 필 | 心-총5획 |
| 筆 | 붓 | 필 | 竹-총12획 |
| 害 | 해할 | 해: | 宀-총10획 |
| 化 | 될 | 화 | 匕-총4획 |
| 效 | 본받을 | 효: | 攴-총10획 |
| 凶 | 흉할 | 흉 | 凵-총4획 |

※ 5급Ⅱ는 6급[300자]에 새로운 한자 100자를 더하여 모두 400자입니다.
단, 5급Ⅱ에서의 한자쓰기 문제는 6급Ⅱ[225자]에서 출제됩니다.

## 5급 배정한자

| 한자 | 훈 | 음 | 부수-획수 |
|---|---|---|---|
| 加 | 더할 | 가 | 力-총 5획 |
| 可 | 옳을 | 가: | 口-총 5획 |
| 改 | 고칠 | 개: | 攴-총 7획 |
| 去 | 갈 | 거: | 厶-총 5획 |
| 擧 | 들 | 거: | 手-총18획 |
| 健 | 굳셀 | 건: | 人-총11획 |
| 件 | 물건物件 | 건 | 人-총 6획 |
| 建 | 세울 | 건: | 廴-총 9획 |
| 輕 | 가벼울 | 경 | 車-총14획 |
| 競 | 다툴 | 경: | 立-총20획 |
| 景 | 볕 | 경: | 日-총12획 |
| 固 | 굳을 | 고: | 口-총 8획 |
| 考 | 생각할 | 고: | 老-총 6획 |
| 曲 | 굽을 | 곡 | 曰-총 6획 |
| 橋 | 다리 | 교 | 木-총16획 |
| 救 | 구원할 | 구: | 攴-총11획 |
| 貴 | 귀할 | 귀: | 貝-총12획 |
| 規 | 법法 | 규 | 見-총11획 |
| 給 | 줄 | 급 | 糸-총12획 |
| 汽 | 물끓는김 | 기 | 水-총 7획 |
| 期 | 기약할 | 기 | 月-총12획 |
| 技 | 재주 | 기 | 手-총 7획 |
| 吉 | 길할 | 길 | 口-총 6획 |
| 壇 | 단 | 단 | 土-총16획 |
| 談 | 말씀 | 담 | 言-총15획 |
| 都 | 도읍都邑 | 도 | 邑-총12획 |
| 島 | 섬 | 도 | 山-총10획 |
| 落 | 떨어질 | 락 | 艹-총13획 |
| 冷 | 찰 | 랭: | 冫-총 7획 |
| 量 | 헤아릴 | 량 | 里-총12획 |
| 領 | 거느릴 | 령 | 頁-총14획 |
| 令 | 하여금 | 령: | 人-총 5획 |
| 料 | 헤아릴 | 료: | 斗-총10획 |
| 馬 | 말 | 마: | 馬-총10획 |
| 末 | 끝 | 말 | 木-총 5획 |
| 亡 | 망할 | 망 | 亠-총 3획 |
| 買 | 살 | 매: | 貝-총12획 |
| 賣 | 팔賣却 | 매: | 貝-총15획 |
| 無 | 없을 | 무 | 火-총12획 |
| 倍 | 곱 | 배: | 人-총10획 |
| 比 | 견줄 | 비: | 比-총 4획 |
| 費 | 쓸 | 비: | 貝-총12획 |
| 鼻 | 코 | 비: | 鼻-총14획 |
| 氷 | 얼음 | 빙 | 水-총 5획 |
| 寫 | 베낄 | 사 | 宀-총15획 |
| 思 | 생각 | 사: | 心-총 9획 |
| 査 | 조사할 | 사 | 木-총 9획 |
| 賞 | 상줄 | 상 | 貝-총15획 |
| 序 | 차례 | 서: | 广-총 7획 |
| 選 | 가릴 | 선: | 辶-총16획 |
| 船 | 배[船舶] | 선 | 舟-총11획 |
| 善 | 착할 | 선: | 口-총12획 |
| 示 | 보일 | 시: | 示-총 5획 |
| 案 | 책상冊床 | 안: | 木-총10획 |
| 魚 | 고기 | 어 | |
| | 물고기 | 어 | 魚-총11획 |
| 漁 | 고기잡을 | 어 | 水-총14획 |
| 億 | 억[數字] | 억 | 人-총15획 |
| 熱 | 더울 | 열 | 火-총15획 |
| 葉 | 잎 | 엽 | |
| | 고을이름 | 섭 | 艹-총13획 |
| 屋 | 집 | 옥 | 尸-총 9획 |
| 完 | 완전할 | 완 | 宀-총 7획 |
| 曜 | 빛날 | 요: | 日-총18획 |
| 浴 | 목욕할 | 욕 | 水-총10획 |
| 牛 | 소 | 우 | 牛-총 4획 |
| 雄 | 수컷 | 웅 | 隹-총12획 |

| 原 | 언덕 | 원: | 厂 - 총10획 |
| 願 | 원할 | 원 | 頁 - 총19획 |
| 院 | 집 | 원 | 阜 - 총10획 |
| 位 | 자리 | 위 | 人 - 총7획 |
| 耳 | 귀 | 이: | 耳 - 총6획 |
| 因 | 인할 | 인 | 口 - 총6획 |
| 再 | 두 | 재: | 冂 - 총6획 |
| 災 | 재앙災殃 | 재 | 火 - 총7획 |
| 爭 | 다툴 | 쟁 | 爪 - 총8획 |
| 貯 | 쌓을 | 저: | 貝 - 총12획 |
| 赤 | 붉을 | 적 | 赤 - 총7획 |
| 停 | 머무를 | 정 | 人 - 총11획 |
| 操 | 잡을 | 조⋅ | 手 - 총16획 |
| 終 | 마칠 | 종 | 糸 - 총11획 |
| 罪 | 허물 | 죄: | 网 - 총13획 |
| 止 | 그칠 | 지 | 止 - 총4획 |
| 唱 | 부를 | 창: | 口 - 총11획 |
| 鐵 | 쇠 | 철 | 金 - 총21획 |
| 初 | 처음 | 초 | 刀 - 총7획 |
| 最 | 가장 | 최: | 曰 - 총12획 |
| 祝 | 빌[祝福] | 축 | 示 - 총10획 |
| 致 | 이를 | 치: | 至 - 총10획 |

| 則 | 법칙法則 | 칙 | |
| | 곧 | 즉 | 刀 - 총9획 |
| 他 | 다를 | 타 | 人 - 총5획 |
| 打 | 칠[打擊] | 타: | 手 - 총5획 |
| 卓 | 높을 | 탁 | 十 - 총8획 |
| 炭 | 숯 | 탄: | 火 - 총9획 |
| 板 | 널 | 판 | 木 - 총8획 |
| 敗 | 패할 | 패: | 攴 - 총11획 |
| 河 | 물 | 하 | 水 - 총8획 |
| 寒 | 찰 | 한 | 宀 - 총12획 |
| 許 | 허락할 | 허 | 言 - 총11획 |
| 湖 | 호수湖水 | 호 | 水 - 총12획 |
| 患 | 근심 | 환: | 心 - 총11획 |
| 黑 | 검을 | 흑 | 黑 - 총12획 |

※ 5급은 5급Ⅱ[400자]에 새로운 한자 100자를 더하여 모두 500자입니다. 단, 5급에서 한자쓰기 문제는 6급 [300자]에서 출제됩니다.

### 4급Ⅱ 배정한자

| 街 | 거리 | 가⋅ | 行 - 총12획 |
| 假 | 거짓 | 가: | 人 - 총11획 |
| 減 | 덜 | 감: | 水 - 총12획 |
| 監 | 볼 | 감 | 皿 - 총14획 |
| 講 | 욀 | 강: | 言 - 총17획 |
| 康 | 편안 | 강 | 广 - 총11획 |
| 個 | 낱 | 개⋅ | 人 - 총10획 |
| 檢 | 검사할 | 검: | 木 - 총17획 |
| 潔 | 깨끗할 | 결 | 水 - 총15획 |
| 缺 | 이지러질 | 결 | 缶 - 총10획 |
| 慶 | 경사 | 경: | 心 - 총15획 |
| 警 | 깨우칠 | 경: | 言 - 총20획 |
| 境 | 지경 | 경 | 土 - 총14획 |
| 經 | 지날 | 경 | |
| | 글 | 경 | 糸 - 총13획 |
| 係 | 맬 | 계: | 人 - 총9획 |
| 故 | 연고 | 고⋅ | 攴 - 총9획 |
| 官 | 벼슬 | 관 | 宀 - 총8획 |
| 求 | 구할[求索] | 구 | 水 - 총7획 |
| 句 | 글귀 | 구 | 口 - 총5획 |
| 究 | 연구할 | 구 | 穴 - 총7획 |
| 宮 | 집 | 궁 | 宀 - 총10획 |
| 權 | 권세 | 권 | 木 - 총22획 |
| 極 | 극진할 | 극 | |
| | 다할 | 극 | 木 - 총13획 |
| 禁 | 금할 | 금: | 示 - 총13획 |

한자능력검정시험

| 器 | 그릇 | 기 | 口-총16획 |
| 起 | 일어날 | 기 | 走-총10획 |
| 暖 | 따뜻할 | 난: | 日-총13획 |
| 難 | 어려울 | 난▶ | 隹-총19획 |
| 怒 | 성낼 | 노: | 心-총9획 |
| 努 | 힘쓸 | 노 | 力-총7획 |
| 斷 | 끊을 | 단: | 斤-총18획 |
| 端 | 끝 | 단 | 立-총14획 |
| 檀 | 박달나무 | 단 | 木-총17획 |
| 單 | 홑 | 단 | |
| | 오랑캐임금 | 선 | 口-총12획 |
| 達 | 통달할 | 달 | 辶-총13획 |
| 擔 | 멜 | 담 | 手-총16획 |
| 黨 | 무리 | 당 | 黑-총20획 |
| 帶 | 띠 | 대▶ | 巾-총11획 |
| 隊 | 무리 | 대 | 阜-총12획 |
| 導 | 인도할 | 도: | 寸-총16획 |
| 督 | 감독할 | 독 | 目-총13획 |
| 毒 | 독[毒藥] | 독 | 毋-총8획 |
| 銅 | 구리 | 동 | 金-총14획 |
| 斗 | 말 | 두 | 斗-총4획 |
| 豆 | 콩 | 두 | 豆-총7획 |
| 得 | 얻을 | 득 | 彳-총11획 |

| 羅 | 벌릴 | 라 | 网-총19획 |
| 兩 | 두 | 량: | 入-총8획 |
| 麗 | 고울 | 려 | 鹿-총19획 |
| 連 | 이을 | 련 | 辶-총11획 |
| 列 | 벌릴/벌일 | 렬 | 刀-총6획 |
| 錄 | 기록할 | 록 | 金-총16획 |
| 論 | 논할 | 론 | 言-총15획 |
| 留 | 머무를 | 류 | 田-총10획 |
| 律 | 법칙 | 률 | 彳-총9획 |
| 滿 | 찰 | 만▶ | 水-총14획 |
| 脈 | 줄기 | 맥 | 肉-총10획 |
| 毛 | 터럭 | 모 | 毛-총4획 |
| 牧 | 칠[牧養] | 목 | 牛-총8획 |
| 武 | 호반 | 무: | 止-총8획 |
| 務 | 힘쓸 | 무: | 力-총11획 |
| 味 | 맛 | 미: | 口-총8획 |
| 未 | 아닐 | 미▶ | 木-총5획 |
| 密 | 빽빽할 | 밀 | 宀-총11획 |
| 博 | 넓을 | 박 | 十-총12획 |
| 防 | 막을 | 방 | 阜-총7획 |
| 房 | 방 | 방 | 戶-총8획 |
| 訪 | 찾을 | 방: | 言-총11획 |

| 配 | 나눌 | 배: | |
| | 짝 | 배 | 酉-총10획 |
| 背 | 등 | 배: | 肉-총9획 |
| 拜 | 절 | 배: | 手-총9획 |
| 罰 | 벌할 | 벌 | 网-총14획 |
| 伐 | 칠[討] | 벌 | 人-총6획 |
| 壁 | 벽 | 벽 | 土-총16획 |
| 邊 | 가[側] | 변 | 辶-총19획 |
| 報 | 갚을 | 보: | |
| | 알릴 | 보 | 土-총12획 |
| 步 | 걸음 | 보: | 止-총7획 |
| 寶 | 보배 | 보: | 宀-총20획 |
| 保 | 지킬 | 보 | 人-총9획 |
| 復 | 회복할 | 복 | ※'부'만 장음 |
| | 다시 | 부: | 彳-총12획 |
| 府 | 마을[官廳] | 부: | 广-총8획 |
| 婦 | 며느리 | 부 | 女-총11획 |
| 副 | 버금 | 부: | 刀-총11획 |
| 富 | 부자 | 부: | 宀-총12획 |
| 佛 | 부처 | 불 | 人-총7획 |
| 非 | 아닐 | 비▶ | 非-총8획 |
| 備 | 갖출 | 비: | 人-총12획 |
| 飛 | 날 | 비 | 飛-총9획 |

# 1급

| 悲 | 슬플 | 비: | 心-총12획 |
|---|---|---|---|
| 貧 | 가난할 | 빈 | 貝-총11획 |
| 謝 | 사례할 | 사: | 言-총17획 |
| 師 | 스승 | 사 | 巾-총10획 |
| 寺 | 절 | 사 | ※'시'만 장음 |
|   | 내관內官 | 시: | 寸-총6획 |
| 舍 | 집 | 사 | 舌-총8획 |
| 殺 | 죽일 | 살 |   |
|   | 감할 | 쇄: | ※'쇄'만 장음 |
|   | 빠를 | 쇄: | 殳-총11획 |
| 常 | 떳떳할 | 상 | 巾-총11획 |
| 床 | 상[床=牀] | 상 | 广-총7획 |
| 想 | 생각 | 상: | 心-총13획 |
| 狀 | 형상 | 상 | ※'장'만 장음 |
|   | 문서 | 장: | 犬-총8획 |
| 設 | 베풀 | 설 | 言-총11획 |
| 星 | 별 | 성 | 日-총9획 |
| 聖 | 성인 | 성: | 耳-총13획 |
| 盛 | 성할 | 성: | 皿-총12획 |
| 聲 | 소리 | 성 | 耳-총17획 |
| 城 | 재[內城] | 성 | 土-총10획 |
| 誠 | 정성 | 성 | 言-총14획 |
| 細 | 가늘 | 세: | 糸-총11획 |

| 稅 | 세금 | 세: | 禾-총12획 |
|---|---|---|---|
| 勢 | 형세形勢 | 세: | 力-총13획 |
| 素 | 본디 | 소(:) |   |
|   | 흴[白] | 소 | 糸-총10획 |
| 掃 | 쓸[掃除] | 소(:) | 手-총11획 |
| 笑 | 웃음 | 소: | 竹-총10획 |
| 續 | 이을 | 속 | 糸-총21획 |
| 俗 | 풍속 | 속 | 人-총9획 |
| 送 | 보낼 | 송: | 辶-총10획 |
| 收 | 거둘 | 수 | 攴-총6획 |
| 修 | 닦을 | 수 | 人-총10획 |
| 受 | 받을 | 수(:) | 又-총8획 |
| 授 | 줄 | 수 | 手-총11획 |
| 守 | 지킬 | 수 | 宀-총6획 |
| 純 | 순수할 | 순 | 糸-총10획 |
| 承 | 이을 | 승 | 手-총8획 |
| 詩 | 시 | 시 | 言-총13획 |
| 施 | 베풀 | 시: | 方-총9획 |
| 視 | 볼 | 시: | 見-총12획 |
| 試 | 시험 | 시(:) | 言-총13획 |
| 是 | 이[斯] | 시: |   |
|   | 옳을 | 시: | 日-총9획 |
| 息 | 쉴 | 식 | 心-총10획 |

| 申 | 납[猿] | 신 | 田-총5획 |
|---|---|---|---|
| 深 | 깊을 | 심 | 水-총11획 |
| 眼 | 눈 | 안: | 目-총11획 |
| 暗 | 어두울 | 암: | 日-총13획 |
| 壓 | 누를 | 압 | 土-총17획 |
| 液 | 진 | 액 | 水-총11획 |
| 羊 | 양 | 양 | 羊-총6획 |
| 如 | 같을 | 여 | 女-총6획 |
| 餘 | 남을 | 여 | 食-총16획 |
| 逆 | 거스를 | 역 | 辶-총10획 |
| 硏 | 갈[硏磨] | 연: | 石-총11획 |
| 煙 | 연기 | 연 | 火-총13획 |
| 演 | 펼 | 연: | 水-총14획 |
| 榮 | 영화 | 영 | 木-총14획 |
| 藝 | 재주 | 예: | 艸-총19획 |
| 誤 | 그르칠 | 오: | 言-총14획 |
| 玉 | 구슬 | 옥 | 玉-총5획 |
| 往 | 갈 | 왕: | 彳-총8획 |
| 謠 | 노래 | 요 | 言-총17획 |
| 容 | 얼굴 | 용 | 宀-총10획 |
| 圓 | 둥글 | 원 | 囗-총13획 |
| 員 | 인원 | 원 | 囗-총10획 |
| 衛 | 지킬 | 위 | 行-총16획 |

급수별 배정한자 19

한자능력검정시험

| 爲 | 하 | 위ˇ | |
| --- | --- | --- | --- |
| | 할 | 위 | 爪-총12획 |
| 肉 | 고기 | 육 | 肉-총 6획 |
| 恩 | 은혜 | 은 | 心-총10획 |
| 陰 | 그늘 | 음 | 阜-총11획 |
| 應 | 응할 | 응ː | 心-총17획 |
| 義 | 옳을 | 의ː | 羊-총13획 |
| 議 | 의논할 | 의ˇ | 言-총20획 |
| 移 | 옮길 | 이 | 禾-총11획 |
| 益 | 더할 | 익 | 皿-총10획 |
| 引 | 끌 | 인 | 弓-총 4획 |
| 印 | 도장 | 인 | 卩-총 6획 |
| 認 | 알[知] | 인 | 言-총14획 |
| 障 | 막을 | 장 | 阜-총14획 |
| 將 | 장수 | 장ˇ | 寸-총11획 |
| 低 | 낮을 | 저ː | 人-총 7획 |
| 敵 | 대적할 | 적 | 攴-총15획 |
| 田 | 밭 | 전 | 田-총 5획 |
| 絶 | 끊을 | 절 | 糸-총12획 |
| 接 | 이을 | 접 | 手-총11획 |
| 政 | 정사 | 정 | 攴-총 8획 |
| 精 | 정할 | 정 | |
| | 자세할 | 정 | 米-총14획 |

| 程 | 한도 | 정 | |
| --- | --- | --- | --- |
| | 길[道] | 정 | 禾-총12획 |
| 濟 | 건널 | 제ː | 水-총17획 |
| 提 | 끌[提携] | 제 | 手-총12획 |
| 除 | 덜 | 제 | 阜-총10획 |
| 制 | 절제할 | 제ː | 刀-총 8획 |
| 祭 | 제사 | 제ː | 示-총11획 |
| 際 | 즈음 | 제ː | |
| | 가[邊] | 제 | 阜-총14획 |
| 製 | 지을 | 제ː | 衣-총14획 |
| 助 | 도울 | 조ː | 力-총 7획 |
| 鳥 | 새 | 조 | 鳥-총11획 |
| 早 | 이를 | 조ː | 日-총 6획 |
| 造 | 지을 | 조ː | 辶-총11획 |
| 尊 | 높을 | 존 | 寸-총12획 |
| 宗 | 마루 | 종 | 宀-총 8획 |
| 走 | 달릴 | 주 | 走-총 7획 |
| 竹 | 대 | 죽 | 竹-총 6획 |
| 準 | 준할 | 준ː | 水-총13획 |
| 衆 | 무리 | 중ː | 血-총12획 |
| 增 | 더할 | 증 | 土-총15획 |
| 指 | 가리킬 | 지 | 手-총 9획 |
| 志 | 뜻 | 지 | 心-총 7획 |

| 至 | 이를 | 지 | 至-총 6획 |
| --- | --- | --- | --- |
| 支 | 지탱할 | 지 | 支-총 4획 |
| 職 | 직분 | 직 | 耳-총18획 |
| 進 | 나아갈 | 진ː | 辶-총12획 |
| 眞 | 참 | 진 | 目-총10획 |
| 次 | 버금 | 차 | 欠-총 6획 |
| 察 | 살필 | 찰 | 宀-총14획 |
| 創 | 비롯할 | 창ː | 刀-총12획 |
| 處 | 곳 | 처ː | 虍-총11획 |
| 請 | 청할 | 청 | 言-총15획 |
| 總 | 다[皆] | 총ː | 糸-총17획 |
| 銃 | 총 | 총 | 金-총14획 |
| 蓄 | 모을 | 축 | 艸-총14획 |
| 築 | 쌓을 | 축 | 竹-총16획 |
| 蟲 | 벌레 | 충 | 虫-총18획 |
| 忠 | 충성 | 충 | 心-총 8획 |
| 取 | 가질 | 취ː | 又-총 8획 |
| 測 | 헤아릴 | 측 | 水-총12획 |
| 治 | 다스릴 | 치 | 水-총 8획 |
| 置 | 둘[措置] | 치ː | 网-총13획 |
| 齒 | 이 | 치 | 齒-총15획 |
| 侵 | 침노할 | 침 | 人-총 9획 |
| 快 | 쾌할 | 쾌 | 心-총 7획 |

| | | | | | | | | | | |
|---|---|---|---|---|---|---|---|---|---|---|
| 態 | 모습 | 태: | 心-총14획 | 協 | 화할 | 협 | 十-총8획 | 簡 | 간략할 | 간: |
| 統 | 거느릴 | 통: | 糸-총12획 | 惠 | 은혜 | 혜: | 心-총12획 | | 대쪽 | 간 竹-총18획 |
| 退 | 물러날 | 퇴: | 辶-총10획 | 護 | 도울 | 호: | 言-총21획 | 干 | 방패 | 간 干-총3획 |
| 破 | 깨뜨릴 | 파: | 石-총10획 | 呼 | 부를 | 호 | 口-총8획 | 看 | 볼 | 간 目-총9획 |
| 波 | 물결 | 파 | 水-총8획 | 好 | 좋을 | 호: | 女-총6획 | 敢 | 감히 | 감: |
| 布 | 베/펼 | 포: | ※'보'는 장음 | 戶 | 집 | 호: | 戶-총4획 | | 구태여 | 감 攴-총12획 |
| | 보시 | 보: | 巾-총5획 | 貨 | 재물 | 화: | 貝-총11획 | 甘 | 달 | 감 甘-총5획 |
| 包 | 쌀[裹] | 포: | 勹-총5획 | 確 | 굳을 | 확 | 石-총15획 | 甲 | 갑옷 | 갑 田-총5획 |
| 砲 | 대포 | 포: | 石-총10획 | 回 | 돌아올 | 회 | 口-총6획 | 降 | 내릴 | 강: ※'강'만 장음 |
| 暴 | 사나울 | 폭 | ※'포'만 장음 | 吸 | 마실 | 흡 | 口-총7획 | | 항복할 | 항: 阜-총9획 |
| | 모질 | 포: | 日-총15획 | 興 | 일[興盛] | 흥: | 臼-총16획 | 更 | 다시 | 갱: ※'갱'만 장음 |
| 票 | 표 | 표 | 示-총11획 | 希 | 바랄 | 희 | 巾-총7획 | | 고칠 | 경 曰-총7획 |
| 豊 | 풍년[豊=豐] | 풍 | 豆-총13획 | | | | | 據 | 근거 | 거: 手-총16획 |
| 限 | 한할 | 한: | 阜-총9획 | ※ 4급Ⅱ는 5급[500자]에 새로운 한자 250자를 더하여 모두 750자입니다. 단, 4급Ⅱ에서 한자쓰기 문제는 5급 중[400자]에서 출제됩니다. | | | | | 拒 | 막을 | 거: 手-총8획 |
| 航 | 배 | 항: | 舟-총10획 | | | | | 居 | 살 | 거 尸-총8획 |
| 港 | 항구 | 항: | 水-총12획 | | | | | 巨 | 클 | 거: 工-총5획 |
| 解 | 풀 | 해: | 角-총13획 | | | | | 傑 | 뛰어날 | 걸 人-총12획 |
| 鄕 | 시골 | 향 | 邑-총13획 | **4급** 배정한자 | | | | 儉 | 검소할 | 검: 人-총15획 |
| 香 | 향기 | 향 | 香-총9획 | | | | | 激 | 격할 | 격 水-총16획 |
| 虛 | 빌 | 허 | 虍-총12획 | 暇 | 틈 | 가: | | 擊 | 칠[打擊] | 격 手-총17획 |
| 驗 | 시험 | 험: | 馬-총23획 | | 겨를 | 가: | 日-총13획 | 犬 | 개 | 견 犬-총4획 |
| 賢 | 어질 | 현 | 貝-총15획 | 覺 | 깨달을 | 각 | 見-총20획 | 堅 | 굳을 | 견 土-총11획 |
| 血 | 피 | 혈 | 血-총6획 | 刻 | 새길 | 각 | 刀-총8획 | 鏡 | 거울 | 경: 金-총19획 |

한자능력검정시험

| 傾 | 기울 | 경 | 人－총13획 |
| 驚 | 놀랄 | 경 | 馬－총23획 |
| 戒 | 경계할 | 계: | 戈－총 7획 |
| 季 | 계절 | 계: | 子－총 8획 |
| 鷄 | 닭 | 계 | 鳥－총21획 |
| 階 | 섬돌 | 계 | 阜－총12획 |
| 系 | 이어맬 | 계: | 糸－총 7획 |
| 繼 | 이을 | 계: | 糸－총20획 |
| 庫 | 곳집 | 고 | 广－총10획 |
| 孤 | 외로울 | 고 | 子－총 8획 |
| 穀 | 곡식 | 곡 | 禾－총15획 |
| 困 | 곤할 | 곤: | 囗－총 7획 |
| 骨 | 뼈 | 골 | 骨－총10획 |
| 孔 | 구멍 | 공: | 子－총 4획 |
| 攻 | 칠[攻擊] | 공: | 攴－총 7획 |
| 管 | 대롱 | 관 | |
| | 주관할 | 관 | 竹－총14획 |
| 鑛 | 쇳돌 | 광: | 金－총23획 |
| 構 | 얽을 | 구 | 木－총14획 |
| 群 | 무리 | 군 | 羊－총13획 |
| 君 | 임금 | 군 | 口－총 7획 |
| 屈 | 굽힐 | 굴 | 尸－총 8획 |

| 窮 | 다할 | 궁 | |
| | 궁할 | 궁 | 穴－총15획 |
| 勸 | 권할 | 권: | 力－총20획 |
| 券 | 문서 | 권 | 刀－총 8획 |
| 卷 | 책 | 권 | 卩－총 8획 |
| 歸 | 돌아갈 | 귀: | 止－총18획 |
| 均 | 고를 | 균 | 土－총 7획 |
| 劇 | 심할 | 극 | 刀－총15획 |
| 勤 | 부지런할 | 근 | 力－총13획 |
| 筋 | 힘줄 | 근 | 竹－총12획 |
| 奇 | 기특할 | 기 | 大－총 8획 |
| 紀 | 벼리 | 기 | 糸－총 9획 |
| 寄 | 부칠[寄書] | 기 | 宀－총11획 |
| 機 | 틀 | 기 | 木－총16획 |
| 納 | 들일 | 납 | 糸－총10획 |
| 段 | 층계 | 단 | 殳－총 9획 |
| 盜 | 도둑 | 도: | 皿－총12획 |
| 逃 | 도망할 | 도 | 辶－총10획 |
| 徒 | 무리 | 도 | 彳－총10획 |
| 卵 | 알 | 란: | 卩－총 7획 |
| 亂 | 어지러울 | 란: | 乙－총13획 |
| 覽 | 볼 | 람 | 見－총21획 |

| 略 | 간략할 | 략 | |
| | 약할 | 략 | 田－총11획 |
| 糧 | 양식 | 량 | 米－총18획 |
| 慮 | 생각할 | 려: | 心－총15획 |
| 烈 | 매울 | 렬 | 火－총10획 |
| 龍 | 용 | 룡 | 龍－총16획 |
| 柳 | 버들 | 류: | 木－총 9획 |
| 輪 | 바퀴 | 륜 | 車－총15획 |
| 離 | 떠날 | 리: | 隹－총19획 |
| 妹 | 누이 | 매 | 女－총 8획 |
| 勉 | 힘쓸 | 면: | 力－총 9획 |
| 鳴 | 울 | 명 | 鳥－총14획 |
| 模 | 본뜰 | 모 | 木－총15획 |
| 妙 | 묘할 | 묘: | 女－총 7획 |
| 墓 | 무덤 | 묘: | 土－총14획 |
| 舞 | 춤출 | 무: | 舛－총14획 |
| 拍 | 칠[拍手] | 박 | 手－총 8획 |
| 髮 | 터럭 | 발 | 髟－총15획 |
| 妨 | 방해할 | 방 | 女－총 7획 |
| 犯 | 범할 | 범: | 犬－총 5획 |
| 範 | 법 | 범: | 竹－총15획 |
| 辯 | 말씀 | 변: | 辛－총21획 |
| 普 | 넓을 | 보: | 日－총12획 |

| | | | | | | | | | | | |
|---|---|---|---|---|---|---|---|---|---|---|---|
| 複 | 겹칠 | 복 | 衣-총14획 | 頌 | 칭송할 | 송: | | 映 | 비칠 | 영: | 日-총 9획 |
| 伏 | 엎드릴 | 복 | 人-총 6획 | | 기릴 | 송 | 頁-총13획 | 豫 | 미리 | 예: | 豕-총16획 |
| 否 | 아닐 | 부: | | 秀 | 빼어날 | 수 | 禾-총 7획 | 優 | 넉넉할 | 우 | 人-총17획 |
| | 막힐 | 비 | 口-총 7획 | 叔 | 아재비 | 숙 | 又-총 8획 | 遇 | 만날 | 우: | 辶-총13획 |
| 負 | 질[荷] | 부: | 貝-총 9획 | 肅 | 엄숙할 | 숙 | 聿-총13획 | 郵 | 우편 | 우 | 邑-총11획 |
| 粉 | 가루 | 분▶ | 米-총10획 | 崇 | 높을 | 숭 | 山-총11획 | 源 | 근원 | 원 | 水-총13획 |
| 憤 | 분할 | 분: | 心-총15획 | 氏 | 각시 | 씨 | | 援 | 도울 | 원: | 手-총12획 |
| 碑 | 비석 | 비 | 石-총13획 | | 성씨姓氏 | 씨 | | 怨 | 원망할 | 원▶ | 心-총 9획 |
| 批 | 비평할 | 비: | 手-총 7획 | | 나라이름 | 지 | 氏-총 4획 | 委 | 맡길 | 위 | 女-총 8획 |
| 祕 | 숨길[祕=秘] | 비: | 示-총10획 | 額 | 이마 | 액 | 頁-총18획 | 圍 | 에워쌀 | 위 | 囗-총12획 |
| 辭 | 말씀 | 사 | 辛-총19획 | 樣 | 모양 | 양 | 木-총15획 | 慰 | 위로할 | 위 | 心-총15획 |
| 私 | 사사 | 사 | 禾-총 7획 | 嚴 | 엄할 | 엄 | 口-총20획 | 威 | 위엄 | 위 | 女-총 9획 |
| 絲 | 실 | 사 | 糸-총12획 | 與 | 더불 | 여: | | 危 | 위태할 | 위 | 卩-총 6획 |
| 射 | 쏠 | 사▶ | 寸-총10획 | | 줄 | 여: | 臼-총14획 | 遺 | 남길 | 유 | 辶-총16획 |
| 散 | 흩을 | 산: | 攴-총12획 | 易 | 바꿀 | 역 | ※'이'만 장음 | 遊 | 놀 | 유 | 辶-총13획 |
| 傷 | 다칠 | 상 | 人-총13획 | | 쉬울 | 이: | 日-총 8획 | 儒 | 선비 | 유 | 人-총16획 |
| 象 | 코끼리 | 상 | 豕-총12획 | 域 | 지경 | 역 | 土-총11획 | 乳 | 젖 | 유 | 乙-총 8획 |
| 宣 | 베풀 | 선 | 宀-총 9획 | 鉛 | 납 | 연 | 金-총13획 | 隱 | 숨을 | 은 | 阜-총17획 |
| 舌 | 혀 | 설 | 舌-총 6획 | 延 | 늘일 | 연 | 廴-총 7획 | 儀 | 거동 | 의 | 人-총15획 |
| 屬 | 붙일 | 속 | 尸-총21획 | 緣 | 인연 | 연 | 糸-총15획 | 疑 | 의심할 | 의 | 疋-총14획 |
| 損 | 덜 | 손: | 手-총13획 | 燃 | 탈 | 연 | 火-총16획 | 依 | 의지할 | 의 | 人-총 8획 |
| 松 | 소나무 | 송 | 木-총 8획 | 營 | 경영할 | 영 | 火-총17획 | 異 | 다를 | 이: | 田-총12획 |
| | | | | 迎 | 맞을 | 영 | 辶-총 8획 | 仁 | 어질 | 인 | 人-총 4획 |

급수별 배정한자

한자능력검정시험

| 한자 | 훈 | 음 | 부수-총획 |
|---|---|---|---|
| 姿 | 모양 | 자 | 女-총 9획 |
| 姉 | 손윗누이 | 자 | 女-총 8획 |
| 資 | 재물 | 자 | 貝-총13획 |
| 殘 | 남을 | 잔 | 歹-총12획 |
| 雜 | 섞일 | 잡 | 隹-총18획 |
| 張 | 베풀 | 장 | 弓-총11획 |
| 帳 | 장막 | 장 | 巾-총11획 |
| 壯 | 장할 | 장: | 士-총 7획 |
| 腸 | 창자 | 장 | 肉-총13획 |
| 裝 | 꾸밀 | 장 | 衣-총13획 |
| 獎 | 장려할 | 장▶ | 大-총14획 |
| 底 | 밑 | 저: | 广-총 8획 |
| 績 | 길쌈 | 적 | 糸-총17획 |
| 賊 | 도둑 | 적 | 貝-총13획 |
| 適 | 맞을 | 적 | 辶-총15획 |
| 籍 | 문서 | 적 | 竹-총20획 |
| 積 | 쌓을 | 적 | 禾-총16획 |
| 轉 | 구를 | 전: | 車-총18획 |
| 錢 | 돈 | 전: | 金-총16획 |
| 專 | 오로지 | 전 | 寸-총11획 |
| 折 | 꺾을 | 절 | 手-총 7획 |
| 點 | 점 | 점▶ | 黑-총17획 |
| 占 | 점령할 | 점▶ | |
| | 점칠 | 점 | 卜-총 5획 |
| 整 | 가지런할 | 정: | 攴-총16획 |
| 靜 | 고요할 | 정 | 靑-총16획 |
| 丁 | 장정 | 정 | |
| | 고무래 | 정 | 一-총 2획 |
| 帝 | 임금 | 제: | 巾-총 9획 |
| 條 | 가지 | 조 | 木-총11획 |
| 潮 | 조수潮水 | 조 | |
| | 밀물 | 조 | 水-총15획 |
| 組 | 짤 | 조 | 糸-총11획 |
| 存 | 있을 | 존 | 子-총 6획 |
| 鍾 | 쇠북[鍾=鐘] | 종 | 金-총17획 |
| 從 | 좇을 | 종▶ | 彳-총11획 |
| 座 | 자리 | 좌: | 广-총10획 |
| 周 | 두루 | 주 | 口-총 8획 |
| 朱 | 붉을 | 주 | 木-총 6획 |
| 酒 | 술 | 주▶ | 酉-총10획 |
| 證 | 증거 | 증 | 言-총19획 |
| 持 | 가질 | 지 | 手-총 9획 |
| 誌 | 기록할 | 지 | 言-총14획 |
| 智 | 지혜 | 지 | |
| | 슬기 | 지 | 日-총12획 |
| 織 | 짤 | 직 | 糸-총18획 |
| 盡 | 다할 | 진: | 皿-총14획 |
| 珍 | 보배 | 진 | 玉-총 9획 |
| 陣 | 진칠 | 진 | 阜-총10획 |
| 差 | 다를 | 차 | |
| | 어긋날 | 치 | |
| | 부릴 | 채 | 工-총10획 |
| 讚 | 기릴 | 찬: | 言-총26획 |
| 採 | 캘 | 채: | 手-총11획 |
| 冊 | 책 | 책 | 冂-총 5획 |
| 泉 | 샘 | 천 | 水-총 9획 |
| 廳 | 관청 | 청 | 广-총25획 |
| 聽 | 들을 | 청 | 耳-총22획 |
| 招 | 부를 | 초 | 手-총 8획 |
| 推 | 밀 | 추 | |
| | 밀 | 퇴 | 手-총11획 |
| 縮 | 줄일 | 축 | 糸-총17획 |
| 就 | 나아갈 | 취: | 尢-총12획 |
| 趣 | 뜻 | 취: | 走-총15획 |
| 層 | 층[層樓] | 층 | 尸-총15획 |
| 針 | 바늘 | 침▶ | 金-총10획 |
| 寢 | 잘 | 침: | 宀-총14획 |
| 稱 | 일컬을 | 칭 | 禾-총14획 |
| 歎 | 탄식할 | 탄: | 欠-총15획 |
| 彈 | 탄알 | 탄: | 弓-총15획 |
| 脫 | 벗을 | 탈 | 肉-총11획 |
| 探 | 찾을 | 탐 | 手-총11획 |

| 擇 | 가릴 | 택 | 手-총16획 |
|---|---|---|---|
| 討 | 칠[討伐] | 토 | 言-총10획 |
| 痛 | 아플 | 통ː | 疒-총12획 |
| 投 | 던질 | 투 | 手-총 7획 |
| 鬪 | 싸움 | 투 | 鬥-총20획 |
| 派 | 갈래 | 파 | 水-총 9획 |
| 判 | 판단할 | 판 | 刀-총 7획 |
| 篇 | 책 | 편 | 竹-총15획 |
| 評 | 평할 | 평ː | 言-총12획 |
| 閉 | 닫을 | 폐ː | 門-총11획 |
| 胞 | 세포 | 포(ː) | 肉-총 9획 |
| 爆 | 불터질 | 폭 | 火-총19획 |
| 標 | 표할 | 표 | 木-총15획 |
| 疲 | 피곤할 | 피 | 疒-총10획 |
| 避 | 피할 | 피ː | 辶-총17획 |
| 恨 | 한[怨恨] | 한ː | 心-총 9획 |
| 閑 | 한가할 | 한 | 門-총12획 |
| 抗 | 겨룰 | 항ː | 手-총 7획 |
| 核 | 씨 | 핵 | 木-총10획 |
| 憲 | 법 | 헌ː | 心-총16획 |
| 險 | 험할 | 험ː | 阜-총16획 |
| 革 | 가죽 | 혁 | 革-총 9획 |
| 顯 | 나타날 | 현ː | 頁-총23획 |

| 刑 | 형벌 | 형 | 刀-총 6획 |
|---|---|---|---|
| 或 | 혹 | 혹 | 戈-총 8획 |
| 混 | 섞을 | 혼ː | 水-총11획 |
| 婚 | 혼인할 | 혼 | 女-총11획 |
| 紅 | 붉을 | 홍 | 糸-총 9획 |
| 華 | 빛날 | 화 | 艸-총11획 |
| 環 | 고리 | 환(ː) | 玉-총17획 |
| 歡 | 기쁠 | 환 | 欠-총22획 |
| 況 | 상황 | 황ː | 水-총 8획 |
| 灰 | 재 | 회 | 火-총 6획 |
| 候 | 기후 | 후ː | 人-총10획 |
| 厚 | 두터울 | 후ː | 厂-총 9획 |
| 揮 | 휘두를 | 휘 | 手-총12획 |
| 喜 | 기쁠 | 희 | 口-총12획 |

※ 4급 배정한자는 4급Ⅱ[750자]에 새로운 한자 250자를 더하여 1,000자입니다.
단, 4급에서 한자쓰기 문제는 5급[500자]에서 출제됩니다.

### 3급Ⅱ 배정한자

| 架 | 시렁 | 가ː | 木-총 9획 |
|---|---|---|---|
| 佳 | 아름다울 | 가ː | 人-총 8획 |
| 脚 | 다리 | 각 | 肉-총11획 |

| 閣 | 집 | 각 | 門-총14획 |
|---|---|---|---|
| 肝 | 간 | 간(ː) | 肉-총 7획 |
| 懇 | 간절할 | 간ː | 心-총17획 |
| 刊 | 새길 | 간 | 刀-총 5획 |
| 幹 | 줄기 | 간 | 干-총13획 |
| 鑑 | 거울 | 감 | 金-총22획 |
| 鋼 | 강철 | 강 | 金-총16획 |
| 剛 | 굳셀[剛毅] | 강 | 刀-총10획 |
| 綱 | 벼리 | 강 | 糸-총14획 |
| 介 | 낄 | 개ː | 人-총 4획 |
| 槪 | 대개 | 개ː | 木-총15획 |
| 蓋 | 덮을 | 개(ː) | 艸-총14획 |
| 距 | 상거할 | 거ː | 足-총12획 |
| 乾 | 하늘<br>마를 | 건<br>간/건 | 乙-총11획 |
| 劍 | 칼 | 검ː | 刀-총15획 |
| 隔 | 사이뜰 | 격 | 阜-총13획 |
| 訣 | 이별할 | 결 | 言-총11획 |
| 謙 | 겸손할 | 겸 | 言-총17획 |
| 兼 | 겸할 | 겸 | 八-총10획 |
| 硬 | 굳을 | 경 | 石-총12획 |
| 徑 | 길<br>지름길 | 경<br>경 | 彳-총10획 |
| 耕 | 밭갈[犁田] | 경 | 耒-총10획 |

| 頃 | 이랑 | 경 | | 狂 | 미칠 | 광 | 犬-총 7획 | 緊 | 긴할 | 긴 | 糸-총14획 |
|---|---|---|---|---|---|---|---|---|---|---|---|
| | 잠깐 | 경 | 頁-총11획 | 怪 | 괴이할 | 괴▶ | 心-총 8획 | 諾 | 허락할 | 낙 | 言-총16획 |
| 桂 | 계수나무 | 계: | 木-총10획 | 壞 | 무너질 | 괴: | 土-총19획 | 娘 | 계집 | 낭 | 女-총10획 |
| 械 | 기계 | 계: | 木-총11획 | 較 | 견줄 | 교 | | 耐 | 견딜 | 내: | 而-총 9획 |
| 契 | 맺을 | 계: | 大-총 9획 | | 비교할 | 교 | 車-총13획 | 寧 | 편안便安 | 녕 | 宀-총14획 |
| 溪 | 시내 | 계 | 水-총13획 | 巧 | 공교할 | 교 | 工-총 5획 | 奴 | 종[奴僕] | 노 | 女-총 5획 |
| 啓 | 열 | 계: | 口-총11획 | 丘 | 언덕 | 구 | 一-총 5획 | 腦 | 골 | 뇌 | |
| 鼓 | 북 | 고 | 鼓-총13획 | 久 | 오랠 | 구: | 丿-총 3획 | | 뇌수腦髓 | 뇌 | 肉-총13획 |
| 姑 | 시어미 | 고 | 女-총 8획 | 拘 | 잡을 | 구 | 手-총 8획 | 泥 | 진흙 | 니 | 水-총 8획 |
| 稿 | 원고 | 고 | | 菊 | 국화 | 국 | 艸-총12획 | 茶 | 차 | 다 | |
| | 볏짚 | 고 | 禾-총15획 | 弓 | 활 | 궁 | 弓-총 3획 | | 차 | 차 | 艸-총10획 |
| 谷 | 골 | 곡 | 谷-총 7획 | 拳 | 주먹 | 권: | 手-총10획 | 但 | 다만 | 단: | 人-총 7획 |
| 哭 | 울 | 곡 | 口-총10획 | 鬼 | 귀신 | 귀: | 鬼-총10획 | 丹 | 붉을 | 단 | 丶-총 4획 |
| 恭 | 공손할 | 공 | 心-총10획 | 菌 | 버섯 | 균 | 艸-총12획 | 旦 | 아침 | 단 | 日-총 5획 |
| 恐 | 두려울 | 공▶ | 心-총10획 | 克 | 이길 | 극 | 儿-총 7획 | 淡 | 맑을 | 담 | 水-총11획 |
| 貢 | 바칠 | 공: | 貝-총10획 | 琴 | 거문고 | 금 | 玉-총12획 | 踏 | 밟을 | 답 | 足-총15획 |
| 供 | 이바지할 | 공: | 人-총 8획 | 錦 | 비단 | 금: | 金-총16획 | 唐 | 당나라 | 당▶ | |
| 誇 | 자랑할 | 과: | 言-총13획 | 禽 | 새 | 금 | 内-총13획 | | 당황할 | 당 | 口-총10획 |
| 寡 | 적을 | 과: | 宀-총14획 | 及 | 미칠 | 급 | 又-총 4획 | 糖 | 엿 | 당 | 米-총16획 |
| 冠 | 갓 | 관 | 冖-총 9획 | 畿 | 경기京畿 | 기 | 田-총15획 | 臺 | 대[돈대] | 대 | 至-총14획 |
| 貫 | 꿸 | 관▶ | 貝-총11획 | 其 | 그 | 기 | 八-총 8획 | 貸 | 빌릴 | 대: | |
| 寬 | 너그러울 | 관 | 宀-총15획 | 企 | 꾀할 | 기 | 人-총 6획 | | 뀔[꾸이다] | 대 | 貝-총12획 |
| 慣 | 익숙할 | 관 | 心-총14획 | 騎 | 말탈 | 기 | 馬-총18획 | 渡 | 건널 | 도 | 水-총12획 |
| 館 | 집 | 관 | 食-총17획 | 祈 | 빌[祈願] | 기 | 示-총 9획 | 途 | 길[行中] | 도: | 辶-총11획 |

# 1급

| | | | | | | | | | | | |
|---|---|---|---|---|---|---|---|---|---|---|---|
| 倒 | 넘어질 | 도: | 人-총10획 | 聯 | 연이을 | 련 | 耳-총17획 | 臨 | 임할 | 림 | 臣-총17획 |
| 桃 | 복숭아 | 도 | 木-총10획 | 裂 | 찢어질 | 렬 | 衣-총12획 | 磨 | 갈 | 마 | 石-총16획 |
| 陶 | 질그릇 | 도 | 阜-총11획 | 嶺 | 고개 | 령 | 山-총17획 | 麻 | 삼 | 마▶ | 麻-총11획 |
| 刀 | 칼 | 도 | 刀-총 2획 | 靈 | 신령 | 령 | 雨-총24획 | 漠 | 넓을 | 막 | 水-총14획 |
| 突 | 갑자기 | 돌 | 穴-총 9획 | 露 | 이슬 | 로▶ | 雨-총20획 | 莫 | 없을 | 막 | 艸-총11획 |
| 凍 | 얼 | 동: | 冫-총10획 | 爐 | 화로 | 로 | 火-총20획 | 幕 | 장막 | 막 | 巾-총14획 |
| 絡 | 얽을 | 락 | | 祿 | 녹[俸祿] | 록 | 示-총13획 | 晩 | 늦을 | 만: | 日-총11획 |
| | 이을 | 락 | 糸-총12획 | 弄 | 희롱할 | 롱: | 廾-총 7획 | 妄 | 망령될 | 망 | 女-총 6획 |
| 欄 | 난간 | 란 | 木-총21획 | 雷 | 우레 | 뢰 | 雨-총13획 | 梅 | 매화 | 매 | 木-총11획 |
| 蘭 | 난초 | 란 | 艸-총21획 | 賴 | 의뢰할 | 뢰: | 貝-총16획 | 媒 | 중매 | 매 | 女-총12획 |
| 浪 | 물결 | 랑▶ | 水-총10획 | 樓 | 다락 | 루 | 木-총15획 | 麥 | 보리 | 맥 | 麥-총11획 |
| 郞 | 사내 | 랑 | 邑-총10획 | 漏 | 샐 | 루: | 水-총14획 | 孟 | 맏 | 맹▶ | 子-총 8획 |
| 廊 | 사랑채 | 랑 | | 累 | 여러 | 루: | | 盟 | 맹세 | 맹 | 皿-총13획 |
| | 행랑 | 랑 | 广-총13획 | | 자주 | 루 | 糸-총11획 | 猛 | 사나울 | 맹: | 犬-총11획 |
| 梁 | 들보 | 량 | | 倫 | 인륜 | 륜 | 人-총10획 | 盲 | 소경 | 맹 | |
| | 돌다리 | 량 | 木-총11획 | 栗 | 밤 | 률 | 木-총10획 | | 눈멀 | 맹 | 目-총 8획 |
| 涼 | 서늘할 | 량 | 冫-총11획 | 率 | 비율 | 률 | | 免 | 면할 | 면: | 儿-총 7획 |
| 勵 | 힘쓸 | 려: | 力-총17획 | | 거느릴 | 솔 | 玄-총11획 | 綿 | 솜 | 면 | 糸-총14획 |
| 曆 | 책력 | 력 | 日-총16획 | 隆 | 높을 | 륭 | 阜-총12획 | 眠 | 잘 | 면 | 目-총10획 |
| 戀 | 그리워할 | 련: | | 陵 | 언덕 | 릉 | 阜-총11획 | 滅 | 멸할 | 멸 | |
| | 그릴 | 련: | 心-총23획 | 履 | 밟을 | 리 | 尸-총15획 | | 꺼질 | 멸 | 水-총13획 |
| 鍊 | 쇠불릴 | 련: | | 吏 | 벼슬아치 | 리 | | 銘 | 새길 | 명 | 金-총14획 |
| | 단련할 | 련: | 金-총17획 | | 관리官吏 | 리 | 口-총 6획 | 慕 | 그릴 | 모: | 心-총15획 |
| 蓮 | 연꽃 | 련 | 艸-총15획 | 裏 | 속[裡] | 리: | 衣-총13획 | 謀 | 꾀 | 모 | 言-총16획 |

| 漢字 | 訓 | 音 | 部首-획수 |
|---|---|---|---|
| 貌 | 모양 | 모 | 豸-총14획 |
| 睦 | 화목할 | 목 | 目-총13획 |
| 沒 | 빠질 | 몰 | 水-총7획 |
| 夢 | 꿈 | 몽 | 夕-총14획 |
| 蒙 | 어두울 | 몽 | 艸-총14획 |
| 茂 | 무성할 | 무: | 艸-총9획 |
| 貿 | 무역할 | 무: | 貝-총12획 |
| 墨 | 먹 | 묵 | 土-총15획 |
| 默 | 잠잠할 | 묵 | 黑-총16획 |
| 紋 | 무늬 | 문 | 糸-총10획 |
| 勿 | 말[禁] | 물 | 勹-총4획 |
| 尾 | 꼬리 | 미: | 尸-총7획 |
| 微 | 작을 | 미 | 彳-총13획 |
| 薄 | 엷을 | 박 | 艸-총17획 |
| 迫 | 핍박할 | 박 | 辶-총9획 |
| 般 | 가지 | 반 | |
| | 일반 | 반 | 舟-총10획 |
| 飯 | 밥 | 반 | 食-총13획 |
| 盤 | 소반 | 반 | 皿-총15획 |
| 拔 | 뽑을 | 발 | 手-총8획 |
| 芳 | 꽃다울 | 방 | 艸-총8획 |
| 輩 | 무리 | 배: | 車-총15획 |
| 排 | 밀칠 | 배 | 手-총11획 |
| 培 | 북돋울 | 배: | 土-총11획 |
| 伯 | 맏 | 백 | 人-총7획 |
| 繁 | 번성할 | 번 | 糸-총17획 |
| 凡 | 무릇 | 범: | 几-총3획 |
| 碧 | 푸를 | 벽 | 石-총14획 |
| 丙 | 남녘 | 병: | 一-총5획 |
| 補 | 기울 | 보: | 衣-총12획 |
| 譜 | 족보 | 보: | 言-총19획 |
| 腹 | 배 | 복 | 肉-총13획 |
| 逢 | 만날 | 봉 | 辶-총11획 |
| 鳳 | 봉새 | 봉: | 鳥-총14획 |
| 峯 | 봉우리 | 봉 | 山-총10획 |
| 封 | 봉할 | 봉 | 寸-총9획 |
| 覆 | 덮을 | 부 | |
| | 다시 | 복 | |
| | 뒤집힐 | 복 | 襾-총18획 |
| 扶 | 도울 | 부 | 手-총7획 |
| 浮 | 뜰 | 부 | 水-총10획 |
| 簿 | 문서 | 부: | 竹-총19획 |
| 賦 | 부세 | 부: | 貝-총14획 |
| 付 | 부칠 | 부: | 人-총5획 |
| 符 | 부호 | 부: | 竹-총11획 |
| 附 | 붙을 | 부: | 阜-총8획 |
| 腐 | 썩을 | 부: | 肉-총14획 |
| 奔 | 달릴 | 분 | 大-총9획 |
| 奮 | 떨칠 | 분: | 大-총16획 |
| 紛 | 어지러울 | 분 | 糸-총10획 |
| 拂 | 떨칠 | 불 | 手-총8획 |
| 婢 | 계집종 | 비: | 女-총11획 |
| 卑 | 낮을 | 비: | 十-총8획 |
| 肥 | 살찔 | 비: | 肉-총8획 |
| 妃 | 왕비 | 비 | 女-총6획 |
| 邪 | 간사할 | 사 | 邑-총7획 |
| 蛇 | 긴뱀 | 사 | 虫-총11획 |
| 詞 | 말 | 사 | |
| | 글 | 사 | 言-총12획 |
| 司 | 맡을 | 사 | 口-총5획 |
| 沙 | 모래 | 사 | 水-총7획 |
| 斜 | 비낄 | 사 | 斗-총11획 |
| 祀 | 제사 | 사 | 示-총8획 |
| 削 | 깎을 | 삭 | 刀-총9획 |
| 森 | 수풀 | 삼 | 木-총12획 |
| 償 | 갚을 | 상 | 人-총17획 |
| 像 | 모양 | 상 | 人-총14획 |
| 桑 | 뽕나무 | 상 | 木-총10획 |
| 霜 | 서리 | 상 | 雨-총17획 |
| 尚 | 오히려 | 상: | 小-총8획 |
| 喪 | 잃을 | 상: | 口-총12획 |
| 詳 | 자세할 | 상 | 言-총13획 |

# 1급

| 漢字 | 訓 | 音 | 部首-획수 |
|---|---|---|---|
| 裳 | 치마 | 상 | 衣-총14획 |
| 塞 | 막힐 | 색 | |
| | 변방 | 새 | 土-총13획 |
| 索 | 찾을 | 색 | |
| | 노[새끼줄] | 삭 | 糸-총10획 |
| 署 | 마을[官廳] | 서: | 罒-총14획 |
| 緒 | 실마리 | 서: | 糸-총15획 |
| 恕 | 용서할 | 서: | 心-총10획 |
| 徐 | 천천할 | 서 | 彳-총10획 |
| 惜 | 아낄 | 석 | 心-총11획 |
| 釋 | 풀[解] | 석 | 釆-총20획 |
| 旋 | 돌[廻] | 선 | 方-총11획 |
| 禪 | 선 | 선 | 示-총17획 |
| 蘇 | 되살아날 | 소 | 艸-총20획 |
| 燒 | 사를 | 소 | 火-총16획 |
| 疏 | 소통할 | 소 | 疋-총11획 |
| 訴 | 호소할 | 소 | 言-총12획 |
| 訟 | 송사할 | 송: | 言-총11획 |
| 鎖 | 쇠사슬 | 쇄: | 金-총18획 |
| 刷 | 인쇄할 | 쇄: | 刀-총8획 |
| 衰 | 쇠할 | 쇠 | |
| | 상복喪服 | 최 | 衣-총10획 |
| 愁 | 근심 | 수 | 心-총13획 |
| 殊 | 다를 | 수 | 歹-총10획 |
| 垂 | 드리울 | 수 | 土-총8획 |
| 隨 | 따를 | 수 | 阜-총16획 |
| 壽 | 목숨 | 수 | 士-총14획 |
| 輸 | 보낼 | 수 | 車-총16획 |
| 需 | 쓰일 | 수 | |
| | 쓸 | 수 | 雨-총14획 |
| 帥 | 장수 | 수 | 巾-총9획 |
| 獸 | 짐승 | 수 | 犬-총19획 |
| 淑 | 맑을 | 숙 | 水-총11획 |
| 熟 | 익을 | 숙 | 火-총15획 |
| 瞬 | 눈깜짝일 | 순 | 目-총17획 |
| 巡 | 돌[廻] | 순 | |
| | 순행할 | 순 | 巛-총7획 |
| 旬 | 열흘 | 순 | 日-총6획 |
| 述 | 펼 | 술 | 辶-총9획 |
| 襲 | 엄습할 | 습 | 衣-총22획 |
| 濕 | 젖을 | 습 | 水-총17획 |
| 拾 | 주울 | 습 | |
| | 갖은열 | 십 | 手-총9획 |
| 昇 | 오를 | 승 | 日-총8획 |
| 僧 | 중 | 승 | 人-총14획 |
| 乘 | 탈 | 승 | 丿-총10획 |
| 侍 | 모실 | 시: | 人-총8획 |
| 飾 | 꾸밀 | 식 | 食-총14획 |
| 愼 | 삼갈 | 신: | 心-총13획 |
| 審 | 살필 | 심: | 宀-총15획 |
| 甚 | 심할 | 심: | 甘-총9획 |
| 雙 | 두 | 쌍 | |
| | 쌍 | 쌍 | 隹-총18획 |
| 我 | 나 | 아: | 戈-총7획 |
| 雅 | 맑을 | 아▸ | 隹-총12획 |
| 亞 | 버금 | 아▸ | 二-총8획 |
| 芽 | 싹 | 아 | 艸-총8획 |
| 牙 | 어금니 | 아 | 牙-총4획 |
| 阿 | 언덕 | 아 | 阜-총8획 |
| 顔 | 낯 | 안: | 頁-총18획 |
| 岸 | 언덕 | 안: | 山-총8획 |
| 巖 | 바위 | 암 | 山-총23획 |
| 央 | 가운데 | 앙 | 大-총5획 |
| 仰 | 우러를 | 앙: | 人-총6획 |
| 哀 | 슬플 | 애 | 口-총9획 |
| 若 | 같을 | 약 | |
| | 반야般若 | 야 | 艸-총9획 |
| 揚 | 날릴 | 양 | 手-총12획 |
| 讓 | 사양할 | 양: | 言-총24획 |
| 壤 | 흙덩이 | 양: | 土-총20획 |
| 御 | 거느릴 | 어: | 彳-총11획 |
| 抑 | 누를 | 억 | 手-총7획 |

한자능력검정시험

| 한자 | 훈 | 음 | 부수-총획 |
|---|---|---|---|
| 憶 | 생각할 | 억 | 心-총16획 |
| 亦 | 또 | 역 | 亠-총6획 |
| 譯 | 번역할 | 역 | 言-총20획 |
| 役 | 부릴 | 역 | 彳-총7획 |
| 驛 | 역 | 역 | 馬-총23획 |
| 疫 | 전염병 | 역 | 疒-총9획 |
| 沿 | 물따라갈 따를 | 연 | 水-총8획 |
| 軟 | 연할 | 연: | 車-총11획 |
| 宴 | 잔치 | 연: | 宀-총10획 |
| 燕 | 제비 | 연 | 火-총16획 |
| 悅 | 기쁠 | 열 | 心-총10획 |
| 染 | 물들 | 염: | 木-총9획 |
| 炎 | 불꽃 | 염 | 火-총8획 |
| 鹽 | 소금 | 염 | 鹵-총24획 |
| 影 | 그림자 | 영: | 彡-총15획 |
| 譽 | 기릴 명예 | 예: | 言-총21획 |
| 烏 | 까마귀 | 오 | 火-총10획 |
| 悟 | 깨달을 | 오: | 心-총10획 |
| 獄 | 옥[囚舍] | 옥 | 犬-총14획 |
| 瓦 | 기와 | 와: | 瓦-총5획 |
| 緩 | 느릴 | 완: | 糸-총15획 |
| 辱 | 욕될 | 욕 | 辰-총10획 |
| 慾 | 욕심 | 욕 | 心-총15획 |
| 欲 | 하고자할 | 욕 | 欠-총11획 |
| 憂 | 근심 | 우 | 心-총15획 |
| 羽 | 깃 | 우: | 羽-총6획 |
| 愚 | 어리석을 | 우 | 心-총13획 |
| 宇 | 집 | 우: | 宀-총6획 |
| 偶 | 짝 | 우: | 人-총11획 |
| 韻 | 운 | 운: | 音-총19획 |
| 越 | 넘을 | 월 | 走-총12획 |
| 僞 | 거짓 | 위 | 人-총14획 |
| 胃 | 밥통 | 위 | 肉-총9획 |
| 謂 | 이를 | 위 | 言-총16획 |
| 幽 | 그윽할 | 유 | 幺-총9획 |
| 誘 | 꾈 | 유 | 言-총14획 |
| 裕 | 넉넉할 | 유: | 衣-총12획 |
| 悠 | 멀 | 유 | 心-총11획 |
| 維 | 벼리 | 유 | 糸-총14획 |
| 柔 | 부드러울 | 유 | 木-총9획 |
| 幼 | 어릴 | 유 | 幺-총5획 |
| 猶 | 오히려 | 유 | 犬-총12획 |
| 潤 | 불을 | 윤: | 水-총15획 |
| 乙 | 새 | 을 | 乙-총1획 |
| 淫 | 음란할 | 음 | 水-총11획 |
| 已 | 이미 | 이: | 己-총3획 |
| 翼 | 날개 | 익 | 羽-총17획 |
| 忍 | 참을 | 인 | 心-총7획 |
| 逸 | 편안할 | 일 | 辶-총12획 |
| 壬 | 북방 | 임: | 士-총4획 |
| 賃 | 품삯 | 임: | 貝-총13획 |
| 慈 | 사랑 | 자 | 心-총13획 |
| 紫 | 자줏빛 | 자 | 糸-총11획 |
| 刺 | 찌를 찌를 수라 | 자: 척 라 | ※'자'만 장음 刀-총8획 |
| 潛 | 잠길 | 잠 | 水-총15획 |
| 暫 | 잠깐 | 잠: | 日-총15획 |
| 藏 | 감출 | 장: | 艸-총18획 |
| 粧 | 단장할 | 장 | 米-총12획 |
| 掌 | 손바닥 | 장: | 手-총12획 |
| 莊 | 씩씩할 | 장 | 艸-총11획 |
| 丈 | 어른 | 장: | 一-총3획 |
| 臟 | 오장 | 장: | 肉-총22획 |
| 葬 | 장사지낼 | 장: | 艸-총13획 |
| 載 | 실을 | 재: | 車-총13획 |
| 栽 | 심을 | 재: | 木-총10획 |
| 裁 | 옷마를 | 재 | 衣-총12획 |
| 著 | 나타날 붙을 | 저: 착 | ※'저'만 장음 艸-총13획 |

# 1급

| 抵 | 막을[抗] | 저: | 手-총 8획 |
|---|---|---|---|
| 寂 | 고요할 | 적 | 宀-총11획 |
| 摘 | 딸[手收] | 적 | 手-총14획 |
| 跡 | 발자취 | 적 | 足-총13획 |
| 蹟 | 자취 | 적 | 足-총18획 |
| 笛 | 피리 | 적 | 竹-총11획 |
| 殿 | 전각 | 전: | 殳-총13획 |
| 漸 | 점점 | 점: | 水-총14획 |
| 貞 | 곧을 | 정 | 貝-총 9획 |
| 淨 | 깨끗할 | 정 | 水-총11획 |
| 井 | 우물 | 정▶ | 二-총 4획 |
| 頂 | 정수리 | 정 | 頁-총11획 |
| 亭 | 정자 | 정 | 亠-총 9획 |
| 廷 | 조정 | 정 | 廴-총 7획 |
| 征 | 칠[征討] | 정 | 彳-총 8획 |
| 齊 | 가지런할 | 제 | 齊-총14획 |
| 諸 | 모두 어조사 | 제 저 | 言-총16획 |
| 照 | 비칠 | 조: | 火-총13획 |
| 兆 | 억조 | 조 | 儿-총 6획 |
| 租 | 조세 | 조 | 禾-총10획 |
| 縱 | 세로 | 종 | 糸-총17획 |
| 坐 | 앉을 | 좌: | 土-총 7획 |
| 珠 | 구슬 | 주 | 玉-총10획 |

| 株 | 그루 | 주 | 木-총10획 |
|---|---|---|---|
| 柱 | 기둥 | 주 | 木-총 9획 |
| 洲 | 물가 | 주 | 水-총 9획 |
| 鑄 | 쇠불릴 | 주 | 金-총22획 |
| 奏 | 아뢸 | 주▶ | 大-총 9획 |
| 宙 | 집 | 주: | 宀-총 8획 |
| 仲 | 버금 | 중▶ | 人-총 6획 |
| 卽 | 곧 | 즉 | 卩-총 9획 |
| 憎 | 미울 | 증 | 心-총15획 |
| 曾 | 일찍 | 증 | 曰-총12획 |
| 症 | 증세 | 증▶ | 疒-총10획 |
| 蒸 | 찔 | 증 | 艸-총14획 |
| 枝 | 가지 | 지 | 木-총 8획 |
| 之 | 갈 | 지 | 丿-총 4획 |
| 池 | 못 | 지 | 水-총 6획 |
| 振 | 떨칠 | 진: | 手-총10획 |
| 陳 | 베풀 묵을 | 진▶ 진 | 阜-총11획 |
| 辰 | 별 때 | 진 신 | 辰-총 7획 |
| 震 | 우레 | 진: | 雨-총15획 |
| 鎭 | 진압할 | 진▶ | 金-총18획 |
| 疾 | 병 | 질 | 疒-총10획 |
| 秩 | 차례 | 질 | 禾-총10획 |

| 執 | 잡을 | 집 | 土-총11획 |
|---|---|---|---|
| 徵 | 부를 화음火音 | 징 치 | 彳-총15획 |
| 借 | 빌 빌릴 | 차: 차 | 人-총10획 |
| 此 | 이 | 차 | 止-총 6획 |
| 錯 | 어긋날 | 착 | 金-총16획 |
| 贊 | 도울 | 찬: | 貝-총19획 |
| 倉 | 곳집 | 창▶ | 人-총10획 |
| 昌 | 창성할 | 창▶ | 日-총 8획 |
| 蒼 | 푸를 | 창 | 艸-총14획 |
| 菜 | 나물 | 채: | 艸-총12획 |
| 債 | 빚 | 채: | 人-총13획 |
| 彩 | 채색 | 채: | 彡-총11획 |
| 策 | 꾀 | 책 | 竹-총12획 |
| 妻 | 아내 | 처 | 女-총 8획 |
| 拓 | 넓힐 박을[拓本] | 척 탁 | 手-총 8획 |
| 尺 | 자 | 척 | 尸-총 4획 |
| 戚 | 친척 | 척 | 戈-총11획 |
| 踐 | 밟을 | 천: | 足-총15획 |
| 淺 | 얕을 | 천: | 水-총11획 |
| 遷 | 옮길 | 천: | 辶-총16획 |
| 賤 | 천할 | 천: | 貝-총15획 |

| 哲 | 밝을 | 철 | 口 - 총10획 |
| 徹 | 통할 | 철 | 彳 - 총15획 |
| 滯 | 막힐 | 체 | 水 - 총14획 |
| 肖 | 닮을 | 초 | |
|   | 같을 | 초 | 肉 - 총7획 |
| 超 | 뛰어넘을 | 초 | 走 - 총12획 |
| 礎 | 주춧돌 | 초 | 石 - 총18획 |
| 觸 | 닿을 | 촉 | 角 - 총20획 |
| 促 | 재촉할 | 촉 | 人 - 총9획 |
| 催 | 재촉할 | 최 | 人 - 총13획 |
| 追 | 쫓을 | 추 | |
|   | 따를 | 추 | 辶 - 총10획 |
| 畜 | 짐승 | 축 | 田 - 총10획 |
| 衝 | 찌를 | 충 | 行 - 총15획 |
| 吹 | 불[鼓吹] | 취 | 口 - 총7획 |
| 醉 | 취할 | 취 | 酉 - 총15획 |
| 側 | 곁 | 측 | 人 - 총11획 |
| 値 | 값 | 치 | 人 - 총10획 |
| 恥 | 부끄러울 | 치 | 心 - 총10획 |
| 稚 | 어릴 | 치 | 禾 - 총13획 |
| 漆 | 옻 | 칠 | 水 - 총14획 |
| 浸 | 잠길 | 침 | 水 - 총10획 |
| 沈 | 잠길 | 침 | |
|   | 성姓 | 심 | 水 - 총7획 |
| 奪 | 빼앗을 | 탈 | 大 - 총14획 |
| 塔 | 탑 | 탑 | 土 - 총13획 |
| 湯 | 끓을 | 탕 | 水 - 총12획 |
| 殆 | 거의 | 태 | 歹 - 총9획 |
| 泰 | 클 | 태 | 水 - 총10획 |
| 澤 | 못 | 택 | 水 - 총16획 |
| 兎 | 토끼 | 토 | 儿 - 총7획 |
| 吐 | 토할 | 토 | 口 - 총6획 |
| 透 | 사무칠 | 투 | 辶 - 총11획 |
| 版 | 판목 | 판 | 片 - 총8획 |
| 編 | 엮을 | 편 | 糸 - 총15획 |
| 片 | 조각 | 편 | 片 - 총4획 |
| 偏 | 치우칠 | 편 | 人 - 총11획 |
| 弊 | 폐단 | 폐 | |
|   | 해질 | 폐 | 廾 - 총15획 |
| 廢 | 폐할 | 폐 | |
|   | 버릴 | 폐 | 广 - 총15획 |
| 肺 | 허파 | 폐 | 肉 - 총8획 |
| 浦 | 개[水邊] | 포 | 水 - 총10획 |
| 捕 | 잡을 | 포 | 手 - 총10획 |
| 楓 | 단풍 | 풍 | 木 - 총13획 |
| 皮 | 가죽 | 피 | 皮 - 총5획 |
| 被 | 입을 | 피 | 衣 - 총10획 |
| 彼 | 저 | 피 | 彳 - 총8획 |
| 畢 | 마칠 | 필 | 田 - 총11획 |
| 荷 | 멜 | 하 | 艸 - 총11획 |
| 何 | 어찌 | 하 | 人 - 총7획 |
| 賀 | 하례할 | 하 | 貝 - 총12획 |
| 鶴 | 학 | 학 | 鳥 - 총21획 |
| 汗 | 땀 | 한 | 水 - 총6획 |
| 割 | 벨 | 할 | 刀 - 총12획 |
| 含 | 머금을 | 함 | 口 - 총7획 |
| 陷 | 빠질 | 함 | 阜 - 총11획 |
| 項 | 항목 | 항 | 頁 - 총12획 |
| 恒 | 항상 | 항 | 心 - 총9획 |
| 響 | 울릴 | 향 | 音 - 총22획 |
| 獻 | 드릴 | 헌 | 犬 - 총20획 |
| 玄 | 검을 | 현 | 玄 - 총5획 |
| 懸 | 달[懸繫] | 현 | 心 - 총20획 |
| 穴 | 굴 | 혈 | 穴 - 총5획 |
| 脅 | 위협할 | 협 | 肉 - 총10획 |
| 衡 | 저울대 | 형 | 行 - 총16획 |
| 慧 | 슬기로울 | 혜 | 心 - 총15획 |
| 浩 | 넓을 | 호 | 水 - 총10획 |
| 胡 | 되[狄] | 호 | 肉 - 총9획 |
| 虎 | 범 | 호 | 虍 - 총8획 |

# 1급

| 豪 | 호걸 | 호 | 豕－총14획 |
| 惑 | 미혹할 | 혹 | 心－총12획 |
| 魂 | 넋 | 혼 | 鬼－총14획 |
| 忽 | 갑자기 | 홀 | 心－총 8획 |
| 洪 | 넓을 | 홍 | |
| | 큰물 | 홍 | 水－총 9획 |
| 禍 | 재앙 | 화: | 示－총14획 |
| 還 | 돌아올 | 환 | 辶－총17획 |
| 換 | 바꿀 | 환: | 手－총12획 |
| 荒 | 거칠 | 황 | 艹－총10획 |
| 皇 | 임금 | 황 | 白－총 9획 |
| 悔 | 뉘우칠 | 회: | 心－총10획 |
| 懷 | 품을 | 회 | 心－총19획 |
| 劃 | 그을 | 획 | 刀－총14획 |
| 獲 | 얻을 | 획 | 犬－총17획 |
| 橫 | 가로 | 횡 | 木－총16획 |
| 胸 | 가슴 | 흉 | 肉－총10획 |
| 戱 | 놀이 | 희 | 戈－총17획 |
| 稀 | 드물 | 희 | 禾－총12획 |

※ 3급Ⅱ는 4급에 새로운 한자 500자를 더하여 모두 1,500자입니다.
단, 3급Ⅱ에서 한자쓰기 문제는 4급Ⅱ에서 출제됩니다.

## 3급 배정한자

| 却 | 물리칠 | 각 | 卩－총 7획 |
| 姦 | 간음할 | 간: | 女－총 9획 |
| 渴 | 목마를 | 갈 | 水－총12획 |
| 皆 | 다 | 개 | 白－총 9획 |
| 慨 | 슬퍼할 | 개: | 心－총14획 |
| 乞 | 빌 | 걸 | 乙－총 3획 |
| 遣 | 보낼 | 견: | 辶－총14획 |
| 絹 | 비단 | 견 | 糸－총13획 |
| 肩 | 어깨 | 견 | 肉－총 8획 |
| 牽 | 이끌 | 견 | |
| | 끌 | 견 | 牛－총11획 |
| 竟 | 마침내 | 경: | 立－총11획 |
| 卿 | 벼슬 | 경 | 卩－총12획 |
| 庚 | 별 | 경 | 广－총 8획 |
| 繫 | 맬 | 계: | 糸－총19획 |
| 癸 | 북방 | 계: | |
| | 천간 | 계: | 癶－총 9획 |
| 顧 | 돌아볼 | 고 | 頁－총21획 |
| 枯 | 마를 | 고 | 木－총 9획 |
| 坤 | 땅[따] | 곤 | 土－총 8획 |
| 郭 | 둘레 | 곽 | |
| | 외성外城 | 곽 | 邑－총11획 |

| 掛 | 걸[懸掛] | 괘 | 手－총11획 |
| 愧 | 부끄러울 | 괴: | 心－총13획 |
| 塊 | 흙덩이 | 괴 | 土－총13획 |
| 郊 | 들[郊野] | 교 | 邑－총 9획 |
| 矯 | 바로잡을 | 교: | 矢－총17획 |
| 狗 | 개 | 구 | 犬－총 8획 |
| 龜 | 거북 | 구 | |
| | 거북 | 귀 | |
| | 터질 | 균 | 龜－총16획 |
| 苟 | 구차할 | 구 | |
| | 진실로 | 구 | 艹－총 9획 |
| 懼 | 두려워할 | 구 | 心－총21획 |
| 驅 | 몰 | 구 | 馬－총21획 |
| 俱 | 함께 | 구 | 人－총10획 |
| 厥 | 그[其] | 궐 | 厂－총12획 |
| 軌 | 바퀴자국 | 궤: | 車－총 9획 |
| 叫 | 부르짖을 | 규 | 口－총 5획 |
| 糾 | 얽힐 | 규 | 糸－총 8획 |
| 僅 | 겨우 | 근: | 人－총13획 |
| 斤 | 근[무게단위] | 근 | |
| | 날[刃] | 근 | 斤－총 4획 |
| 謹 | 삼갈 | 근: | 言－총18획 |
| 肯 | 즐길 | 긍: | 肉－총 8획 |

급수별 배정한자 33

## 한자능력검정시험

| 忌 | 꺼릴 | 기 | 心－총 7획 |
| 幾 | 몇 | 기 | 幺－총12획 |
| 棄 | 버릴 | 기 | 木－총12획 |
| 欺 | 속일 | 기 | 欠－총12획 |
| 豈 | 어찌 | 기 | 豆－총10획 |
| 旣 | 이미 | 기 | 无－총11획 |
| 飢 | 주릴[飢=饑] | 기 | 食－총11획 |
| 那 | 어찌 | 나: | 邑－총 7획 |
| 奈 | 어찌 | 내 | 大－총 8획 |
| 乃 | 이에 | 내: | 丿－총 2획 |
| 惱 | 번뇌할 | 뇌 | 心－총12획 |
| 畓 | 논 | 답 | 田－총 9획 |
| 挑 | 돋울 | 도 | 手－총 9획 |
| 跳 | 뛸 | 도 | 足－총13획 |
| 稻 | 벼 | 도 | 禾－총15획 |
| 塗 | 칠할 | 도 | 土－총13획 |
| 篤 | 도타울 | 독 | 竹－총16획 |
| 敦 | 도타울 | 돈 | 攴－총12획 |
| 豚 | 돼지 | 돈 | 豕－총11획 |
| 鈍 | 둔할 | 둔: | 金－총12획 |
| 屯 | 진칠 | 둔 | 屮－총 4획 |
| 騰 | 오를[騰貴] | 등 | 馬－총20획 |
| 濫 | 넘칠 | 람: | 水－총17획 |
| 掠 | 노략질 | 략 | 手－총11획 |
| 諒 | 살펴알 | 량 |  |
|  | 믿을 | 량 | 言－총15획 |
| 憐 | 불쌍히여길 | 련 | 心－총15획 |
| 劣 | 못할 | 렬 | 力－총 6획 |
| 廉 | 청렴할 | 렴 | 广－총13획 |
| 獵 | 사냥 | 렵 | 犬－총18획 |
| 零 | 떨어질 | 령 |  |
|  | 영[數字] | 령 | 雨－총13획 |
| 隷 | 종[奴隷] | 례: | 隶－총16획 |
| 鹿 | 사슴 | 록 | 鹿－총11획 |
| 僚 | 동료 | 료 | 人－총14획 |
| 了 | 마칠 | 료: | 亅－총 2획 |
| 淚 | 눈물 | 루: | 水－총11획 |
| 屢 | 여러 | 루: | 尸－총14획 |
| 梨 | 배 | 리 | 木－총11획 |
| 隣 | 이웃 | 린 | 阜－총15획 |
| 慢 | 거만할 | 만: | 心－총14획 |
| 漫 | 흩어질 | 만: | 水－총14획 |
| 忙 | 바쁠 | 망 | 心－총 6획 |
| 茫 | 아득할 | 망 | 艸－총10획 |
| 罔 | 없을 | 망 | 网－총 8획 |
| 忘 | 잊을 | 망 | 心－총 7획 |
| 埋 | 묻을 | 매 | 土－총10획 |
| 冥 | 어두울 | 명 | 冖－총10획 |
| 募 | 모을 | 모 |  |
|  | 뽑을 | 모 | 力－총13획 |
| 冒 | 무릅쓸 | 모 | 冂－총 9획 |
| 某 | 아무 | 모: | 木－총 9획 |
| 侮 | 업신여길 | 모: | 人－총 9획 |
| 暮 | 저물 | 모: | 日－총15획 |
| 苗 | 모 | 묘: | 艸－총 9획 |
| 廟 | 사당 | 묘: | 广－총15획 |
| 卯 | 토끼 | 묘: | 卩－총 5획 |
| 霧 | 안개 | 무: | 雨－총19획 |
| 戊 | 천간 | 무: | 戈－총 5획 |
| 眉 | 눈썹 | 미 | 目－총 9획 |
| 迷 | 미혹할 | 미(:) | 辶－총10획 |
| 憫 | 민망할 | 민 | 心－총15획 |
| 敏 | 민첩할 | 민 | 攴－총11획 |
| 蜜 | 꿀 | 밀 | 虫－총14획 |
| 泊 | 머무를 | 박 |  |
|  | 배댈 | 박 | 水－총 8획 |
| 返 | 돌아올 | 반: |  |
|  | 돌이킬 | 반: | 辶－총 8획 |
| 叛 | 배반할 | 반: | 又－총 9획 |

# 1급

| 伴 | 짝 | 반: | 人-총 7획 |
| 傍 | 곁 | 방: | 人-총12획 |
| 邦 | 나라 | 방 | 邑-총 7획 |
| 倣 | 본뜰 | 방 | 人-총10획 |
| 杯 | 잔 | 배 | 木-총 8획 |
| 煩 | 번거로울 | 번 | 火-총13획 |
| 飜 | 번역할 | 번 | 飛-총21획 |
| 辨 | 분별할 | 변: | 辛-총16획 |
| 竝 | 나란히 | 병: | 立-총10획 |
| 屛 | 병풍 | 병▶ | 尸-총11획 |
| 卜 | 점 | 복 | 卜-총 2획 |
| 蜂 | 벌 | 봉 | 虫-총13획 |
| 赴 | 다다를 | 부: | |
| | 갈[趨] | 부: | 走-총 9획 |
| 墳 | 무덤 | 분 | 土-총15획 |
| 崩 | 무너질 | 붕 | 山-총11획 |
| 朋 | 벗 | 붕 | 月-총 8획 |
| 賓 | 손 | 빈 | 貝-총14획 |
| 頻 | 자주 | 빈 | 頁-총16획 |
| 聘 | 부를 | 빙 | 耳-총13획 |
| 似 | 닮을 | 사: | 人-총 7획 |
| 巳 | 뱀 | 사: | 己-총 3획 |
| 捨 | 버릴 | 사: | 手-총11획 |

| 詐 | 속일 | 사 | 言-총12획 |
| 斯 | 이 | 사 | 斤-총12획 |
| 賜 | 줄 | 사: | 貝-총15획 |
| 朔 | 초하루 | 삭 | 月-총10획 |
| 嘗 | 맛볼 | 상 | 口-총14획 |
| 祥 | 상서 | 상 | 示-총11획 |
| 逝 | 갈 | 서: | 辶-총11획 |
| 暑 | 더울 | 서: | 日-총13획 |
| 誓 | 맹세할 | 서: | 言-총14획 |
| 庶 | 여러 | 서: | 广-총11획 |
| 敍 | 펼 | 서: | 攴-총11획 |
| 昔 | 예 | 석 | 日-총 8획 |
| 析 | 쪼갤 | 석 | 木-총 8획 |
| 涉 | 건널 | 섭 | 水-총10획 |
| 攝 | 다스릴 | 섭 | |
| | 잡을 | 섭 | 手-총21획 |
| 蔬 | 나물 | 소 | 艸-총15획 |
| 騷 | 떠들 | 소 | 馬-총20획 |
| 昭 | 밝을 | 소 | 日-총 9획 |
| 召 | 부를 | 소 | 口-총 5획 |
| 粟 | 조 | 속 | 米-총12획 |
| 誦 | 욀 | 송: | 言-총14획 |
| 囚 | 가둘 | 수 | 口-총 5획 |

| 誰 | 누구 | 수 | 言-총15획 |
| 遂 | 드디어 | 수 | 辶-총13획 |
| 須 | 모름지기 | 수 | 頁-총12획 |
| 雖 | 비록 | 수 | 隹-총17획 |
| 睡 | 졸음 | 수 | 目-총13획 |
| 搜 | 찾을 | 수 | 手-총13획 |
| 孰 | 누구 | 숙 | 子-총11획 |
| 循 | 돌[轉] | 순 | 彳-총12획 |
| 殉 | 따라죽을 | 순 | 歹-총10획 |
| 脣 | 입술 | 순 | 肉-총11획 |
| 戌 | 개 | 술 | 戈-총 6획 |
| 矢 | 화살 | 시: | 矢-총 5획 |
| 辛 | 매울 | 신 | 辛-총 7획 |
| 晨 | 새벽 | 신 | 日-총11획 |
| 伸 | 펼 | 신 | 人-총 7획 |
| 尋 | 찾을 | 심 | 寸-총12획 |
| 餓 | 주릴 | 아: | 食-총16획 |
| 岳 | 큰산 | 악 | 山-총 8획 |
| 雁 | 기러기[雁=鴈] | 안: | 隹-총12획 |
| 謁 | 뵐 | 알 | 言-총16획 |
| 押 | 누를 | 압 | 手-총 8획 |
| 殃 | 재앙 | 앙 | 歹-총 9획 |

급수별 배정한자 35

| | | | | |
|---|---|---|---|---|
| 涯 | 물가 | 애 | 水-총11획 |
| 厄 | 액 | 액 | 厂-총4획 |
| 耶 | 어조사 | 야 | 耳-총9획 |
| 也 | 이끼 | 야: | |
| | 어조사 | 야 | 乙-총3획 |
| 躍 | 뛸 | 약 | 足-총21획 |
| 楊 | 버들 | 양 | 木-총13획 |
| 於 | 어조사 | 어 | |
| | 탄식할 | 오 | 方-총8획 |
| 焉 | 어찌 | 언 | 火-총11획 |
| 余 | 나 | 여 | 人-총7획 |
| 予 | 나 | 여 | 亅-총4획 |
| 汝 | 너 | 여: | 水-총6획 |
| 輿 | 수레 | 여: | 車-총17획 |
| 閱 | 볼[閱覽] | 열 | 門-총15획 |
| 詠 | 읊을 | 영: | 言-총12획 |
| 泳 | 헤엄칠 | 영: | 水-총8획 |
| 銳 | 날카로울 | 예: | 金-총15획 |
| 傲 | 거만할 | 오: | 人-총13획 |
| 吾 | 나 | 오 | 口-총7획 |
| 汚 | 더러울 | 오: | 水-총6획 |
| 嗚 | 슬플 | 오 | 口-총13획 |
| 娛 | 즐길 | 오: | 女-총10획 |
| 擁 | 낄 | 옹: | 手-총16획 |
| 翁 | 늙은이 | 옹 | 羽-총10획 |
| 臥 | 누울 | 와: | 臣-총8획 |
| 曰 | 가로 | 왈 | 曰-총4획 |
| 畏 | 두려워할 | 외: | 田-총9획 |
| 遙 | 멀 | 요 | 辶-총14획 |
| 腰 | 허리 | 요 | 肉-총13획 |
| 搖 | 흔들 | 요 | 手-총13획 |
| 庸 | 떳떳할 | 용 | 广-총11획 |
| 尤 | 더욱 | 우 | 尢-총4획 |
| 又 | 또 | 우: | 又-총2획 |
| 于 | 어조사 | 우 | 二-총3획 |
| 云 | 이를 | 운 | 二-총4획 |
| 緯 | 씨 | 위 | 糸-총15획 |
| 違 | 어긋날 | 위 | 辶-총13획 |
| 愈 | 나을 | 유 | 心-총13획 |
| 酉 | 닭 | 유 | 酉-총7획 |
| 惟 | 생각할 | 유 | 心-총11획 |
| 唯 | 오직 | 유 | 口-총11획 |
| 閏 | 윤달 | 윤: | 門-총12획 |
| 吟 | 읊을 | 음 | 口-총7획 |
| 泣 | 울 | 읍 | 水-총8획 |
| 凝 | 엉길 | 응: | 冫-총16획 |
| 宜 | 마땅할 | 의 | 宀-총8획 |
| 矣 | 어조사 | 의 | 矢-총7획 |
| 而 | 말이을 | 이 | 而-총6획 |
| 夷 | 오랑캐 | 이 | 大-총6획 |
| 寅 | 범[虎] | 인 | |
| | 동방 | 인 | 宀-총11획 |
| 姻 | 혼인 | 인 | 女-총9획 |
| 恣 | 방자할 | 자: | |
| | 마음대로 | 자 | 心-총10획 |
| 玆 | 이 | 자 | 玄-총10획 |
| 爵 | 벼슬 | 작 | 爪-총18획 |
| 酌 | 술부을 | 작 | |
| | 잔질할 | 작 | 酉-총10획 |
| 墻 | 담 | 장 | 土-총16획 |
| 哉 | 어조사 | 재 | 口-총9획 |
| 宰 | 재상 | 재: | 宀-총10획 |
| 滴 | 물방울 | 적 | 水-총14획 |
| 竊 | 훔칠 | 절 | 穴-총22획 |
| 蝶 | 나비 | 접 | 虫-총15획 |
| 訂 | 바로잡을 | 정 | 言-총9획 |
| 堤 | 둑 | 제 | 土-총12획 |
| 燥 | 마를 | 조 | 火-총17획 |
| 弔 | 조상할 | 조: | 弓-총4획 |

# 1급

| | | | | | | | | | |
|---|---|---|---|---|---|---|---|---|---|
| 拙 | 졸할 | 졸 | 手-총 8획 | 替 | 바꿀 | 체 | 日-총12획 | 頗 자못 | 파 頁-총14획 |
| 佐 | 도울 | 좌: | 人-총 7획 | 逮 | 잡을 | 체 | 辶-총12획 | 把 잡을 | 파: 手-총 7획 |
| 舟 | 배 | 주 | 舟-총 6획 | 秒 | 분초 | 초 | 禾-총 9획 | 販 팔[販賣] | 판 貝-총11획 |
| 遵 | 좇을 | 준: | 辶-총16획 | 抄 | 뽑을 | 초 | 手-총 7획 | 貝 조개 | 패: 貝-총 7획 |
| 俊 | 준걸 | 준: | 人-총 9획 | 燭 | 촛불 | 촉 | 火-총17획 | 遍 두루 | 편 辶-총13획 |
| 贈 | 줄 | 증 | 貝-총19획 | 聰 | 귀밝을 | 총 | 耳-총17획 | 蔽 덮을 | 폐: 艹-총16획 |
| 只 | 다만 | 지 | 口-총 5획 | 抽 | 뽑을 | 추 | 手-총 8획 | 幣 화폐 | 폐: 巾-총15획 |
| 遲 | 더딜 | 지 | | 醜 | 추할 | 추 | 酉-총17획 | 飽 배부를 | 포: 食-총14획 |
| | 늦을 | 지 | 辶-총16획 | 丑 | 소 | 축 | 一-총 4획 | 抱 안을 | 포: 手-총 8획 |
| 姪 | 조카 | 질 | 女-총 9획 | 逐 | 쫓을 | 축 | 辶-총11획 | 幅 폭 | 폭 巾-총12획 |
| 懲 | 징계할 | 징 | 心-총19획 | 臭 | 냄새 | 취: | 自-총10획 | 漂 떠다닐 | 표 水-총14획 |
| 且 | 또 | 차: | 一-총 5획 | 枕 | 베개 | 침: | 木-총 8획 | 匹 짝 | 필 匚-총 4획 |
| 捉 | 잡을 | 착 | 手-총10획 | 墮 | 떨어질 | 타: | 土-총15획 | 旱 가물 | 한: 日-총 7획 |
| 慙 | 부끄러울 | 참 | 心-총15획 | 妥 | 온당할 | 타: | 女-총 7획 | 咸 다[모두] | 함 口-총 9획 |
| 慘 | 참혹할 | 참 | 心-총14획 | 托 | 맡길 | 탁 | 手-총 6획 | 巷 거리 | 항: 己-총 9획 |
| 暢 | 화창할 | 창: | 日-총14획 | 濯 | 씻을 | 탁 | 水-총17획 | 該 갖출[備] | 해 |
| 斥 | 물리칠 | 척 | 斤-총 5획 | 濁 | 흐릴 | 탁 | 水-총16획 | 마땅[該當] | 해 言-총13획 |
| 薦 | 천거할 | 천: | 艹-총17획 | 誕 | 낳을 | 탄: | | 亥 돼지 | 해 亠-총 6획 |
| 添 | 더할 | 첨 | 水-총11획 | | 거짓 | 탄: | 言-총14획 | 奚 어찌 | 해 大-총10획 |
| 尖 | 뾰족할 | 첨 | 小-총 6획 | 貪 | 탐낼 | 탐 | 貝-총11획 | 享 누릴 | 향: 亠-총 8획 |
| 妾 | 첩 | 첩 | 女-총 8획 | 怠 | 게으를 | 태 | 心-총 9획 | 軒 집 | 헌 車-총10획 |
| 晴 | 갤 | 청 | 日-총12획 | 罷 | 마칠 | 파: | 罒-총15획 | 縣 고을 | 현: 糸-총16획 |
| 遞 | 갈릴 | 체 | 辶-총14획 | 播 | 뿌릴 | 파 | 手-총15획 | 絃 줄 | 현 糸-총11획 |

| 嫌 | 싫어할 | 혐 | 女-총13획 |
|---|---|---|---|
| 螢 | 반딧불 | 형 | 虫-총16획 |
| 亨 | 형통할 | 형 | 亠-총7획 |
| 兮 | 어조사 | 혜 | 八-총4획 |
| 互 | 서로 | 호: | 二-총4획 |
| 乎 | 어조사 | 호 | 丿-총5획 |
| 毫 | 터럭 | 호 | 毛-총11획 |
| 昏 | 어두울 | 혼 | 日-총8획 |
| 鴻 | 기러기 | 홍 | 鳥-총17획 |
| 弘 | 클 | 홍 | 弓-총5획 |
| 禾 | 벼 | 화 | 禾-총5획 |
| 穫 | 거둘 | 확 | 禾-총19획 |
| 擴 | 넓힐 | 확 | 手-총18획 |
| 丸 | 둥글 | 환 | 丶-총3획 |
| 曉 | 새벽 | 효: | 日-총16획 |
| 侯 | 제후 | 후 | 人-총9획 |
| 毁 | 헐 | 훼: | 殳-총13획 |
| 輝 | 빛날 | 휘 | 車-총15획 |
| 携 | 이끌 | 휴 | 手-총13획 |

※ 3급은 3급Ⅱ에 새로운 한자 317자를 더하여 모두 1,817자입니다.
단, 3급에서 한자쓰기 문제는 4급에서 출제됩니다.

## 2급 배정한자

| 葛 | 칡 | 갈 | 艹-총13획 |
|---|---|---|---|
| 憾 | 섭섭할 | 감: | 心-총16획 |
| 坑 | 구덩이 | 갱 | 土-총7획 |
| 揭 | 높이들[擧] 걸[掛] | 게: 게 | 手-총12획 |
| 憩 | 쉴 | 게: | 心-총16획 |
| 雇 | 품팔 | 고 | 隹-총12획 |
| 菓 | 과자 실과 | 과 과 | 艹-총12획 |
| 瓜 | 외 | 과 | 瓜-총5획 |
| 戈 | 창 | 과 | 戈-총4획 |
| 款 | 항목 | 관: | 欠-총12획 |
| 傀 | 허수아비 | 괴: | 人-총12획 |
| 僑 | 더부살이 | 교 | 人-총14획 |
| 絞 | 목맬 | 교 | 糸-총12획 |
| 膠 | 아교 | 교 | 肉-총15획 |
| 鷗 | 갈매기 | 구 | 鳥-총22획 |
| 歐 | 구라파 칠[毆打] | 구 구 | 欠-총15획 |
| 購 | 살 | 구 | 貝-총17획 |
| 窟 | 굴 | 굴 | 穴-총13획 |
| 掘 | 팔[掘井] | 굴 | 手-총11획 |

| 圈 | 우리[栫] | 권 | 囗-총11획 |
|---|---|---|---|
| 闕 | 대궐 | 궐 | 門-총18획 |
| 閨 | 안방 | 규 | 門-총14획 |
| 棋 | 바둑 | 기 | 木-총12획 |
| 濃 | 짙을 | 농: | 水-총16획 |
| 尿 | 오줌 | 뇨 | 尸-총7획 |
| 尼 | 여승 女僧 | 니 | 尸-총5획 |
| 溺 | 빠질 | 닉 | 水-총13획 |
| 鍛 | 쇠불릴 | 단 | 金-총17획 |
| 潭 | 못[池] | 담 | 水-총15획 |
| 膽 | 쓸개 | 담: | 肉-총17획 |
| 戴 | 일[首荷] | 대: | 戈-총18획 |
| 垈 | 집터 | 대 | 土-총8획 |
| 悼 | 슬퍼할 | 도 | 心-총11획 |
| 棟 | 마룻대 | 동 | 木-총12획 |
| 桐 | 오동나무 | 동 | 木-총10획 |
| 藤 | 등나무 | 등 | 艹-총19획 |
| 謄 | 베낄 | 등 | 言-총17획 |
| 裸 | 벗을 | 라: | 衣-총13획 |
| 洛 | 물이름 | 락 | 水-총9획 |
| 爛 | 빛날 | 란: | 火-총21획 |
| 藍 | 쪽 | 람 | 艹-총18획 |
| 拉 | 끌 | 랍 | 手-총8획 |

# 1급

| 輛 | 수레 | 량 | 車－총15획 |
| 煉 | 달굴 | 련 | 火－총13획 |
| 籠 | 대바구니 | 롱▸ | 竹－총22획 |
| 療 | 병고칠 | 료 | 疒－총17획 |
| 謬 | 그르칠 | 류 | 言－총18획 |
| 硫 | 유황 | 류 | 石－총12획 |
| 魔 | 마귀 | 마 | 鬼－총21획 |
| 摩 | 문지를 | 마 | 手－총15획 |
| 痲 | 저릴 | 마 | 疒－총13획 |
| 膜 | 꺼풀 | 막 | |
| | 막 | 막 | 肉－총15획 |
| 娩 | 낳을 | 만: | 女－총10획 |
| 灣 | 물굽이 | 만 | 水－총25획 |
| 蠻 | 오랑캐 | 만 | 虫－총25획 |
| 網 | 그물 | 망 | 糸－총14획 |
| 枚 | 낱 | 매 | 木－총8획 |
| 魅 | 매혹할 | 매 | 鬼－총15획 |
| 蔑 | 업신여길 | 멸 | 艸－총15획 |
| 帽 | 모자帽子 | 모 | 巾－총12획 |
| 矛 | 창 | 모 | 矛－총5획 |
| 沐 | 머리감을 | 목 | 水－총7획 |
| 紊 | 어지러울 | 문 | |
| | 문란할 | 문 | 糸－총10획 |

| 舶 | 배[船舶] | 박 | 舟－총11획 |
| 搬 | 옮길 | 반 | 手－총13획 |
| 紡 | 길쌈 | 방 | 糸－총10획 |
| 賠 | 물어줄 | 배: | 貝－총15획 |
| 俳 | 배우 | 배 | 人－총10획 |
| 柏 | 측백[柏=栢] | 백 | 木－총10획 |
| 閥 | 문벌 | 벌 | 門－총14획 |
| 汎 | 넓을 | 범: | 水－총6획 |
| 僻 | 궁벽할 | 벽 | 人－총15획 |
| 倂 | 아우를 | 병: | 人－총10획 |
| 縫 | 꿰맬 | 봉 | 糸－총17획 |
| 俸 | 녹[祿] | 봉: | 人－총10획 |
| 膚 | 살갗 | 부 | 肉－총15획 |
| 敷 | 펼 | 부▸ | 攴－총15획 |
| 弗 | 아닐 | 불 | |
| | 말[勿] | 불 | 弓－총5획 |
| 匪 | 비적[賊徒] | 비: | 匸－총10획 |
| 飼 | 기를 | 사 | 食－총14획 |
| 唆 | 부추길 | 사 | 口－총10획 |
| 赦 | 용서할 | 사: | 赤－총11획 |
| 酸 | 실[味覺] | 산 | 酉－총14획 |
| 傘 | 우산 | 산 | 人－총12획 |
| 蔘 | 삼 | 삼 | 艸－총15획 |

| 插 | 꽂을 | 삽 | 手－총12획 |
| 箱 | 상자 | 상 | 竹－총15획 |
| 瑞 | 상서祥瑞 | 서: | 玉－총13획 |
| 碩 | 클 | 석 | 石－총14획 |
| 繕 | 기울[補修] | 선: | 糸－총18획 |
| 纖 | 가늘 | 섬 | 糸－총23획 |
| 貰 | 세놓을 | 세: | 貝－총12획 |
| 紹 | 이을 | 소 | 糸－총11획 |
| 盾 | 방패 | 순 | 目－총9획 |
| 升 | 되 | 승 | 十－총4획 |
| 屍 | 주검 | 시: | 尸－총9획 |
| 殖 | 불릴 | 식 | 歹－총12획 |
| 紳 | 띠[帶] | 신: | 糸－총11획 |
| 腎 | 콩팥 | 신: | 肉－총12획 |
| 握 | 쥘 | 악 | 手－총12획 |
| 癌 | 암 | 암: | 疒－총17획 |
| 礙 | 거리낄 | 애: | 石－총19획 |
| 惹 | 이끌 | 야: | 心－총13획 |
| 孃 | 아가씨 | 양 | 女－총20획 |
| 硯 | 벼루 | 연: | 石－총12획 |
| 厭 | 싫어할 | 염: | 厂－총14획 |
| 預 | 맡길 | 예: | |
| | 미리 | 예 | 頁－총13획 |

한자능력검정시험

| 梧 | 오동나무 | 오 | 木-총11획 |
| 穩 | 편안할 | 온 | 禾-총19획 |
| 歪 | 기울 | 왜 | |
| | 기울 | 외 | 止-총9획 |
| 妖 | 요사할 | 요 | 女-총7획 |
| 熔 | 녹을 | 용 | 火-총14획 |
| 傭 | 품팔 | 용 | 人-총13획 |
| 鬱 | 답답할 | 울 | 鬯-총29획 |
| 苑 | 나라동산 | 원: | 艸-총9획 |
| 尉 | 벼슬 | 위 | 寸-총11획 |
| 融 | 녹을 | 융 | 虫-총16획 |
| 貳 | 두 | 이: | |
| | 갖은두 | 이 | 貝-총12획 |
| 刃 | 칼날 | 인: | 刀-총3획 |
| 壹 | 한 | 일 | |
| | 갖은한 | 일 | 士-총12획 |
| 妊 | 아이밸 | 임: | 女-총7획 |
| 諮 | 물을 | 자: | 言-총16획 |
| 雌 | 암컷 | 자 | 隹-총13획 |
| 磁 | 자석 | 자 | 石-총14획 |
| 蠶 | 누에 | 잠 | 虫-총24획 |
| 沮 | 막을 | 저: | 水-총8획 |
| 呈 | 드릴 | 정 | 口-총7획 |
| 艇 | 배 | 정 | 舟-총13획 |
| 偵 | 염탐할 | 정 | 人-총11획 |
| 劑 | 약제藥劑 | 제 | 刀-총16획 |
| 釣 | 낚을 시 | 조: | 金-총11획 |
| 措 | 둘[措置] | 조 | 手-총11획 |
| 彫 | 새길 | 조 | 彡-총11획 |
| 綜 | 모을 | 종 | 糸-총14획 |
| 駐 | 머무를 | 주: | 馬-총15획 |
| 准 | 비준 | 준: | 冫-총10획 |
| 脂 | 기름 | 지 | 肉-총10획 |
| 旨 | 뜻 | 지 | 日-총6획 |
| 津 | 나루 | 진 | 水-총9획 |
| 診 | 진찰할 | 진 | 言-총12획 |
| 塵 | 티끌 | 진 | 土-총14획 |
| 窒 | 막힐 | 질 | 穴-총11획 |
| 輯 | 모을 | 집 | 車-총16획 |
| 遮 | 가릴 | 차: | 辶-총15획 |
| 餐 | 밥 | 찬 | 食-총16획 |
| 刹 | 절 | 찰 | 刀-총8획 |
| 札 | 편지 | 찰 | 木-총5획 |
| 斬 | 벨 | 참: | 斤-총11획 |
| 彰 | 드러날 | 창 | 彡-총14획 |
| 滄 | 큰바다 | 창 | 水-총13획 |
| 悽 | 슬퍼할 | 처: | 心-총11획 |
| 隻 | 외짝 | 척 | 隹-총10획 |
| 撤 | 거둘 | 철 | 手-총15획 |
| 諜 | 염탐할 | 첩 | 言-총16획 |
| 締 | 맺을 | 체 | 糸-총15획 |
| 哨 | 망볼 | 초 | 口-총10획 |
| 焦 | 탈[焦燥] | 초 | 火-총12획 |
| 趨 | 달아날 | 추 | 走-총17획 |
| 軸 | 굴대 | 축 | 車-총12획 |
| 蹴 | 찰[蹴球] | 축 | 足-총19획 |
| 衷 | 속마음 | 충 | 衣-총10획 |
| 炊 | 불땔 | 취: | 火-총8획 |
| 琢 | 다듬을 | 탁 | 玉-총12획 |
| 託 | 부탁할 | 탁 | 言-총10획 |
| 胎 | 아이밸 | 태 | 肉-총9획 |
| 颱 | 태풍 | 태 | 風-총14획 |
| 霸 | 으뜸 | 패: | 雨-총21획 |
| 坪 | 들[野] | 평 | 土-총8획 |
| 抛 | 던질 | 포: | 手-총8획 |
| 怖 | 두려워할 | 포 | 心-총8획 |
| 鋪 | 펼 | 포 | |
| | 가게 | 포 | 金-총15획 |

# 1급

| 虐 | 모질 | 학 | 虍 - 총 9획 |
| 翰 | 편지 | 한: | 羽 - 총16획 |
| 艦 | 큰배 | 함: | 舟 - 총20획 |
| 弦 | 시위 | 현 | 弓 - 총 8획 |
| 峽 | 골짜기 | 협 | 山 - 총10획 |
| 型 | 모형 | 형 | 土 - 총 9획 |
| 濠 | 호주 | 호 | 水 - 총17획 |
| 酷 | 심할 | 혹 | 酉 - 총14획 |
| 靴 | 신[履, 鞋] | 화 | 革 - 총13획 |
| 幻 | 헛보일 | 환: | 幺 - 총 4획 |
| 滑 | 미끄러울 | 활 | |
|   | 익살스러울 | 골 | 水 - 총13획 |
| 廻 | 돌[旋] | 회 | 廴 - 총 9획 |
| 喉 | 목구멍 | 후 | 口 - 총12획 |
| 勳 | 공功 | 훈 | 力 - 총16획 |
| 姬 | 계집 | 희 | 女 - 총 9획 |
| 熙 | 빛날 | 희 | 火 - 총13획 |
| 噫 | 한숨쉴 | 희 | |
|   | 트림할 | 애 | 口 - 총16획 |

## 2급 인명·지명 한자

| 柯 | 가지 | 가 | 木 - 총 9획 |
| 迦 | 부처이름 | 가 | 辶 - 총 9획 |
| 賈 | 성姓 | 가 | |
|   | 장사 | 고 | 貝 - 총13획 |
| 軻 | 수레 | 가 | |
|   | 사람이름 | 가 | 車 - 총12획 |
| 伽 | 절 | 가 | 人 - 총 7획 |
| 珏 | 쌍옥 | 각 | 玉 - 총 9획 |
| 艮 | 괘이름 | 간 | 艮 - 총 6획 |
| 杆 | 몽둥이 | 간 | 木 - 총 7획 |
| 鞨 | 오랑캐이름 | 갈 | 革 - 총18획 |
| 鉀 | 갑옷 | 갑 | 金 - 총13획 |
| 岬 | 곶[串] | 갑 | 山 - 총 8획 |
| 彊 | 굳셀[強] | 강 | 弓 - 총16획 |
| 岡 | 산등성이 | 강 | 山 - 총 8획 |
| 姜 | 성姓 | 강 | 女 - 총 9획 |
| 崗 | 언덕 | 강 | 山 - 총11획 |
| 疆 | 지경 | 강 | 田 - 총19획 |
| 塏 | 높은땅 | 개 | 土 - 총13획 |
| 价 | 클 | 개 | 人 - 총 6획 |
| 鍵 | 자물쇠 | 건 | |
|   | 열쇠 | 건 | 金 - 총17획 |
| 杰 | 뛰어날 | 걸 | 木 - 총 8획 |
| 桀 | 하왕夏王이름 | 걸 | 木 - 총10획 |
| 甄 | 질그릇 | 견 | 瓦 - 총14획 |
| 儆 | 경계할 | 경: | 人 - 총15획 |
| 瓊 | 구슬 | 경 | 玉 - 총19획 |
| 炅 | 빛날 | 경 | 火 - 총 8획 |
| 璟 | 옥빛 | 경: | 玉 - 총16획 |
| 皐 | 언덕 | 고 | 白 - 총11획 |
| 串 | 꿸 | 관 | |
|   | 땅이름 | 곶 | ㅣ - 총 7획 |
| 琯 | 옥피리 | 관 | 玉 - 총12획 |
| 槐 | 회화나무 | 괴 | |
|   | 느티나무 | 괴 | 木 - 총14획 |
| 邱 | 언덕 | 구 | 邑 - 총 8획 |
| 玖 | 옥돌 | 구 | 玉 - 총 7획 |
| 鞠 | 성姓 | 국 | |
|   | 국문鞠問할 | 국 | 革 - 총17획 |
| 奎 | 별 | 규 | 大 - 총 9획 |
| 圭 | 서옥瑞玉 | 규 | |
|   | 쌍토 | 규 | 土 - 총 6획 |
| 揆 | 헤아릴 | 규 | 手 - 총12획 |
| 珪 | 홀 | 규 | 玉 - 총10획 |
| 槿 | 무궁화 | 근: | 木 - 총15획 |
| 瑾 | 아름다운옥 | 근: | 玉 - 총15획 |

| 兢 | 떨릴 | 긍: | 儿-총14획 |
| 岐 | 갈림길 | 기 | 山-총 7획 |
| 麒 | 기린 | 기 | 鹿-총19획 |
| 耆 | 늙을 | 기 | 老-총10획 |
| 沂 | 물이름 | 기 | 水-총 7획 |
| 淇 | 물이름 | 기 | 水-총11획 |
| 冀 | 바랄 | 기 | 八-총16획 |
| 璣 | 별이름 | 기 | 玉-총16획 |
| 琪 | 아름다운옥 | 기 | 玉-총12획 |
| 琦 | 옥이름 | 기 | 玉-총12획 |
| 騏 | 준마駿馬 | 기 | 馬-총18획 |
| 驥 | 천리마 | 기 | 馬-총26획 |
| 箕 | 키 | 기 | 竹-총14획 |
| 湍 | 여울 | 단 | 水-총12획 |
| 塘 | 못[池塘] | 당 | 土-총13획 |
| 悳 | 큰[德] | 덕 | 心-총12획 |
| 燾 | 비칠 | 도 | 火-총18획 |
| 惇 | 도타울 | 돈 | 心-총11획 |
| 燉 | 불빛 | 돈 | 火-총16획 |
| 頓 | 조아릴 | 돈: | 頁-총13획 |
| 乭 | 이름 | 돌 | 乙-총 6획 |
| 董 | 바를[正] | 동: | 艹-총13획 |
| 杜 | 막을 | 두 | 木-총 7획 |
| 鄧 | 나라이름 | 등: | 邑-총15획 |
| 萊 | 명아주 | 래 | 艹-총12획 |
| 樑 | 들보 | 량 | 木-총15획 |
| 亮 | 밝을 | 량 | 亠-총 9획 |
| 驪 | 검은말 | 려 | |
| | 검은말 | 리 | 馬-총29획 |
| 廬 | 농막農幕집 | 려 | 广-총19획 |
| 呂 | 성姓 | 려: | |
| | 법칙 | 려 | 口-총 7획 |
| 礪 | 숫돌 | 려: | 石-총20획 |
| 漣 | 잔물결 | 련 | 水-총14획 |
| 濂 | 물이름 | 렴 | 水-총16획 |
| 玲 | 옥소리 | 령 | 玉-총 9획 |
| 醴 | 단술[甘酒] | 례: | 酉-총20획 |
| 蘆 | 갈대 | 로 | 艹-총20획 |
| 魯 | 노나라 | 로 | |
| | 노둔할 | 로 | 魚-총15획 |
| 盧 | 성 | 로 | 皿-총16획 |
| 鷺 | 해오라기 | 로 | |
| | 백로 | 로 | 鳥-총23획 |
| 遼 | 멀 | 료 | 辶-총16획 |
| 劉 | 죽일 | 류 | |
| | 묘금도卯金刀 | 류 | 刀-총15획 |
| 崙 | 산이름 | 륜 | 山-총11획 |
| 楞 | 네모질[四角] | 릉 | 木-총13획 |
| 麟 | 기린 | 린 | 鹿-총23획 |
| 靺 | 말갈靺鞨 | 말 | 革-총14획 |
| 貊 | 맥국貊國 | 맥 | 豸-총13획 |
| 覓 | 찾을 | 멱 | 見-총11획 |
| 冕 | 면류관 | 면: | 冂-총11획 |
| 沔 | 물이름 | 면 | |
| | 빠질 | 면 | 水-총 7획 |
| 俛 | 힘쓸 | 면: | |
| | 구푸릴 | 면 | 人-총 9획 |
| 謨 | 꾀 | 모 | 言-총18획 |
| 茅 | 띠[草名] | 모 | 艹-총 9획 |
| 牟 | 성姓 | 모 | |
| | 보리[大麥] | 모 | 牛-총 6획 |
| 穆 | 화목할 | 목 | 禾-총16획 |
| 昴 | 별이름 | 묘: | 日-총 9획 |
| 汶 | 물이름 | 문 | 水-총 7획 |
| 彌 | 미륵 | 미 | |
| | 오랠 | 미 | 弓-총17획 |
| 閔 | 성姓 | 민 | 門-총12획 |
| 玟 | 아름다운돌 | 민 | 玉-총 8획 |
| 珉 | 옥돌 | 민 | 玉-총 9획 |
| 旻 | 하늘 | 민 | 日-총 8획 |
| 旼 | 화할 | 민 | 日-총 8획 |

# 1급

| 磻 | 반계磻溪 | 반 | |
| | 반계磻溪 | 번 | 石－총17획 |
| 潘 | 성姓 | 반 | 水－총15획 |
| 渤 | 바다이름 | 발 | 水－총12획 |
| 鉢 | 바리때 | 발 | 金－총13획 |
| 旁 | 곁 | 방 | 方－총10획 |
| 龐 | 높은집 | 방 | 龍－총19획 |
| 裵 | 성姓 | 배 | 衣－총14획 |
| 筏 | 뗏목 | 벌 | 竹－총12획 |
| 范 | 성姓 | 범 | 艸－총9획 |
| 弁 | 고깔 | 변 | 廾－총5획 |
| 卞 | 성姓 | 변 | 卜－총4획 |
| 昞 | 밝을 | 병 | 日－총9획 |
| 昺 | 밝을 | 병 | 日－총9획 |
| 炳 | 불꽃 | 병 | 火－총9획 |
| 柄 | 자루 | 병 | 木－총9획 |
| 秉 | 잡을 | 병 | 禾－총8획 |
| 輔 | 도울 | 보 | 車－총14획 |
| 潽 | 물이름 | 보 | 水－총15획 |
| 甫 | 클 | 보 | 用－총7획 |
| 馥 | 향기 | 복 | 香－총18획 |
| 蓬 | 쑥 | 봉 | 艸－총15획 |
| 釜 | 가마[鬴] | 부 | 金－총10획 |
| 傅 | 스승 | 부 | 人－총12획 |
| 阜 | 언덕 | 부 | 阜－총8획 |
| 芬 | 향기 | 분 | 艸－총8획 |
| 鵬 | 새 | 붕 | 鳥－총19획 |
| 毘 | 도울 | 비 | 比－총9획 |
| 毖 | 삼갈 | 비 | 比－총9획 |
| 丕 | 클 | 비 | 一－총5획 |
| 泌 | 분비할 | 비 | ※'비'만 장음 |
| | 스며흐를 | 필 | 水－총8획 |
| 彬 | 빛날 | 빈 | 彡－총11획 |
| 馮 | 탈[乘] | 빙 | |
| | 성姓 | 풍 | 馬－총12획 |
| 泗 | 물이름 | 사 | 水－총8획 |
| 庠 | 학교 | 상 | 广－총9획 |
| 舒 | 펼 | 서 | 舌－총12획 |
| 晳 | 밝을 | 석 | 日－총12획 |
| 錫 | 주석 | 석 | 金－총16획 |
| 奭 | 클 | 석 | |
| | 쌍백 | 석 | 大－총15획 |
| 璇 | 구슬 | 선 | 玉－총18획 |
| 瑄 | 도리옥 | 선 | 玉－총13획 |
| 璿 | 옥 | 선 | 玉－총15획 |
| 卨 | 사람이름 | 설 | 卜－총11획 |
| 薛 | 성姓 | 설 | 艸－총17획 |
| 蟾 | 두꺼비 | 섬 | 虫－총19획 |
| 陝 | 땅이름 | 섬 | 阜－총10획 |
| 暹 | 햇살치밀 | 섬 | |
| | 나라이름 | 섬 | 日－총16획 |
| 燮 | 불꽃 | 섭 | 火－총17획 |
| 晟 | 밝을 | 성 | 日－총11획 |
| 邵 | 땅이름 | 소 | |
| | 성姓 | 소 | 邑－총8획 |
| 沼 | 못[沼池] | 소 | 水－총8획 |
| 巢 | 새집 | 소 | 巛－총11획 |
| 宋 | 성姓 | 송 | 宀－총7획 |
| 洙 | 물가 | 수 | 水－총9획 |
| 隋 | 수나라 | 수 | 阜－총12획 |
| 銖 | 저울눈 | 수 | 金－총14획 |
| 淳 | 순박할 | 순 | 水－총11획 |
| 舜 | 순임금 | 순 | 舛－총12획 |
| 珣 | 옥이름 | 순 | 玉－총10획 |
| 洵 | 참으로 | 순 | 水－총9획 |
| 荀 | 풀이름 | 순 | 艸－총10획 |
| 瑟 | 큰거문고 | 슬 | 玉－총13획 |
| 繩 | 노끈 | 승 | 糸－총19획 |
| 柴 | 섶[柴薪] | 시 | 木－총9획 |
| 湜 | 물맑을 | 식 | 水－총12획 |
| 軾 | 수레앞가로나무 | 식 | 車－총13획 |

급수별 배정한자 43

| 瀋 | 즙낼 | 심 : | |
|---|---|---|---|
| | 물이름 | 심 | 水-총18획 |
| 閼 | 막을 | 알 | 門-총16획 |
| 鴨 | 오리 | 압 | 鳥-총16획 |
| 艾 | 쑥 | 애 | 艸-총 6획 |
| 埃 | 티끌 | 애 | 土-총10획 |
| 倻 | 가야 | 야 | 人-총11획 |
| 襄 | 도울 | 양 ▸ | 衣-총17획 |
| 彦 | 선비 | 언 : | 彡-총 9획 |
| 姸 | 고울 | 연 : | 女-총 9획 |
| 衍 | 넓을 | 연 : | 行-총 9획 |
| 淵 | 못 | 연 | 水-총12획 |
| 閻 | 마을 | 염 | 門-총16획 |
| 燁 | 빛날 | 엽 | 火-총16획 |
| 暎 | 비칠 | 영 : | 日-총13획 |
| 瑛 | 옥빛 | 영 | 玉-총13획 |
| 盈 | 찰 | 영 | 皿-총 9획 |
| 芮 | 성姓 | 예 : | 艸-총 8획 |
| 睿 | 슬기 | 예 : | 目-총14획 |
| 濊 | 종족이름 | 예 : | 水-총16획 |
| 墺 | 물가 | 오 : | 土-총16획 |
| 吳 | 성姓 | 오 | 口-총 7획 |
| 沃 | 기름질 | 옥 | 水-총 7획 |
| 鈺 | 보배 | 옥 | 金-총13획 |

| 甕 | 독 | 옹 : | 瓦-총18획 |
|---|---|---|---|
| 邕 | 막힐 | 옹 | 邑-총10획 |
| 雍 | 화和할 | 옹 | 隹-총13획 |
| 莞 | 빙그레할 | 완 | |
| | 왕골 | 관 | 艸-총11획 |
| 汪 | 넓을 | 왕 ▸ | 水-총 7획 |
| 旺 | 왕성할 | 왕 : | 日-총 8획 |
| 倭 | 왜나라 | 왜 | 人-총10획 |
| 耀 | 빛날 | 요 | 羽-총20획 |
| 姚 | 예쁠 | 요 | 女-총 9획 |
| 堯 | 요임금 | 요 | 土-총12획 |
| 溶 | 녹을 | 용 | 水-총13획 |
| 鎔 | 쇠녹일 | 용 | 金-총18획 |
| 鏞 | 쇠북 | 용 | 金-총19획 |
| 瑢 | 패옥소리 | 용 | 玉-총14획 |
| 佑 | 도울 | 우 : | 人-총 7획 |
| 祐 | 복[福] | 우 : | 示-총10획 |
| 禹 | 성姓 | 우 ▸ | 内-총 9획 |
| 煜 | 빛날 | 욱 | 火-총13획 |
| 頊 | 삼갈 | 욱 | 頁-총13획 |
| 郁 | 성할 | 욱 | 邑-총 9획 |
| 旭 | 아침해 | 욱 | 日-총 6획 |
| 昱 | 햇빛밝을 | 욱 | 日-총 9획 |
| 芸 | 향풀 | 운 | 艸-총 8획 |

| 蔚 | 고을이름 | 울 | 艸-총15획 |
|---|---|---|---|
| 熊 | 곰 | 웅 | 火-총14획 |
| 媛 | 계집 | 원 | 女-총12획 |
| 瑗 | 구슬 | 원 | 玉-총13획 |
| 袁 | 성姓 | 원 | 衣-총10획 |
| 韋 | 가죽 | 위 | 韋-총 9획 |
| 渭 | 물이름 | 위 | 水-총12획 |
| 魏 | 성姓 | 위 | 鬼-총18획 |
| 庾 | 곳집 | 유 | |
| | 노적가리 | 유 | 广-총12획 |
| 踰 | 넘을 | 유 | 足-총16획 |
| 楡 | 느릅나무 | 유 | 木-총13획 |
| 兪 | 대답할 | 유 | |
| | 인월도人月刀 | 유 | 入-총 9획 |
| 允 | 맏[伯] | 윤 : | 儿-총 4획 |
| 尹 | 성姓 | 윤 : | 尸-총 4획 |
| 胤 | 자손 | 윤 | 肉-총 9획 |
| 鈗 | 창 | 윤 | |
| | 병기 | 윤 | 金-총12획 |
| 殷 | 은나라 | 은 | 殳-총10획 |
| 垠 | 지경 | 은 | 土-총 9획 |
| 誾 | 향기 | 은 | 言-총15획 |
| 鷹 | 매 | 응 ▸ | 鳥-총24획 |
| 珥 | 귀고리 | 이 : | 玉-총10획 |

# 1급

| 한자 | 훈 | 음 | 부수-획수 |
|---|---|---|---|
| 怡 | 기쁠 | 이 | 心-총 8획 |
| 伊 | 저[彼] | 이 | 人-총 6획 |
| 翊 | 도울 | 익 | 羽-총11획 |
| 鎰 | 무게이름 | 일 | 金-총18획 |
| 佾 | 줄춤 | 일 | 人-총 8획 |
| 滋 | 불을[盆] | 자 | 水-총12획 |
| 獐 | 노루 | 장 | 犬-총14획 |
| 蔣 | 성姓 | 장 | 艸-총15획 |
| 庄 | 전장田莊 | 장 | 广-총 6획 |
| 璋 | 홀[圭] | 장 | 玉-총15획 |
| 甸 | 경기 | 전 | 田-총 7획 |
| 楨 | 광나무 | 정 | 木-총13획 |
| 旌 | 기旗 | 정 | 方-총11획 |
| 鄭 | 나라 | 정: | 邑-총15획 |
| 晶 | 맑을 | 정 | 日-총12획 |
| 汀 | 물가 | 정 | 水-총 5획 |
| 禎 | 상서로울 | 정 | 示-총14획 |
| 鼎 | 솥 | 정 | 鼎-총13획 |
| 珽 | 옥이름 | 정 | 玉-총11획 |
| 趙 | 나라 | 조: | 走-총14획 |
| 祚 | 복 | 조 | 示-총10획 |
| 曺 | 성姓 | 조 | 曰-총10획 |
| 琮 | 옥홀 | 종 | 玉-총12획 |
| 疇 | 이랑 | 주 | 田-총12획 |
| 浚 | 깊게할 | 준: | 水-총10획 |
| 濬 | 깊을 | 준: | 水-총17획 |
| 埈 | 높을 | 준: | 土-총10획 |
| 峻 | 높을 준엄할 | 준 | 山-총10획 |
| 晙 | 밝을 | 준: | 日-총11획 |
| 駿 | 준마 | 준: | 馬-총17획 |
| 芝 | 지초 | 지 | 艸-총 8획 |
| 址 | 터 | 지 | 土-총 7획 |
| 稙 | 올벼 | 직 | 禾-총13획 |
| 稷 | 피[穀名] | 직 | 禾-총15획 |
| 秦 | 성姓 | 진 | 禾-총10획 |
| 晋 | 진나라 | 진: | 日-총10획 |
| 鑽 | 뚫을 | 찬 | 金-총27획 |
| 燦 | 빛날 | 찬: | 火-총17획 |
| 璨 | 옥빛 | 찬: | 玉-총17획 |
| 瓚 | 옥잔 | 찬 | 玉-총23획 |
| 敞 | 시원할 | 창 | 攴-총12획 |
| 昶 | 해길 | 창: | 日-총 9획 |
| 埰 | 사패지賜牌地 | 채: | 土-총11획 |
| 蔡 | 성姓 | 채: | 艸-총15획 |
| 采 | 풍채 | 채: | 釆-총 8획 |
| 陟 | 오를 | 척 | 阜-총10획 |
| 釧 | 팔찌 | 천 | 金-총11획 |
| 澈 | 맑을 | 철 | 水-총15획 |
| 喆 | 밝을 | 철 | |
| | 쌍길[吉] | 철 | 口-총12획 |
| 瞻 | 볼 | 첨 | 目-총18획 |
| 楚 | 초나라 | 초 | 木-총13획 |
| 蜀 | 나라이름 | 촉 | 虫-총13획 |
| 崔 | 성姓 | 최 | |
| | 높을 | 최 | 山-총11획 |
| 楸 | 가래 | 추 | 木-총13획 |
| 鄒 | 추나라 | 추 | 邑-총13획 |
| 椿 | 참죽나무 | 춘 | 木-총13획 |
| 沖 | 화할 | 충 | 水-총 7획 |
| 聚 | 모을 | 취: | 耳-총14획 |
| 雉 | 꿩 | 치 | 佳-총13획 |
| 峙 | 언덕 | 치 | 山-총 9획 |
| 灘 | 여울 | 탄 | 水-총22획 |
| 耽 | 즐길 | 탐 | 耳-총10획 |
| 兌 | 바꿀 | 태 | |
| | 기쁠[悅] | 태 | 儿-총 7획 |
| 台 | 별 | 태 | 口-총 5획 |
| 坡 | 언덕 | 파 | 土-총 8획 |
| 阪 | 언덕 | 판 | 阜-총 7획 |
| 彭 | 성姓 | 팽 | 彡-총12획 |

| | | | | |
|---|---|---|---|---|
| 扁 | 작을 | 편 | 戶－총 9획 | |
| 鮑 | 절인물고기 | 포: | 魚－총16획 | |
| 葡 | 포도 | 포 | 艹－총13획 | |
| 杓 | 북두자루 | 표 | 木－총 7획 | |
| 弼 | 도울 | 필 | 弓－총12획 | |
| 邯 | 조趙나라서울 | 한 | | |
| | 사람이름 | 감 | 邑－총 8획 | |
| 沆 | 넓을 | 항: | 水－총 7획 | |
| 亢 | 높을 | 항 | 亠－총 4획 | |
| 杏 | 살구 | 행: | 木－총 7획 | |
| 爀 | 불빛 | 혁 | 火－총18획 | |
| 赫 | 빛날 | 혁 | 赤－총14획 | |
| 峴 | 고개 | 현: | 山－총10획 | |
| 炫 | 밝을 | 현: | 火－총 9획 | |
| 鉉 | 솥귀 | 현 | 金－총13획 | |
| 陜 | 좁을 | 협 | | |
| | 땅이름 | 합 | 阜－총10획 | |
| 瑩 | 밝을 | 형 | | |
| | 옥돌 | 영 | 玉－총15획 | |
| 馨 | 꽃다울 | 형 | 香－총20획 | |
| 瀅 | 물맑을 | 형: | 水－총18획 | |
| 炯 | 빛날 | 형 | 火－총 9획 | |
| 邢 | 성姓 | 형 | 邑－총 7획 | |
| 澔 | 넓을 | 호: | 水－총15획 | |
| 扈 | 따를 | 호: | 戶－총11획 | |
| 晧 | 밝을 | 호: | 日－총11획 | |
| 祜 | 복[福] | 호 | 示－총10획 | |
| 昊 | 하늘 | 호: | 日－총 8획 | |
| 壕 | 해자 | 호 | 土－총17획 | |
| 鎬 | 호경 | 호: | 金－총18획 | |
| 皓 | 흴[白] | 호 | 白－총12획 | |
| 泓 | 물깊을 | 홍 | 水－총 8획 | |
| 樺 | 벚나무 | 화 | | |
| | 자작나무 | 화 | 木－총16획 | |
| 嬅 | 탐스러울 | 화 | 女－총15획 | |
| 桓 | 굳셀 | 환 | 木－총10획 | |
| 煥 | 빛날 | 환: | 火－총13획 | |
| 滉 | 깊을 | 황 | 水－총13획 | |
| 晃 | 밝을 | 황 | 日－총10획 | |
| 淮 | 물이름 | 회 | 水－총11획 | |
| 檜 | 전나무 | 회: | 木－총17획 | |
| 后 | 임금 | 후: | | |
| | 왕후 | 후 | 口－총 6획 | |
| 熏 | 불길 | 훈 | 火－총14획 | |
| 壎 | 질나팔 | 훈 | 土－총17획 | |
| 薰 | 향풀 | 훈 | 艹－총18획 | |
| 徽 | 아름다울 | 휘 | 彳－총17획 | |
| 烋 | 아름다울 | 휴 | 火－총10획 | |
| 匈 | 오랑캐 | 흉 | 勹－총 6획 | |
| 欽 | 공경할 | 흠 | 欠－총12획 | |
| 憙 | 기뻐할 | 희 | 心－총16획 | |
| 禧 | 복[福] | 희 | 示－총17획 | |
| 羲 | 복희伏羲 | 희 | 羊－총16획 | |
| 熹 | 빛날 | 희 | 火－총16획 | |
| 嬉 | 아름다울 | 희 | 女－총15획 | |

※ 2급은 배정한자 2,005자에 인명·지명용 한자 350자를 더한 것입니다. 단, 2급에서 한자쓰기 문제는 3급 배정한자 1,817자에서 출제됩니다.

# 배정한자

| | | | |
|---|---|---|---|
| 袈 가사袈裟 | 가 衣-총11획 | 艱 어려울 | 간 艮-총17획 |
| 呵 꾸짖을 | 가: 口-총 8획 | 竿 낚싯대 | 간 竹-총 9획 |
| 哥 성姓 | 가 | 喝 꾸짖을 | 갈 口-총12획 |
| 　 형 | 가 口-총10획 | 竭 다할 | 갈 立-총14획 |
| 嫁 시집갈 | 가 女-총13획 | 褐 갈색 | 갈 |
| 稼 심을 | 가 禾-총15획 | 　 굵은베 | 갈 衣-총14획 |
| 嘉 아름다울 | 가 口-총14획 | 紺 감색 | 감 |
| 駕 멍에 | 가: | 　 연보라 | 감 糸-총11획 |
| 　 탈것 | 가 馬-총15획 | 疳 감질 | 감 疒-총10획 |
| 苛 가혹할 | 가: 艸-총 9획 | 堪 견딜 | 감 土-총12획 |
| 殼 껍질 | 각 殳-총12획 | 瞰 굽어볼 | 감 目-총17획 |
| 恪 삼갈 | 각 心-총 9획 | 勘 헤아릴 | 감 力-총11획 |
| 揀 가릴 | 간: 手-총12획 | 柑 귤 | 감 木-총 9획 |
| 諫 간할 | 간: 言-총16획 | 匣 갑 | 갑 匚-총 7획 |
| 癎 간질 | 간 疒-총17획 | 閘 수문 | 갑 門-총13획 |
| 墾 개간할 | 간 土-총16획 | 慷 슬플 | 강: 心-총14획 |
| 奸 간사할 | 간 女-총 6획 | 糠 겨 | 강 米-총17획 |
| 澗 산골물 | 간: 水-총15획 | 腔 속빌 | 강 肉-총12획 |
| | | 薑 생강 | 강 艸-총17획 |
| | | 芥 겨자 | 개 艸-총 8획 |
| 箇 낱 | 개 竹-총14획 | | |
| 漑 물댈 | 개: 水-총14획 | | |
| 愾 성낼 | 개: 心-총13획 | | |
| 凱 개선할 | 개: 几-총12획 | | |
| 羹 국 | 갱: 羊-총19획 | | |
| 醵 추렴할 | 거: ※'거'만 장음 | | |
| 　 추렴할 | 갹 酉-총20획 | | |
| 倨 거만할 | 거: 人-총10획 | | |
| 渠 개천 | 거 水-총12획 | | |
| 虔 공경할 | 건: 虍-총10획 | | |
| 巾 수건 | 건 巾-총 3획 | | |
| 腱 힘줄 | 건 肉-총13획 | | |
| 怯 겁낼 | 겁 心-총 8획 | | |
| 劫 위협할 | 겁 力-총 7획 | | |
| 偈 불시[佛詩] | 게: 人-총11획 | | |
| 檄 격문檄文 | 격 木-총17획 | | |
| 覡 박수[男巫] | 격 見-총14획 | | |
| 膈 가슴 | 격 肉-총14획 | | |
| 繭 고치 | 견: 糸-총19획 | | |
| 譴 꾸짖을 | 견: 言-총21획 | | |

한자능력검정시험

| | | | | | | | | | | | |
|---|---|---|---|---|---|---|---|---|---|---|---|
| 鵑 | 두견새 | 견 | 鳥-총18획 | 梏 | 수갑 | 곡 | 木-총11획 | 卦 | 점괘 | 괘 | 卜-총 8획 |
| 梗 | 줄기 | 경: | | 袞 | 곤룡포 | 곤: | 衣-총11획 | 罫 | 줄[罫線] | 괘 | 罒-총13획 |
| | 막힐 | 경 | 木-총11획 | 棍 | 몽둥이 | 곤 | 木-총12획 | 拐 | 후릴 | 괴 | 手-총 8획 |
| 磬 | 경쇠 | 경: | 石-총16획 | 昆 | 맏 | 곤 | 日-총 8획 | 乖 | 어그러질 | 괴 | /-총 8획 |
| 鯨 | 고래 | 경 | 魚-총19획 | 汨 | 골몰할 | 골 | | 魁 | 괴수 | 괴 | 鬼-총14획 |
| 勁 | 굳셀 | 경 | 力-총 9획 | | 물이름 | 멱 | 水-총 7획 | 轟 | 울릴 | 굉 | |
| 憬 | 깨달을 | 경: | | 拱 | 팔짱낄 | 공: | 手-총 9획 | | 수레소리 | 굉 | 車-총21획 |
| | 동경할 | 경 | 心-총15획 | 鞏 | 굳을 | 공 | 革-총15획 | 宏 | 클 | 굉 | 宀-총 7획 |
| 頸 | 목 | 경 | 頁-총16획 | 顆 | 낱알 | 과 | 頁-총17획 | 肱 | 팔뚝 | 굉 | 肉-총 8획 |
| 痙 | 경련痙攣 | 경 | 疒-총12획 | 廓 | 둘레 | 곽 | | 轎 | 가마 | 교 | 車-총19획 |
| 脛 | 정강이 | 경 | 肉-총11획 | | 클 | 확 | 广-총14획 | 狡 | 교활할 | 교 | 犬-총 9획 |
| 莖 | 줄기 | 경 | 艸-총11획 | 槨 | 외관外棺 | | | 蛟 | 교룡蛟龍 | 교 | 虫-총12획 |
| 悸 | 두근거릴 | 계: | 心-총11획 | | 덧널 | 곽 | 木-총15획 | 驕 | 교만할 | 교 | 馬-총22획 |
| 痼 | 고질 | 고 | 疒-총13획 | 藿 | 콩잎[豆葉] | | | 喬 | 높을 | 교 | 口-총12획 |
| 膏 | 기름 | 고 | 肉-총14획 | | 미역[海菜] | 곽 | 艸-총20획 | 嬌 | 아리따울 | 교 | 女-총15획 |
| 股 | 넓적다리 | 고 | 肉-총 8획 | 棺 | 널 | 관 | 木-총12획 | 攪 | 흔들 | 교 | 手-총23획 |
| 叩 | 두드릴 | 고 | 口-총 5획 | 灌 | 물댈 | 관 | 水-총21획 | 咬 | 물[齧] | 교 | |
| 敲 | 두드릴 | 고 | 攴-총14획 | 顴 | 광대뼈 | 관 | 頁-총27획 | | 새소리 | 교 | 口-총 9획 |
| 錮 | 막을 | 고 | 金-총16획 | 刮 | 긁을 | 괄 | 刀-총 8획 | 皎 | 달밝을 | 교 | 白-총11획 |
| 袴 | 바지 | 고: | 衣-총11획 | 括 | 묶을 | 괄 | 手-총 9획 | 衢 | 네거리 | 구 | 行-총24획 |
| 呱 | 울 | 고 | 口-총 8획 | 壙 | 뫼구덩이 | 광: | 土-총18획 | 嘔 | 게울 | 구 | 口-총14획 |
| 拷 | 칠 | 고 | 手-총 9획 | 匡 | 바룰/바를 | 광 | 匚-총 6획 | 矩 | 모날 | 구 | |
| 辜 | 허물 | 고 | 辛-총12획 | 曠 | 빌 | 광: | 日-총19획 | | 법 | 구 | 矢-총10획 |
| 鵠 | 고니 | 곡 | | 胱 | 오줌통 | 광 | 肉-총10획 | 柩 | 널[棺] | 구 | 木-총 9획 |
| | 과녁 | 곡 | 鳥-총18획 | | | | | | | | |

48

# 1급

| 謳 | 노래 | 구 | 言－총18획 |
| 寇 | 도적 | 구 | 宀－총11획 |
| 垢 | 때 | 구 | 土－총 9획 |
| 灸 | 뜸 | 구 | 火－총 7획 |
| 鉤 | 갈고리 | 구 | 金－총13획 |
| 廐 | 마구[廐=廏] | 구 | 广－총14획 |
| 駒 | 망아지 | 구 | 馬－총15획 |
| 軀 | 몸 | 구 | 身－총18획 |
| 溝 | 도랑 | 구 | 水－총13획 |
| 鳩 | 비둘기 | 구 | 鳥－총13획 |
| 舅 | 시아비<br>외삼촌 | 구<br>구 | 臼－총13획 |
| 臼 | 절구 | 구 | 臼－총 6획 |
| 仇 | 원수 | 구 | 人－총 4획 |
| 毆 | 때릴 | 구 | 殳－총15획 |
| 崛 | 험할 | 구 | 山－총14획 |
| 枸 | 구기자枸杞子 | 구 | 木－총 9획 |
| 窘 | 군색할 | 군: | 穴－총12획 |
| 躬 | 몸 | 궁 | 身－총10획 |
| 穹 | 하늘 | 궁 | 穴－총 8획 |
| 倦 | 게으를 | 권: | 人－총10획 |
| 眷 | 돌볼 | 권: | 目－총11획 |
| 捲 | 거둘<br>말 | 권<br>권 | 手－총11획 |

| 蹶 | 일어설<br>넘어질 | 궐<br>궐 | 足－총19획 |
| 潰 | 무너질 | 궤: | 水－총15획 |
| 詭 | 속일 | 궤: | 言－총13획 |
| 几 | 안석 | 궤: | 几－총 2획 |
| 机 | 책상 | 궤: | 木－총 6획 |
| 櫃 | 궤짝 | 궤: | 木－총18획 |
| 硅 | 규소 | 규 | 石－총11획 |
| 葵 | 아욱<br>해바라기 | 규<br>규 | 艸－총13획 |
| 窺 | 엿볼 | 규 | 穴－총16획 |
| 逵 | 길거리 | 규 | 辶－총12획 |
| 橘 | 귤 | 귤 | 木－총16획 |
| 棘 | 가시 | 극 | 木－총12획 |
| 戟 | 창 | 극 | 戈－총12획 |
| 剋 | 이길 | 극 | 刀－총 9획 |
| 隙 | 틈 | 극 | 阜－총13획 |
| 覲 | 뵐 | 근: | 見－총18획 |
| 饉 | 주릴 | 근: | 食－총20획 |
| 襟 | 옷깃 | 금: | 衣－총18획 |
| 擒 | 사로잡을 | 금 | 手－총16획 |
| 衾 | 이불 | 금: | 衣－총10획 |
| 汲 | 물길을 | 급 | 水－총 7획 |
| 扱 | 거둘<br>꽂을 | 급<br>삽 | 手－총 7획 |

| 亙 | 뻗칠<br>베풀 | 긍<br>선 | ※'긍'만 장음<br>二－총 6획 |
| 矜 | 자랑할 | 긍: | 矛－총 9획 |
| 羈 | 굴레<br>나그네 | 기<br>기 | 网－총24획 |
| 妓 | 기생 | 기: | 女－총 7획 |
| 畸 | 뙈기밭<br>불구不具 | 기<br>기 | 田－총13획 |
| 譏 | 비웃을 | 기 | 言－총19획 |
| 朞 | 돌 | 기 | 月－총12획 |
| 綺 | 비단 | 기 | 糸－총14획 |
| 肌 | 살[膚肉] | 기 | 肉－총 6획 |
| 杞 | 구기자枸杞子 | 기 | 木－총 7획 |
| 伎 | 재간 | 기 | 人－총 6획 |
| 嗜 | 즐길 | 기 | 口－총13획 |
| 崎 | 험할 | 기 | 山－총11획 |
| 拮 | 일할 | 길 | 手－총 9획 |
| 喫 | 먹을 | 끽 | 口－총12획 |

ㄴ

| 拏 | 잡을 | 나 | 手－총 9획 |
| 拿 | 잡을 | 나 | 手－총10획 |
| 儺 | 푸닥거리 | 나 | 人－총21획 |

| | | | | | | | | | |
|---|---|---|---|---|---|---|---|---|---|
| 懦 | 나약할 | 나: | 心-총17획 | 撻 | 때릴 | 달 | 手-총16획 | 葡 | 포도 | 도 | 艸-총12획 |
| 煖 | 더울 | 난: | 火-총13획 | 痰 | 가래 | 담 | 疒-총13획 | 掉 | 흔들 | 도 | 手-총11획 |
| 捏 | 꾸밀 | 날 | | 曇 | 흐릴 | 담 | 日-총16획 | 禿 | 대머리 | 독 | 禾-총7획 |
| | 이길 | 날 | 手-총10획 | 澹 | 맑을[淡] | 담 | 水-총16획 | 瀆 | 도랑 | 독 | |
| 捺 | 누를 | 날 | 手-총11획 | 憺 | 참담할 | 담 | 心-총16획 | | 더럽힐 | 독 | 水-총18획 |
| 衲 | 기울[縫] | 납 | 衣-총9획 | 譚 | 클 | 담 | | 沌 | 엉길 | 돈 | 水-총7획 |
| 囊 | 주머니 | 낭 | 口-총22획 | | 말씀 | 담 | 言-총19획 | 瞳 | 눈동자 | 동: | 目-총17획 |
| 撚 | 비빌 | 년 | | 遝 | 뒤섞일 | 답 | 辶-총14획 | 憧 | 동경할 | 동 | 心-총15획 |
| | 비틀 | 년 | 手-총15획 | 撞 | 칠 | 당 | 手-총15획 | 疼 | 아플 | 동 | 疒-총10획 |
| 涅 | 열반涅槃 | 녈 | 水-총10획 | 螳 | 버마재비 | 당 | 虫-총17획 | 胴 | 큰창자 | 동 | |
| 弩 | 쇠뇌 | 노 | 弓-총8획 | 棠 | 아가위 | 당 | 木-총12획 | | 몸통 | 동 | 肉-총10획 |
| 駑 | 둔한말 | 노 | 馬-총15획 | 擡 | 들[擧] | 대 | 手-총17획 | 痘 | 역질 | 두 | 疒-총12획 |
| 膿 | 고름 | 농 | 肉-총17획 | 袋 | 자루 | 대 | 衣-총11획 | 兜 | 투구 | 두 | |
| 撓 | 휠 | 뇨: | 手-총15획 | 賭 | 내기 | 도 | | | 도솔천兜率天 | 도 | 儿-총11획 |
| 訥 | 말더듬거릴 | 눌 | 言-총11획 | | 걸 | 도 | 貝-총16획 | 遁 | 숨을 | 둔: | 辶-총13획 |
| 紐 | 맺을 | 뉴 | 糸-총10획 | 堵 | 담 | 도 | 土-총12획 | 臀 | 볼기 | 둔 | 肉-총17획 |
| 匿 | 숨길 | 닉 | 匸-총11획 | 濤 | 물결 | 도 | 水-총17획 | 橙 | 귤 | 등 | |
| | | | | 蹈 | 밟을 | 도 | 足-총17획 | | 걸상 | 등 | 木-총16획 |
| | | | | 睹 | 볼 | 도 | 目-총14획 | | | | |

# ㄷ

# ㄹ

| | | | | | | | | | | | |
|---|---|---|---|---|---|---|---|---|---|---|---|
| | | | | 禱 | 빌 | 도 | 示-총19획 | | | | |
| 簞 | 소쿠리 | 단 | 竹-총18획 | 鍍 | 도금할鍍金 | 도: | 金-총17획 | 癩 | 문둥이 | 라 | 疒-총21획 |
| 緞 | 비단 | 단 | 糸-총15획 | 淘 | 쌀일 | 도 | 水-총11획 | 邏 | 순라巡邏 | 라 | 辶-총23획 |
| 蛋 | 새알 | 단: | 虫-총11획 | 屠 | 죽일 | 도 | 尸-총12획 | 螺 | 소라 | 라 | 虫-총17획 |
| 疸 | 황달 | 달 | 疒-총10획 | 搗 | 찧을 | 도 | 手-총13획 | 懶 | 게으를 | 라: | 心-총19획 |
| | | | | 滔 | 물넘칠 | 도 | 水-총13획 | | | | |

| 駱 | 낙타駱駝 | 락 | 馬-총16획 |
| 烙 | 지질 | 락 | 火-총10획 |
| 酪 | 쇠젖 | 락 | 酉-총13획 |
| 鸞 | 난새 | 란 | 鳥-총30획 |
| 瀾 | 물결 | 란 | 水-총20획 |
| 剌 | 발랄할潑剌 | 랄 | |
| | 수라水剌 | 라 | 刀-총9획 |
| 辣 | 매울 | 랄 | 辛-총14획 |
| 籃 | 대바구니 | 람 | 竹-총20획 |
| 臘 | 섣달 | 랍 | 肉-총19획 |
| 蠟 | 밀 | 랍 | 虫-총21획 |
| 狼 | 이리 | 랑: | |
| | 어지러울 | 랑 | 犬-총10획 |
| 倆 | 재주 | 량 | 人-총10획 |
| 粱 | 기장 | 량 | 米-총13획 |
| 閭 | 마을 | 려 | 門-총15획 |
| 戾 | 어그러질 | 려: | 戶-총8획 |
| 濾 | 거를 | 려: | 水-총18획 |
| 侶 | 짝 | 려: | 人-총9획 |
| 黎 | 검을 | 려 | 黍-총15획 |
| 礫 | 조약돌 | 력 | 石-총20획 |
| 瀝 | 스밀 | 력 | 水-총19획 |
| 輦 | 가마 | 련 | 車-총15획 |
| 斂 | 거둘 | 렴: | 攴-총17획 |

| 殮 | 염할 | 렴: | 歹-총17획 |
| 簾 | 발 | 렴 | 竹-총19획 |
| 囹 | 옥 | 령 | 口-총8획 |
| 鈴 | 방울 | 령 | 金-총13획 |
| 逞 | 쾌할 | 령 | 辶-총11획 |
| 齡 | 나이 | 령 | 齒-총20획 |
| 撈 | 건질 | 로 | 手-총15획 |
| 擄 | 노략질할 | 로 | 手-총16획 |
| 虜 | 사로잡을 포로 | 로 | 虍-총13획 |
| 麓 | 산기슭 | 록 | 鹿-총19획 |
| 碌 | 푸른돌 | 록 | 石-총13획 |
| 瓏 | 옥소리 | 롱 | 玉-총20획 |
| 聾 | 귀먹을 | 롱 | 耳-총22획 |
| 壟 | 밭두둑 | 롱: | 土-총19획 |
| 磊 | 돌무더기 | 뢰 | 石-총15획 |
| 牢 | 우리[畜舍] | 뢰 | 牛-총7획 |
| 儡 | 꼭두각시 | 뢰: | 人-총17획 |
| 賂 | 뇌물 | 뢰 | 貝-총13획 |
| 寥 | 쓸쓸할 | 료 | 宀-총14획 |
| 瞭 | 밝을 | 료 | 目-총17획 |
| 聊 | 애오라지 | 료 | 耳-총11획 |
| 燎 | 횃불 | 료 | 火-총16획 |
| 寮 | 동관同官 | 료 | 宀-총15획 |

| 陋 | 더러울 | 루: | 阜-총9획 |
| 壘 | 보루 | 루 | 土-총18획 |
| 瘤 | 혹 | 류 | 疒-총15획 |
| 琉 | 유리 | 류 | 玉-총10획 |
| 溜 | 처마물 | 류 | 水-총13획 |
| 戮 | 죽일 | 륙 | 戈-총15획 |
| 綸 | 벼리 | 륜 | 糸-총14획 |
| 淪 | 빠질 | 륜 | 水-총11획 |
| 慄 | 떨릴 | 률 | 心-총13획 |
| 勒 | 굴레 | 륵 | 力-총11획 |
| 肋 | 갈빗대 | 륵 | 肉-총6획 |
| 凜 | 찰[寒] | 름 | 冫-총15획 |
| 稜 | 모날 | 릉 | 禾-총13획 |
| 凌 | 업신여길 | 릉 | 冫-총10획 |
| 綾 | 비단 | 릉 | 糸-총14획 |
| 菱 | 마름 | 릉 | 艹-총12획 |
| 裡 | 속[裏] | 리: | 衣-총12획 |
| 釐 | 다스릴 | 리 | 里-총18획 |
| 痢 | 이질 | 리: | 疒-총12획 |
| 罹 | 걸릴 | 리 | 网-총16획 |
| 悧 | 영리할 | 리 | 心-총10획 |
| 俚 | 속될 | 리: | 人-총9획 |
| 籬 | 울타리 | 리 | 竹-총25획 |
| 吝 | 아낄 | 린 | 口-총7획 |

한자능력검정시험

| 鱗 | 비늘 | 린 | 魚 – 총23획 |
| 躪 | 짓밟을 | 린 | 足 – 총27획 |
| 燐 | 도깨비불 | 린 | 火 – 총16획 |
| 淋 | 임질淋疾 | 림 | 水 – 총11획 |
| 粒 | 낟알 | 립 | 米 – 총11획 |
| 笠 | 삿갓 | 립 | 竹 – 총11획 |

## ㅁ

| 寞 | 고요할 | 막 | 宀 – 총14획 |
| 輓 | 끌[輓車] | 만: | |
| | 애도할 | 만 | 車 – 총14획 |
| 挽 | 당길 | 만: | 手 – 총10획 |
| 彎 | 굽을 | 만 | 弓 – 총22획 |
| 蔓 | 덩굴 | 만 | 艸 – 총15획 |
| 卍 | 만 | 만: | 十 – 총6획 |
| 饅 | 만두 | 만 | 食 – 총20획 |
| 鰻 | 뱀장어 | 만 | 魚 – 총22획 |
| 瞞 | 속일 | 만 | 目 – 총16획 |
| 沫 | 물거품 | 말 | 水 – 총8획 |
| 抹 | 지울 | 말 | 手 – 총8획 |
| 襪 | 버선 | 말 | 衣 – 총20획 |
| 芒 | 까끄라기 | 망 | 艸 – 총7획 |
| 惘 | 멍할 | 망 | 心 – 총11획 |
| 邁 | 갈[行] | 매 | 辶 – 총17획 |
| 煤 | 그을음 | 매 | 火 – 총13획 |
| 昧 | 어두울 | 매 | |
| | 어둑새벽 | 매 | 日 – 총9획 |
| 罵 | 꾸짖을 | 매: | 网 – 총15획 |
| 寐 | 잘 | 매: | 宀 – 총12획 |
| 呆 | 어리석을 | 매 | 口 – 총7획 |
| 萌 | 움[芽] | 맹 | |
| | 싹 | 맹 | 艸 – 총12획 |
| 緬 | 멀 | 면: | |
| | 가는실 | 면 | 糸 – 총15획 |
| 眄 | 곁눈질할 | 면: | 目 – 총9획 |
| 棉 | 목화 | 면 | 木 – 총12획 |
| 麵 | 국수[麪=麵] | 면 | 麥 – 총20획 |
| 皿 | 그릇 | 명: | 皿 – 총5획 |
| 蜹 | 멸구[昆蟲] | 명 | |
| | 마디충[螟蟲] | 명 | 虫 – 총16획 |
| 酩 | 술취할 | 명: | 酉 – 총13획 |
| 暝 | 저물 | 명 | 日 – 총14획 |
| 溟 | 바다 | 명 | 水 – 총13획 |
| 袂 | 소매 | 몌 | 衣 – 총9획 |
| 摸 | 더듬을 | 모 | 手 – 총14획 |
| 耗 | 소모할消耗 | 모 | 耒 – 총10획 |
| 模 | 모호할模糊 | 모 | |
| | 흐릴 | 모 | 米 – 총17획 |
| 牡 | 수컷 | 모 | 牛 – 총7획 |
| 歿 | 죽을 | 몰 | 歹 – 총8획 |
| 猫 | 고양이 | 묘: | 犬 – 총12획 |
| 描 | 그릴 | 묘: | 手 – 총12획 |
| 渺 | 아득할 | 묘: | |
| | 물질펀할 | 묘 | 水 – 총12획 |
| 杳 | 아득할 | 묘 | 木 – 총8획 |
| 蕪 | 거칠 | 무 | 艸 – 총16획 |
| 誣 | 속일 | 무: | 言 – 총14획 |
| 毋 | 말[勿] | 무 | 母 – 총4획 |
| 巫 | 무당 | 무: | 工 – 총7획 |
| 撫 | 어루만질 | 무: | 手 – 총15획 |
| 憮 | 어루만질 | 무: | 心 – 총15획 |
| 拇 | 엄지손가락 | 무: | 手 – 총8획 |
| 畝 | 이랑 | 무: | |
| | 이랑 | 묘 | 田 – 총10획 |
| 蚊 | 모기 | 문 | 虫 – 총10획 |
| 薇 | 장미 | 미 | 艸 – 총17획 |
| 靡 | 쓰러질 | 미 | 非 – 총19획 |
| 媚 | 아첨할 | 미 | |
| | 예쁠 | 미 | 女 – 총12획 |
| 悶 | 답답할 | 민 | 心 – 총12획 |
| 謐 | 고요할 | 밀 | 言 – 총17획 |

| 縛 | 얽을 | 박 | 糸－총16획 |
| 箔 | 발[簾] | 박 | 竹－총14획 |
| 剝 | 벗길 | 박 | 刀－총10획 |
| 駁 | 논박할 | 박 | 馬－총14획 |
| 粕 | 지게미 | 박 | 米－총11획 |
| 撲 | 칠[擊] | 박 | 手－총15획 |
| 搏 | 두드릴 | 박 | 手－총13획 |
| 樸 | 순박할 | 박 | 木－총16획 |
| 膊 | 팔뚝 | 박 | 肉－총14획 |
| 珀 | 호박琥珀 | 박 | 玉－총9획 |
| 礬 | 백반 | 반 | 石－총20획 |
| 頒 | 나눌 | 반 | 頁－총13획 |
| 攀 | 더위잡을 | 반 | 手－총19획 |
| 畔 | 밭두둑 | 반 | 田－총10획 |
| 拌 | 버릴 | 반 | 手－총8획 |
| 蟠 | 서릴 | 반 | 虫－총18획 |
| 斑 | 아롱질 | 반 | 文－총12획 |
| 槃 | 쟁반 | 반 | 木－총14획 |
| 絆 | 얽어맬 | 반 | 糸－총11획 |
| 魃 | 가물 | 발 | 鬼－총15획 |
| 撥 | 다스릴 | 발 | 手－총15획 |
| 跋 | 밟을 | 발 | 足－총12획 |

| 醱 | 술괼 | 발 | 酉－총19획 |
| 潑 | 물뿌릴 | 발 | 水－총15획 |
| 勃 | 노할 | 발 | 力－총9획 |
| 枋 | 다목 | 방 | 木－총8획 |
| 幇 | 도울 | 방 | 巾－총12획 |
| 坊 | 동네 | 방 | 土－총7획 |
| 榜 | 방붙일 | 방: | 木－총14획 |
| 昉 | 밝을 | 방 | 日－총8획 |
| 彷 | 헤맬 | 방 | 彳－총7획 |
| 肪 | 기름 | 방 | 肉－총8획 |
| 尨 | 삽살개 | 방 | 尢－총7획 |
| 膀 | 오줌통 | 방 | 肉－총14획 |
| 謗 | 헐뜯을 | 방: | 言－총17획 |
| 徘 | 어정거릴 | 배 | 彳－총11획 |
| 陪 | 모실 | 배: | 阜－총11획 |
| 湃 | 물결칠 | 배 | 水－총12획 |
| 胚 | 아기밸 | 배 | 肉－총9획 |
| 魄 | 넋 | 백 | 鬼－총15획 |
| 帛 | 비단 | 백 | 巾－총8획 |
| 蕃 | 불을 | 번 | 艸－총16획 |
| 藩 | 울타리 | 번 | 艸－총19획 |
| 梵 | 불경 | 범: | 木－총11획 |
| 氾 | 넘칠 | 범: | 水－총5획 |
| 帆 | 돛 | 범: | 巾－총6획 |

| 泛 | 뜰 | 범: | 水－총8획 |
| 擘 | 엄지가락 | 벽 | 手－총17획 |
| 劈 | 쪼갤 | 벽 | 刀－총15획 |
| 闢 | 열 | 벽 | 門－총21획 |
| 璧 | 구슬 | 벽 | 玉－총18획 |
| 癖 | 버릇 | 벽 | 疒－총18획 |
| 瞥 | 눈깜짝할 | 별 | 目－총17획 |
| 鼈 | 자라 | 별 | 魚－총23획 |
| 餠 | 떡 | 병: | 食－총17획 |
| 甁 | 병 | 병 | 瓦－총11획 |
| 菩 | 보살 | 보 | 艸－총12획 |
| 洑 | 보 | 보 | |
| | 스며흐를 | 복 | 水－총9획 |
| 堡 | 작은성 | 보: | 土－총12획 |
| 匐 | 길 | 복 | 勹－총11획 |
| 輻 | 바퀴살 | 복 | |
| | 바퀴살 | 폭 | 車－총16획 |
| 鰒 | 전복 | 복 | 魚－총20획 |
| 僕 | 종 | 복 | 人－총14획 |
| 棒 | 막대 | 봉 | 木－총12획 |
| 捧 | 받들 | 봉 | 手－총11획 |
| 鋒 | 칼날 | 봉 | 金－총15획 |
| 烽 | 봉화 | 봉 | 火－총11획 |
| 剖 | 쪼갤 | 부: | 刀－총10획 |

| 駙 | 부마 | 부 | 馬 – 총15획 |
| 斧 | 도끼 | 부 | 斤 – 총 8획 |
| 埠 | 부두 | 부: | 土 – 총11획 |
| 芙 | 연꽃 | 부 | 艸 – 총 8획 |
| 賻 | 부의賻儀 | 부: | 貝 – 총17획 |
| 咐 | 분부할 | 부 | |
| | 불[吹] | 부 | 口 – 총 8획 |
| 俯 | 구푸릴 | 부: | 人 – 총10획 |
| 孵 | 알깔 | 부 | 子 – 총14획 |
| 腑 | 육부六腑 | 부 | 肉 – 총12획 |
| 訃 | 부고 | 부: | 言 – 총 9획 |
| 噴 | 뿜을 | 분 | 口 – 총15획 |
| 盆 | 동이 | 분 | 皿 – 총 9획 |
| 糞 | 똥 | 분 | 米 – 총17획 |
| 吩 | 분부할 | 분: | 口 – 총 7획 |
| 扮 | 꾸밀 | 분 | 手 – 총 7획 |
| 忿 | 성낼 | 분: | 心 – 총 8획 |
| 雰 | 눈날릴 | 분 | 雨 – 총12획 |
| 焚 | 불사를 | 분 | 火 – 총12획 |
| 彿 | 비슷할 | 불 | 彳 – 총 8획 |
| 繃 | 묶을 | 붕 | 糸 – 총17획 |
| 硼 | 붕사硼砂 | 붕 | 石 – 총13획 |
| 棚 | 사다리 | 붕 | 木 – 총12획 |
| 憊 | 고단할 | 비: | 心 – 총16획 |

| 沸 | 끓을 | 비: | ※'비'만 장음 |
| | 용솟음할 | 불 | 水 – 총 8획 |
| 庇 | 덮을 | 비: | 广 – 총 7획 |
| 裨 | 도울 | 비 | 衣 – 총13획 |
| 鄙 | 더러울 | 비: | 邑 – 총14획 |
| 扉 | 사립문 | 비 | 戶 – 총12획 |
| 翡 | 물총새 | 비: | 羽 – 총14획 |
| 蜚 | 바퀴 | 비 | |
| | 날[飛] | 비 | 虫 – 총14획 |
| 緋 | 비단 | 비: | 糸 – 총14획 |
| 砒 | 비상砒霜 | 비: | 石 – 총 9획 |
| 譬 | 비유할 | 비: | 言 – 총20획 |
| 匕 | 비수匕首 | 비: | 匕 – 총 2획 |
| 痺 | 저릴 | 비 | 疒 – 총13획 |
| 妣 | 죽은어미 | 비 | 女 – 총 7획 |
| 脾 | 지라 | 비: | 肉 – 총12획 |
| 秕 | 쭉정이 | 비: | 禾 – 총 9획 |
| 琵 | 비파琵琶 | 비 | 玉 – 총12획 |
| 臂 | 팔 | 비: | 肉 – 총17획 |
| 誹 | 헐뜯을 | 비 | 言 – 총15획 |
| 濱 | 물가 | 빈 | 水 – 총17획 |
| 瀕 | 물가 | 빈 | |
| | 가까울 | 빈 | 水 – 총19획 |
| 嬪 | 궁녀벼슬이름 | 빈 | 女 – 총17획 |

| 嚬 | 찡그릴 | 빈 | 口 – 총19획 |
| 殯 | 빈소殯所 | 빈 | 歹 – 총18획 |
| 憑 | 비길[依] | 빙 | |
| | 기댈 | 빙 | 心 – 총16획 |

| 紗 | 비단 | 사 | 糸 – 총10획 |
| 蓑 | 도롱이 | 사 | 艸 – 총14획 |
| 獅 | 사자 | 사 | 犬 – 총13획 |
| 奢 | 사치할 | 사 | 大 – 총12획 |
| 麝 | 사향노루 | 사: | 鹿 – 총21획 |
| 瀉 | 쏟을 | 사 | 水 – 총18획 |
| 徙 | 옮길 | 사: | 彳 – 총11획 |
| 嗣 | 이을 | 사: | 口 – 총13획 |
| 些 | 적을 | 사 | 二 – 총 8획 |
| 祠 | 사당祠堂 | 사 | 示 – 총10획 |
| 娑 | 춤출 | 사 | |
| | 사바세상 | 사 | 女 – 총10획 |
| 刪 | 깎을 | 산 | 刀 – 총 7획 |
| 疝 | 산증疝症 | 산 | 疒 – 총 8획 |
| 珊 | 산호 | 산 | 玉 – 총 9획 |
| 撒 | 뿌릴 | 살 | 手 – 총15획 |
| 薩 | 보살 | 살 | 艸 – 총18획 |

# 1급

| 煞 | 죽일[殺] | 살 | 火-총13획 |
| 滲 | 스밀 | 삼 | 水-총14획 |
| 澁 | 떫을 | 삽 | 水-총15획 |
| 翔 | 날[飛] | 상 | 羽-총12획 |
| 爽 | 시원할 | 상: | 爻-총11획 |
| 觴 | 잔 | 상 | 角-총18획 |
| 孀 | 홀어미 | 상 | 女-총20획 |
| 璽 | 옥새玉璽 | 새 | 玉-총19획 |
| 嗇 | 아낄 | 색 | 口-총13획 |
| 甥 | 생질 | 생 | 生-총12획 |
| 牲 | 희생 | 생 | 牛-총9획 |
| 黍 | 기장 | 서: | 黍-총12획 |
| 棲 | 깃들일 | 서: | 木-총12획 |
| 抒 | 풀 | 서: | 手-총7획 |
| 薯 | 감자 | 서: | 艸-총18획 |
| 犀 | 무소 | 서: | 牛-총12획 |
| 壻 | 사위[壻=婿] | 서: | 女-총12획 |
| 曙 | 새벽 | 서: | 日-총18획 |
| 胥 | 서로 | 서 | 肉-총9획 |
| 嶼 | 섬 | 서: | 山-총17획 |
| 鼠 | 쥐 | 서: | 鼠-총13획 |
| 潟 | 개펄 | 석 | 水-총15획 |
| 銑 | 무쇠 | 선 | 金-총14획 |
| 羨 | 부러워할 | 선: |  |
|  | 무덤길 | 연 | 羊-총13획 |

| 扇 | 부채 | 선 | 戶-총10획 |
| 腺 | 샘 | 선 | 肉-총13획 |
| 煽 | 부채질할 | 선 | 火-총14획 |
| 膳 | 선물 | 선: |  |
|  | 반찬 | 선 | 肉-총16획 |
| 屑 | 가루 | 설 | 尸-총10획 |
| 泄 | 샐 | 설 | 水-총8획 |
| 洩 | 샐 | 설 |  |
|  | 퍼질 | 예 | 水-총9획 |
| 渫 | 파낼 | 설 | 水-총12획 |
| 殲 | 다죽일 | 섬 | 歹-총21획 |
| 閃 | 번쩍일 | 섬 | 門-총10획 |
| 醒 | 깰 | 성 | 酉-총16획 |
| 逍 | 노닐 | 소 | 辶-총11획 |
| 遡 | 거스를 | 소 | 辶-총14획 |
| 搔 | 긁을 | 소 | 手-총13획 |
| 疏 | 성길 | 소 | 疋-총12획 |
| 宵 | 밤[夜] | 소 | 宀-총10획 |
| 梳 | 얼레빗 | 소 | 木-총11획 |
| 瘙 | 피부병 | 소 | 疒-총15획 |
| 甦 | 깨어날 | 소 | 生-총12획 |
| 蕭 | 쓸쓸할 | 소 |  |
|  | 시끄러울 | 소 | 艸-총16획 |
| 塑 | 흙빚을 | 소 | 土-총13획 |

| 簫 | 퉁소 | 소 | 竹-총18획 |
| 贖 | 속죄할 | 속 | 貝-총22획 |
| 遜 | 겸손할 | 손: | 辶-총14획 |
| 悚 | 두려울 | 송: | 心-총10획 |
| 碎 | 부술 | 쇄: | 石-총13획 |
| 灑 | 뿌릴 | 쇄: | 水-총22획 |
| 髓 | 뼛골 | 수 | 骨-총23획 |
| 羞 | 부끄러울 | 수 | 羊-총11획 |
| 蒐 | 모을 | 수 | 艸-총14획 |
| 狩 | 사냥할 | 수 | 犬-총9획 |
| 竪 | 세울 | 수 | 立-총13획 |
| 袖 | 소매 | 수 | 衣-총10획 |
| 繡 | 수놓을 | 수: | 糸-총18획 |
| 粹 | 순수할 | 수 | 米-총14획 |
| 讎 | 원수[讎=讐] | 수 | 言-총23획 |
| 穗 | 이삭 | 수 | 禾-총17획 |
| 酬 | 갚을 | 수 | 酉-총13획 |
| 戍 | 수자리 | 수 | 戈-총6획 |
| 瘦 | 여윌 | 수 | 疒-총15획 |
| 嫂 | 형수 | 수 | 女-총13획 |
| 塾 | 글방 | 숙 | 土-총14획 |
| 夙 | 이를 | 숙 | 夕-총6획 |
| 菽 | 콩 | 숙 | 艸-총12획 |
| 馴 | 길들일 | 순 | 馬-총13획 |

| 筍 | 죽순竹筍 | 순 | 竹 – 총12획 |
| 醇 | 전국술 | 순 | 酉 – 총15획 |
| 膝 | 무릎 | 슬 | 肉 – 총15획 |
| 丞 | 정승 | 승 | 一 – 총 6획 |
| 柿 | 감[柿=柹=枾] | 시: | 木 – 총 9획 |
| 匙 | 숟가락 | 시: | 匕 – 총11획 |
| 豺 | 승냥이 | 시: | 豸 – 총10획 |
| 猜 | 시기할 | 시 | 犬 – 총11획 |
| 媤 | 시집 | 시 | 女 – 총12획 |
| 諡 | 시호諡號 | 시: | 言 – 총16획 |
| 弑 | 윗사람죽일 | 시: | 弋 – 총12획 |
| 熄 | 불꺼질 | 식 | 火 – 총14획 |
| 拭 | 씻을 | 식 | 手 – 총 9획 |
| 蝕 | 좀먹을 | 식 | 虫 – 총15획 |
| 呻 | 읊조릴 | 신 | 口 – 총 8획 |
| 蜃 | 큰조개 | 신 | 虫 – 총13획 |
| 薪 | 섶 | 신 | 艸 – 총17획 |
| 訊 | 물을 | 신: | 言 – 총10획 |
| 迅 | 빠를 | 신 | 辶 – 총 7획 |
| 娠 | 아이밸 | 신 | 女 – 총10획 |
| 宸 | 대궐 | 신 | 宀 – 총10획 |
| 燼 | 불탄끝 | 신: | 火 – 총18획 |
| 悉 | 다 | 실 | 心 – 총11획 |
| 什 | 열사람 | 십 | |
| | 세간 | 집 | 人 – 총 4획 |

## ㅇ

| 啞 | 벙어리 | 아 | 口 – 총11획 |
| 衙 | 마을[官廳] | 아 | 行 – 총13획 |
| 俄 | 아까 | 아 | 人 – 총 9획 |
| 訝 | 의심할 | 아 | 言 – 총11획 |
| 顎 | 턱 | 악 | 頁 – 총18획 |
| 愕 | 놀랄 | 악 | 心 – 총12획 |
| 堊 | 흰흙 | 악 | 土 – 총11획 |
| 按 | 누를 | 안· | 手 – 총 9획 |
| 鞍 | 안장 | 안: | 革 – 총15획 |
| 晏 | 늦을 | 안: | 日 – 총10획 |
| 斡 | 돌[斡旋] | 알 | 斗 – 총14획 |
| 軋 | 삐걱거릴 | 알 | 車 – 총 8획 |
| 庵 | 암자 | 암 | 广 – 총11획 |
| 闇 | 숨을 | 암: | 門 – 총17획 |
| 怏 | 원망할 | 앙 | 心 – 총 8획 |
| 鴦 | 원앙 | 앙 | 鳥 – 총16획 |
| 昂 | 높을 | 앙 | 日 – 총 8획 |
| 秧 | 모 | 앙 | 禾 – 총10획 |
| 隘 | 좁을 | 애 | 阜 – 총13획 |
| 崖 | 언덕 | 애 | 山 – 총11획 |
| 曖 | 희미할 | 애 | 日 – 총17획 |

| 靄 | 아지랑이 | 애: | 雨 – 총24획 |
| 扼 | 잡을 | 액 | 手 – 총 7획 |
| 腋 | 겨드랑이 | 액 | 肉 – 총12획 |
| 縊 | 목맬 | 액 | 糸 – 총16획 |
| 櫻 | 앵두 | 앵 | 木 – 총21획 |
| 鶯 | 꾀꼬리 | 앵 | 鳥 – 총21획 |
| 爺 | 아비 | 야 | 父 – 총13획 |
| 冶 | 풀무 | 야: | 冫 – 총 7획 |
| 揶 | 야유할揶揄 | 야: | 手 – 총12획 |
| 葯 | 꽃밥 | 약 | 艸 – 총13획 |
| 癢 | 가려울 | 양: | 疒 – 총20획 |
| 攘 | 물리칠 | 양: | 手 – 총20획 |
| 釀 | 술빚을 | 양: | 酉 – 총24획 |
| 恙 | 병 | 양: | |
| | 근심할 | 양: | 心 – 총10획 |
| 瘍 | 헐 | 양: | 疒 – 총14획 |
| 圄 | 옥獄 | 어 | 囗 – 총10획 |
| 禦 | 막을 | 어: | 示 – 총16획 |
| 瘀 | 어혈질 | 어 | 疒 – 총13획 |
| 臆 | 가슴 | 억 | 肉 – 총17획 |
| 堰 | 둑 | 언 | 土 – 총12획 |
| 諺 | 언문 | 언: | |
| | 속담 | 언 | 言 – 총16획 |
| 奄 | 문득 | 엄: | 大 – 총 8획 |

| | | | | | | | | | |
|---|---|---|---|---|---|---|---|---|---|
| 掩 | 가릴 | 엄 | 手-총11획 | 渦 | 소용돌이 | 와 | 水-총12획 | 蓉 | 연꽃 용 艹-총14획 |
| 儼 | 엄연할 | 엄 | 人-총22획 | 婉 | 순할 | 완 | | 茸 | 풀날 용 |
| 繹 | 풀 | 역 | 糸-총19획 | | 아름다울 | 완 | 女-총11획 | | 버섯 이 艹-총10획 |
| 捐 | 버릴 | 연 | 手-총10획 | 阮 | 성姓 | 완 | ※'완'만 장음 | 涌 | 물솟을 용 水-총10획 |
| 椽 | 서까래 | 연 | 木-총13획 | | 나라이름 | 원 | 阜-총 7획 | 聳 | 솟을 용 耳-총17획 |
| 筵 | 대자리 | 연 | 竹-총13획 | 宛 | 완연할 | 완 | 宀-총 8획 | 嵎 | 산굽이 우 山-총12획 |
| 鳶 | 솔개 | 연 | 鳥-총14획 | 頑 | 완고할 | 완 | 頁-총13획 | 隅 | 모퉁이 우 阜-총12획 |
| 艷 | 고울 | 염 | 色-총19획 | 玩 | 즐길 | 완 | 玉-총 8획 | 虞 | 염려할 우 |
| 焰 | 불꽃 | 염 | 火-총12획 | 腕 | 팔뚝 | 완 | 肉-총12획 | | 나라이름 우 虍-총13획 |
| 嬰 | 어린아이 | 영 | 女-총17획 | 枉 | 굽을 | 왕 | 木-총 8획 | 迂 | 에돌 우 辶-총 7획 |
| 曳 | 끌 | 예 | 曰-총 6획 | 矮 | 난장이 | 왜 | 矢-총13획 | 寓 | 부칠[寄] 우 宀-총12획 |
| 詣 | 이를[至] | 예 | 言-총13획 | 猥 | 외람할 | 외 | 犬-총12획 | 耘 | 김맬 운 耒-총10획 |
| 裔 | 후손 | 예 | | 巍 | 높고클 | 외 | 山-총21획 | 隕 | 떨어질 운 阜-총13획 |
| | 가 | 예 | 衣-총13획 | 凹 | 오목할 | 요 | 凵-총 5획 | 殞 | 죽을 운 歹-총14획 |
| 穢 | 더러울 | 예 | 禾-총18획 | 窯 | 기와가마 | 요 | 穴-총15획 | 猿 | 원숭이 원 犬-총13획 |
| 懊 | 한할 | 오 | 心-총16획 | 窈 | 고요할 | 요 | | 鴛 | 원앙 원 鳥-총16획 |
| 奧 | 깊을 | 오 | 大-총13획 | | 그윽할 | 요 | 穴-총10획 | 冤 | 원통할 원 冖-총10획 |
| 伍 | 다섯사람 | 오 | 人-총 6획 | 拗 | 우길 | 요 | 手-총 8획 | 萎 | 시들 위 艹-총12획 |
| 寤 | 잠깰 | 오 | 宀-총14획 | 邀 | 맞을 | 요 | 辶-총17획 | 蹂 | 밟을 유 足-총16획 |
| 蘊 | 쌓을 | 온 | 艹-총20획 | 擾 | 시끄러울 | 요 | 手-총18획 | 諭 | 타이를 유 言-총16획 |
| 壅 | 막을 | 옹 | 土-총16획 | 饒 | 넉넉할 | 요 | 食-총21획 | 喩 | 깨우칠 유 口-총12획 |
| 蝸 | 달팽이 | 와 | 虫-총15획 | 僥 | 요행僥倖 | 요 | 人-총14획 | 癒 | 병나을 유 疒-총18획 |
| 訛 | 그릇될 | 와 | 言-총11획 | 夭 | 일찍죽을 | 요 | 大-총 4획 | 愉 | 즐거울 유 心-총12획 |
| | | | | 踊 | 뛸 | 용 | 足-총14획 | 柚 | 유자 유 木-총 9획 |

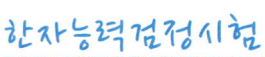
한자능력검정시험

| 鍮 | 놋쇠 | 유 | 金-총17획 |
| 諛 | 아첨할 | 유 | 言-총16획 |
| 宥 | 너그러울 | 유 | 宀-총 9획 |
| 游 | 헤엄칠 | 유 | 水-총12획 |
| 揄 | 야유할 | 유 | 手-총12획 |
| 戎 | 병장기 | 융 | |
| | 오랑캐 | 융 | 戈-총 6획 |
| 絨 | 가는베 | 융 | 糸-총12획 |
| 蔭 | 그늘 | 음 | 艸-총15획 |
| 揖 | 읍할 | 읍 | 手-총12획 |
| 膺 | 가슴 | 응: | 肉-총17획 |
| 椅 | 의자 | 의 | 木-총12획 |
| 毅 | 굳셀 | 의 | 殳-총15획 |
| 擬 | 비길 | 의: | 手-총17획 |
| 誼 | 정情 | 의 | |
| | 옳을 | 의 | 言-총15획 |
| 爾 | 너 | 이: | 爻-총14획 |
| 姨 | 이모 | 이 | 女-총 9획 |
| 痍 | 상처 | 이 | 疒-총11획 |
| 餌 | 미끼 | 이: | 食-총15획 |
| 弛 | 늦출 | 이: | 弓-총 6획 |
| 翌 | 다음날 | 익 | 羽-총11획 |
| 湮 | 묻힐 | 인 | 水-총12획 |
| 靭 | 질길 | 인 | 革-총12획 |

| 蚓 | 지렁이 | 인 | 虫-총10획 |
| 咽 | 목구멍 | 인 | |
| | 목멜 | 열 | |
| | 삼킬 | 연 | 口-총 9획 |
| 佚 | 편할 | 일 | |
| | 질탕 | 질 | 人-총 7획 |
| 溢 | 넘칠 | 일 | 水-총13획 |
| 剩 | 남을 | 잉: | 刀-총12획 |
| 孕 | 아이밸 | 잉: | 子-총 5획 |

## ㅈ

| 仔 | 자세할 | 자 | 人-총 5획 |
| 炙 | 구울 | 자 | |
| | 구울 | 적 | 火-총 8획 |
| 藉 | 깔 | 자: | |
| | 핑계할 | 자 | 艸-총18획 |
| 煮 | 삶을 | 자: | 火-총13획 |
| 蔗 | 사탕수수 | 자 | 艸-총15획 |
| 瓷 | 사기그릇 | 자 | 瓦-총11획 |
| 疵 | 허물 | 자 | 疒-총11획 |
| 鵲 | 까치 | 작 | 鳥-총19획 |
| 綽 | 너그러울 | 작 | 糸-총14획 |
| 灼 | 불사를 | 작 | 火-총 7획 |

| 嚼 | 씹을 | 작 | 口-총21획 |
| 芍 | 함박꽃 | 작 | 艸-총 7획 |
| 勺 | 구기 | 작 | 勹-총 3획 |
| 雀 | 참새 | 작 | 隹-총11획 |
| 炸 | 터질 | 작 | 火-총 9획 |
| 盞 | 잔 | 잔 | 皿-총13획 |
| 棧 | 사다리 | 잔 | 木-총12획 |
| 箴 | 경계 | 잠 | 竹-총15획 |
| 簪 | 비녀 | 잠 | 竹-총18획 |
| 檣 | 돛대 | 장 | 木-총17획 |
| 漿 | 즙 | 장 | 水-총15획 |
| 仗 | 의장儀仗 | 장 | 人-총 5획 |
| 醬 | 장 | 장: | 酉-총18획 |
| 薔 | 장미 | 장 | 艸-총17획 |
| 匠 | 장인 | 장 | 匚-총 6획 |
| 杖 | 지팡이 | 장: | 木-총 7획 |
| 齋 | 재계齋戒할 | 재 | |
| | 집 | 재 | 齊-총17획 |
| 滓 | 찌끼 | 재 | 水-총13획 |
| 錚 | 쇳소리 | 쟁 | 金-총16획 |
| 狙 | 원숭이 | 저: | |
| | 엿볼 | 저 | 犬-총 8획 |
| 觝 | 씨름 | 저: | 角-총12획 |
| 豬 | 돼지[豬=猪] | 저 | 犬-총12획 |

58

| | | | | | | | | | |
|---|---|---|---|---|---|---|---|---|---|
| 躇 | 머뭇거릴 | 저 | | 篆 | 전자篆字 | 전 | 竹-총15획 | 粗 | 거칠 | 조 | 米-총11획 |

| 躇 | 머뭇거릴 저 | | |
|---|---|---|---|
| | 건너뛸 | 저/착 | 足-총20획 |
| 邸 | 집 | 저: | 邑-총 8획 |
| 咀 | 씹을 | 저: | 口-총 8획 |
| 詛 | 저주할 | 저: | 言-총12획 |
| 箸 | 젓가락 | 저 | 竹-총15획 |
| 謫 | 귀양갈 | 적 | 言-총18획 |
| 嫡 | 정실 | 적 | 女-총14획 |
| 狄 | 오랑캐 | 적 | 犬-총 7획 |
| 迹 | 자취 | 적 | 辶-총10획 |
| 剪 | 가위 | 전: | 刀-총11획 |
| 悛 | 고칠 | 전: | 心-총10획 |
| 栓 | 마개 | 전 | 木-총10획 |
| 煎 | 달일 | 전: | 火-총13획 |
| 輾 | 돌아누울 | 전: | 車-총17획 |
| 顫 | 떨 | 전: | 頁-총22획 |
| 顚 | 엎드러질 | 전: | |
| | 이마 | 전 | 頁-총19획 |
| 氈 | 담毯 | 전: | 毛-총17획 |
| 癲 | 미칠 | 전: | 疒-총24획 |
| 塡 | 메울 | 전 | 土-총13획 |
| 纏 | 얽을 | 전 | 糸-총21획 |
| 銓 | 사람가릴 | 전: | 金-총14획 |
| 餞 | 보낼 | 전: | 食-총17획 |

| 篆 | 전자篆字 | 전: | 竹-총15획 |
|---|---|---|---|
| 奠 | 정할 | 전: | |
| | 제사 | 전 | 大-총12획 |
| 箋 | 기록할 | 전 | 竹-총14획 |
| 澱 | 앙금 | 전: | 水-총16획 |
| 廛 | 가게 | 전: | 广-총15획 |
| 箭 | 살[矢] | 전: | 竹-총15획 |
| 截 | 끊을 | 절 | 戈-총14획 |
| 粘 | 붙을 | 점 | 米-총11획 |
| 霑 | 젖을 | 점 | 雨-총16획 |
| 幀 | 그림족자 | 정 | 巾-총12획 |
| 靖 | 편안할 | 정: | 青-총13획 |
| 睛 | 눈동자 | 정 | 目-총13획 |
| 碇 | 닻 | 정 | 石-총13획 |
| 釘 | 못 | 정 | 金-총10획 |
| 町 | 밭두둑 | 정 | 田-총 7획 |
| 挺 | 빼어날 | 정 | 手-총10획 |
| 酊 | 술취할 | 정 | 酉-총 9획 |
| 錠 | 덩이 | 정 | 金-총16획 |
| 穽 | 함정 | 정 | 穴-총 9획 |
| 悌 | 공손할 | 제: | 心-총10획 |
| 蹄 | 굽 | 제 | 足-총16획 |
| 梯 | 사다리 | 제 | 木-총11획 |
| 啼 | 울 | 제 | 口-총12획 |

| 粗 | 거칠 | 조 | 米-총11획 |
|---|---|---|---|
| 槽 | 구유 | 조 | 木-총15획 |
| 棗 | 대추 | 조 | 木-총12획 |
| 躁 | 조급할 | 조 | 足-총20획 |
| 遭 | 만날 | 조 | 辶-총15획 |
| 曹 | 무리 | 조 | 曰-총11획 |
| 眺 | 볼 | 조: | 目-총11획 |
| 漕 | 배로실어나를 | 조 | 水-총14획 |
| 肇 | 비롯할 | 조: | 聿-총14획 |
| 嘲 | 비웃을 | 조 | 口-총15획 |
| 稠 | 빽빽할 | 조 | 禾-총13획 |
| 爪 | 손톱 | 조 | 爪-총 4획 |
| 凋 | 시들 | 조 | 冫-총10획 |
| 藻 | 마름 | 조: | 艹-총20획 |
| 詔 | 조서詔書 | 조: | 言-총12획 |
| 糟 | 지게미 | 조 | 米-총17획 |
| 繰 | 고치켤 | 조 | 糸-총19획 |
| 阻 | 막힐[沮] | 조 | |
| | 험할 | 조 | 阜-총 8획 |
| 簇 | 가는대[小竹] | 족 | 竹-총17획 |
| 猝 | 갑자기 | 졸 | 犬-총11획 |
| 慫 | 권할 | 종 | 心-총15획 |
| 踵 | 발꿈치 | 종 | 足-총16획 |
| 踪 | 자취 | 종 | 足-총15획 |

| 腫 종기 | 종: 肉-총13획 | 肢 팔다리 | 지 肉-총 8획 | 纂 모을 | 찬: 糸-총20획 |
| 挫 꺾을 | 좌: 手-총10획 | 嗔 성낼 | 진 口-총13획 | 篡 빼앗을 | 찬: 竹-총16획 |
| 紂 주임금 | 주 糸-총 9획 | 疹 마마 | 진 疒-총10획 | 撰 지을 | 찬: 手-총15획 |
| 胄 자손 | 주 肉-총 9획 | 迭 갈마들 | 질 辶-총 9획 | 饌 반찬 | 찬: 食-총21획 |
| 躊 머뭇거릴 | 주: 足-총21획 | 叱 꾸짖을 | 질 口-총 5획 | 擦 문지를 | 찰 手-총17획 |
| 紬 명주 | 주 糸-총11획 | 跌 거꾸러질 | 질 足-총12획 | 懺 뉘우칠 | 참 心-총20획 |
| 輳 몰려들 | 주 車-총16획 | 膣 음도陰道 | 질 | 站 역驛마을 | 참: 立-총10획 |
| 呪 빌 | 주: 口-총 8획 | 새살돋을 | 질 肉-총15획 | 讖 예언 | 참 言-총24획 |
| 誅 벨 | 주 言-총13획 | 嫉 미워할 | 질 女-총13획 | 僭 주제넘을 | 참: 人-총14획 |
| 廚 부엌 | 주 广-총15획 | 桎 차꼬 | 질 木-총10획 | 塹 구덩이 | 참 土-총14획 |
| 註 글뜻풀 | 주: 言-총12획 | 帙 책권차례 | 질 巾-총 8획 | 讒 참소讒訴할 | 참 言-총24획 |
| 做 지을 | 주 人-총11획 | 朕 나 | 짐: | 娼 창녀娼女 | 창: 女-총11획 |
| 嗾 부추길 | 주 口-총14획 | 조짐 | 짐 月-총10획 | 猖 미쳐날뛸 | 창 犬-총11획 |
| 蠢 꾸물거릴 | 준: 虫-총21획 | 斟 짐작斟酌할 | 짐 斗-총13획 | 脹 부을 | 창: 肉-총12획 |
| 樽 술통 | 준 木-총16획 | 澄 맑을 | 징 水-총15획 | 瘡 부스럼 | 창 疒-총15획 |
| 竣 마칠 | 준: 立-총12획 | | | 漲 넘칠 | 창: 水-총14획 |
| 櫛 빗 | 즐 木-총19획 | | | 艙 부두 | 창 舟-총16획 |
| 葺 기울 | 즙 艸-총13획 |  | | 愴 슬플 | 창: 心-총13획 |
| 汁 즙 | 즙 水-총 5획 | | | 倡 광대 | 창: 人-총10획 |
| 祉 복福 | 지 示-총 9획 | 叉 갈래 | 차 又-총 3획 | 槍 창 | 창 木-총14획 |
| 吡 여덟치 | 지 口-총 9획 | 蹉 미끄러질 | 차 足-총17획 | 菖 창포 | 창 艸-총12획 |
| 摯 잡을 | 지 手-총15획 | 嗟 탄식할 | 차: 口-총13획 | 廠 공장 | 창 广-총15획 |
| 枳 탱자 | 지 | 鑿 뚫을 | 착 金-총28획 | 寨 목책木柵 | 채 宀-총14획 |
| 탱자 | 기 木-총 9획 | 窄 좁을 | 착 穴-총10획 | 柵 울타리 | 책 木-총 9획 |
| | | 搾 짤 | 착 手-총13획 | | |

# 1급

| 凄 | 쓸쓸할 | 처 | 冫-총10획 |
| 滌 | 씻을 | 척 | 水-총14획 |
| 擲 | 던질 | 척 | 手-총18획 |
| 脊 | 등마루 | 척 | 肉-총10획 |
| 瘠 | 여윌 | 척 | 疒-총15획 |
| 穿 | 뚫을 | 천: | 穴-총9획 |
| 擅 | 멋대로할 | 천: | 手-총16획 |
| 闡 | 밝힐 | 천: | 門-총20획 |
| 喘 | 숨찰 | 천: | 口-총12획 |
| 轍 | 바퀴자국 | 철 | 車-총19획 |
| 凸 | 볼록할 | 철 | 凵-총5획 |
| 綴 | 엮을 | 철 | 糸-총14획 |
| 諂 | 아첨할 | 첨: | 言-총15획 |
| 僉 | 다 여러 | 첨 첨 | 人-총13획 |
| 籤 | 제비[점대] | 첨 | 竹-총23획 |
| 疊 | 거듭 | 첩 | 田-총22획 |
| 貼 | 붙일 | 첩 | 貝-총12획 |
| 牒 | 편지 | 첩 | 片-총13획 |
| 捷 | 빠를 이길[勝捷] | 첩 첩 | 手-총11획 手-총11획 |
| 帖 | 문서 | 첩 | 巾-총8획 |
| 涕 | 눈물 | 체 | 水-총10획 |
| 諦 | 살필 | 체 | 言-총16획 |

| 貂 | 담비 | 초 | 豸-총12획 |
| 樵 | 나무할 | 초 | 木-총16획 |
| 梢 | 나무끝 | 초 | 木-총11획 |
| 炒 | 볶을 | 초 | 火-총8획 |
| 礁 | 암초 | 초 | 石-총17획 |
| 稍 | 점점 | 초 | 禾-총12획 |
| 硝 | 화약 | 초 | 石-총12획 |
| 憔 | 파리할 | 초 | 心-총15획 |
| 蕉 | 파초 | 초 | 艸-총16획 |
| 醋 | 초 | 초 | 酉-총15획 |
| 囑 | 부탁할 | 촉 | 口-총24획 |
| 忖 | 헤아릴 | 촌: | 心-총6획 |
| 寵 | 사랑할 괼 | 총: 총 | 宀-총19획 |
| 叢 | 떨기 모일 | 총 총 | 又-총18획 |
| 塚 | 무덤 | 총 | 土-총13획 |
| 撮 | 모을 사진찍을 | 촬 촬 | 手-총15획 |
| 芻 | 꼴 | 추 | 艸-총10획 |
| 墜 | 떨어질 | 추 | 土-총15획 |
| 椎 | 쇠몽치 등골 | 추 추 | 木-총12획 |
| 鰍 | 미꾸라지[鰌] | 추 | 魚-총20획 |
| 錐 | 송곳 | 추 | 金-총16획 |

| 酋 | 우두머리[酉] | 추 | 酉-총9획 |
| 錘 | 저울추 | 추 | 金-총16획 |
| 樞 | 지도리 | 추 | 木-총15획 |
| 鎚 | 쇠망치 칠[擊] | 추 추 | 金-총18획 |
| | 방망이 | 퇴 | 木-총14획 |
| 黜 | 내칠 | 출 | 黑-총17획 |
| 贅 | 혹 | 췌: | 貝-총18획 |
| 萃 | 모을 | 췌: | 艸-총12획 |
| 膵 | 췌장 | 췌: | 肉-총16획 |
| 悴 | 파리할 | 췌: | 心-총11획 |
| 脆 | 연할 | 취: | 肉-총10획 |
| 翠 | 푸를 물총새 | 취: 취 | 羽-총14획 |
| 娶 | 장가들 | 취: | 女-총11획 |
| 惻 | 슬플 | 측 | 心-총12획 |
| 緻 | 빽빽할 | 치 | 糸-총15획 |
| 馳 | 달릴 | 치 | 馬-총13획 |
| 侈 | 사치할 | 치 | 人-총8획 |
| 熾 | 성할 | 치 | 火-총16획 |
| 癡 | 어리석을[痴] | 치 | 疒-총19획 |
| 嗤 | 비웃을 | 치 | 口-총13획 |
| 痔 | 치질 | 치 | 疒-총11획 |
| 幟 | 기[旗] | 치 | 巾-총15획 |

| 勅 | 칙서 勅書 | 칙 | 力 — 총 9획 |
| 砧 | 다듬잇돌 | 침: | 石 — 총 10획 |
| 鍼 | 침 | 침 | 金 — 총 17획 |
| 蟄 | 숨을 | 칩 | 虫 — 총 17획 |
| 秤 | 저울 | 칭 | 禾 — 총 10획 |

## ㅌ

| 惰 | 게으를 | 타: | 心 — 총 12획 |
| 駝 | 낙타 | 타 | 馬 — 총 15획 |
| 楕 | 길고둥글 | 타: | 木 — 총 13획 |
| 陀 | 비탈질 | 타 | |
| | 부처 | 타 | 阜 — 총 8획 |
| 唾 | 침[涎] | 타: | 口 — 총 11획 |
| 舵 | 키[正船木] | 타 | 舟 — 총 11획 |
| 鐸 | 방울 | 탁 | 金 — 총 21획 |
| 擢 | 뽑을 | 탁 | 手 — 총 17획 |
| 憚 | 꺼릴 | 탄: | 心 — 총 15획 |
| 吞 | 삼킬 | 탄 | 口 — 총 7획 |
| 綻 | 터질 | 탄: | 糸 — 총 14획 |
| 坦 | 평탄할 | 탄: | 土 — 총 8획 |
| 眈 | 노려볼 | 탐 | 目 — 총 9획 |
| 搭 | 탈[乘] | 탑 | 手 — 총 13획 |
| 宕 | 호탕할 | 탕: | ⼧ — 총 8획 |
| 蕩 | 방탕할 | 탕: | 艸 — 총 16획 |
| 笞 | 볼기칠 | 태 | 竹 — 총 11획 |
| 跆 | 밟을 | 태 | 足 — 총 12획 |
| 苔 | 이끼 | 태 | 艸 — 총 9획 |
| 汰 | 일[淘] | 태 | 水 — 총 7획 |
| 撐 | 버틸[撑=撐] | 탱 | 手 — 총 15획 |
| 攄 | 펼 | 터: | 手 — 총 18획 |
| 筒 | 통[筆筒] | 통 | 竹 — 총 12획 |
| 慟 | 서러워할 | 통: | 心 — 총 14획 |
| 桶 | 통[水桶] | 통 | 木 — 총 11획 |
| | 되[斗桶] | 용 | 木 — 총 11획 |
| 腿 | 넓적다리 | 퇴: | 肉 — 총 14획 |
| 褪 | 바랠 | 퇴: | 衣 — 총 15획 |
| 頹 | 무너질 | 퇴: | 頁 — 총 16획 |
| 堆 | 쌓을 | 퇴: | 土 — 총 11획 |
| 妬 | 샘낼 | 투 | 女 — 총 8획 |
| 套 | 씌울 | 투 | 大 — 총 10획 |
| 慝 | 사특 邪慝할 | 특 | 心 — 총 15획 |

## ㅍ

| 爬 | 긁을 | 파 | 爪 — 총 8획 |
| 巴 | 꼬리 | 파 | |
| | 땅이름 | 파 | 己 — 총 4획 |
| 跛 | 절름발이 | 파 | ※'피'만 장음 |
| | 비스듬히설 | 피 | 足 — 총 12획 |
| 琶 | 비파 | 파 | 玉 — 총 12획 |
| 芭 | 파초 | 파 | 艸 — 총 8획 |
| 婆 | 할미 | 파 | 女 — 총 11획 |
| 辦 | 힘들일 | 판 | 辛 — 총 16획 |
| 佩 | 찰[帶] | 패: | 人 — 총 8획 |
| 沛 | 비쏟아질 | 패: | 水 — 총 7획 |
| 悖 | 거스를 | 패: | 心 — 총 10획 |
| 唄 | 염불소리 | 패: | 口 — 총 10획 |
| 牌 | 패 | 패 | 片 — 총 12획 |
| 稗 | 피[穀類] | 패: | 禾 — 총 13획 |
| 澎 | 물소리 | 팽 | 水 — 총 15획 |
| 膨 | 불을 | 팽 | 肉 — 총 16획 |
| 愎 | 강퍅 剛愎할 | 퍅 | 心 — 총 12획 |
| 騙 | 속일 | 편 | 馬 — 총 19획 |
| 鞭 | 채찍 | 편 | 革 — 총 18획 |
| 貶 | 낮출 | 폄: | 貝 — 총 12획 |
| 萍 | 부평초 浮萍草 | 평 | 艸 — 총 12획 |
| 斃 | 죽을 | 폐: | 攴 — 총 18획 |
| 陛 | 대궐섬돌 | 폐: | 阜 — 총 10획 |
| 泡 | 거품 | 포 | 水 — 총 8획 |
| 褒 | 기릴[襃] | 포 | 衣 — 총 15획 |
| 匍 | 길 | 포 | 勹 — 총 9획 |

# 1급

| 圃 | 채마밭菜麻 | 포 | 囗－총10획 |
| 逋 | 도망갈 | 포 | 辶－총11획 |
| 疱 | 물집 | 포: | 疒－총10획 |
| 哺 | 먹일 | 포: | 口－총10획 |
| 蒲 | 부들 | 포 | 艸－총14획 |
| 庖 | 부엌 | 포 | 广－총 8획 |
| 袍 | 도포 | 포 | 衣－총10획 |
| 咆 | 고함지를[咆哮] | 포 | 口－총 8획 |
| 脯 | 포 | 포 | 肉－총11획 |
| 瀑 | 폭포 | 폭 | |
|  | 소나기 | 포 | 水－총18획 |
| 曝 | 쪼일 | 폭 | |
|  | 쪼일 | 포 | 日－총19획 |
| 慓 | 급할 | 표 | 心－총14획 |
| 剽 | 겁박할 | 표 | |
|  | 빠를[剽悍] | 표 | 刀－총13획 |
| 豹 | 표범 | 표 | 豸－총10획 |
| 飄 | 나부낄 | 표 | 風－총20획 |
| 稟 | 여쭐 | 품: | |
|  | 녹[祿米] | 품 | 禾－총13획 |
| 諷 | 풍자諷刺할 | 풍 | 言－총16획 |
| 披 | 헤칠 | 피 | 手－총 8획 |
| 疋 | 필[匹] | 필 | |
|  | 발 | 소 | 疋－총 5획 |
| 逼 | 핍박할 | 핍 | 辶－총13획 |
| 乏 | 모자랄 | 핍 | 丿－총 5획 |

## ㅎ

| 霞 | 노을 | 하 | 雨－총17획 |
| 遐 | 멀 | 하 | 辶－총13획 |
| 蝦 | 두꺼비 | 하 | |
|  | 새우 | 하 | 虫－총15획 |
| 瑕 | 허물 | 하 | 玉－총13획 |
| 壑 | 구렁 | 학 | 土－총17획 |
| 謔 | 희롱할 | 학 | 言－총17획 |
| 瘧 | 학질瘧疾 | 학 | 疒－총15획 |
| 罕 | 드물[稀] | 한: | 网－총 7획 |
| 澣 | 빨래할 | 한 | |
|  | 열흘 | 한 | 水－총16획 |
| 悍 | 사나울 | 한: | 心－총10획 |
| 轄 | 다스릴 | 할 | 車－총17획 |
| 涵 | 젖을 | 함 | 水－총11획 |
| 緘 | 봉할 | 함 | 糸－총15획 |
| 鹹 | 짤[鹽味] | 함 | 鹵－총20획 |
| 喊 | 소리칠 | 함: | 口－총12획 |
| 檻 | 난간 | 함: | 木－총18획 |
| 銜 | 재갈 | 함 | 金－총14획 |
| 函 | 함 | 함 | 凵－총 8획 |
| 蛤 | 조개 | 합 | 虫－총12획 |
| 盒 | 합 | 합 | 皿－총11획 |
| 肛 | 항문 | 항 | 肉－총 7획 |

| 缸 | 항아리 | 항 | 缶－총 9획 |
| 懈 | 게으를 | 해: | 心－총16획 |
| 諧 | 화할 | 해 | 言－총16획 |
| 駭 | 놀랄 | 해 | 馬－총16획 |
| 邂 | 우연히만날 | 해: | 辶－총17획 |
| 咳 | 기침 | 해 | 口－총 9획 |
| 楷 | 본보기 | 해 | 木－총13획 |
| 骸 | 뼈 | 해 | 骨－총16획 |
| 偕 | 함께 | 해 | 人－총11획 |
| 劾 | 꾸짖을 | 핵 | 力－총 8획 |
| 饗 | 잔치할 | 향: | 食－총22획 |
| 嚮 | 길잡을 | 향: | 口－총19획 |
| 噓 | 불[吹] | 허 | 口－총14획 |
| 墟 | 터 | 허 | 土－총15획 |
| 歇 | 쉴 | 헐 | 欠－총13획 |
| 絢 | 무늬 | 현: | 糸－총12획 |
| 眩 | 어지러울 | 현: | 目－총10획 |
| 衒 | 자랑할 | 현: | 行－총11획 |
| 挾 | 낄 | 협 | 手－총10획 |
| 頰 | 뺨 | 협 | 頁－총16획 |
| 狹 | 좁을 | 협 | 犬－총10획 |
| 俠 | 의기로울 | 협 | 人－총 9획 |
| 荊 | 가시 | 형 | 艸－총10획 |
| 彗 | 살별 | 혜: | 彐－총11획 |
| 醯 | 식혜 | 혜 | 酉－총19획 |
| 瑚 | 산호 | 호 | 玉－총13획 |

한자능력검정시험

| 狐 | 여우 | 호 | 犬-총 8획 |
| 糊 | 풀칠할 | 호 | 米-총 15획 |
| 琥 | 호박琥珀 | 호: | 玉-총 12획 |
| 弧 | 활 | 호 | 弓-총 8획 |
| 渾 | 흐릴 | 혼: | 水-총 12획 |
| 笏 | 홀 | 홀 | 竹-총 10획 |
| 惚 | 황홀할 | 홀 | 心-총 11획 |
| 哄 | 떠들썩할 | 홍 | 口-총 9획 |
| 虹 | 무지개 | 홍 | 虫-총 9획 |
| 訌 | 어지러울 | 홍 | 言-총 10획 |
| 驩 | 기뻐할 | 환 | 馬-총 28획 |
| 宦 | 벼슬 | 환: | 宀-총 9획 |
| 喚 | 부를 | 환 | 口-총 12획 |
| 鰥 | 홀아비 | 환 | 魚-총 21획 |
| 猾 | 교활할 | 활 | 犬-총 13획 |
| 闊 | 넓을 | 활 | 門-총 17획 |
| 惶 | 두려울 | 황 | 心-총 12획 |
| 徨 | 헤맬 | 황 | 彳-총 12획 |
| 凰 | 봉황 | 황 | 几-총 11획 |
| 煌 | 빛날 | 황 | 火-총 13획 |
| 恍 | 황홀할 | 황 | 心-총 9획 |
| 遑 | 급할 | 황 | 辶-총 13획 |
| 慌 | 어리둥절할 | 황 | 心-총 13획 |
| 誨 | 가르칠 | 회: | 言-총 14획 |
| 蛔 | 회충 | 회 | 虫-총 12획 |
| 繪 | 그림 | 회: | 糸-총 19획 |

| 晦 | 그믐 | 회 | 日-총 11획 |
| 恢 | 넓을 | 회 | 心-총 9획 |
| 徊 | 머뭇거릴 | 회 | 彳-총 9획 |
| 賄 | 재물 | 회: | |
| | 뇌물 | 회 | 貝-총 13획 |
| 膾 | 회 | 회: | 肉-총 17획 |
| 爻 | 사귈 | 효 | |
| | 가로그을 | 효 | 爻-총 4획 |
| 酵 | 삭일 | 효: | 酉-총 14획 |
| 嚆 | 울릴 | 효 | 口-총 17획 |
| 哮 | 성낼 | 효 | 口-총 10획 |
| 逅 | 만날 | 후: | 辶-총 10획 |
| 嗅 | 맡을 | 후: | 口-총 13획 |
| 朽 | 썩을 | 후: | 木-총 6획 |
| 吼 | 울부짖을 | 후: | 口-총 7획 |
| 暈 | 무리[光環] | 훈 | 日-총 13획 |
| 喧 | 지껄일 | 훤 | 口-총 12획 |
| 喙 | 부리 | 훼 | 口-총 12획 |
| 卉 | 풀 | 훼 | 十-총 5획 |
| 彙 | 무리 | 휘 | 彐-총 13획 |
| 諱 | 숨길 | 휘 | |
| | 꺼릴 | 휘 | 言-총 16획 |
| 麾 | 기旗 | 휘 | 麻-총 15획 |
| 恤 | 불쌍할 | 휼 | 心-총 9획 |
| 洶 | 용솟음칠 | 흉 | 水-총 9획 |
| 兇 | 흉악할 | 흉 | 儿-총 6획 |

| 欣 | 기쁠 | 흔 | 欠-총 8획 |
| 痕 | 흔적 | 흔 | 疒-총 11획 |
| 欠 | 하품 | 흠: | 欠-총 4획 |
| 歆 | 흠향할 | 흠 | 欠-총 13획 |
| 洽 | 흡족할 | 흡 | 水-총 9획 |
| 恰 | 흡사할 | 흡 | 心-총 9획 |
| 犧 | 희생犧牲 | 희 | 牛-총 20획 |
| 詰 | 꾸짖을 | 힐 | 言-총 13획 |

: 표는 첫 음절에서 길게 발음되는 한자이며, ▸ 표는 첫 음절에서 길게, 또는 짧게 발음되는 한자입니다.

이상 급수별 배정한자 1급 3,500자 중 2급 2,355자를 제외한 1,145자

한자는 서체에 따라 글자 모양이 달라져 보이나 모두 정자로 인정됩니다.

[ 참고 漢字 ]

| 示=礻 | | 青=青 | |
|---|---|---|---|
| 神(神) | 祈(祈) | 清(淸) | 請(請) |
| 祝(祝) | 祖(祖) | 晴(晴) | 情(情) |

| 糸=糹 | | 食=飠 | |
|---|---|---|---|
| 線(線) | 經(經) | 飮(飲) | 飯(飯) |
| 續(續) | 紙(紙) | 餘(餘) | 飽(飽) |

| 辶=辶 | | 八=ソ | |
|---|---|---|---|
| 送(送) | 運(運) | 尊(尊) | 說(說) |
| 遂(遂) | 遵(遵) | 曾(曾) | 墜(墜) |

한자능력검정시험

(사) **한국어문회** 주관

# 1급

## 예상문제
(1회 ~ 10회)

- 정답과 해설은 167 ~ 186쪽에 있습니다.

(사) 한국어문회 주관

# 예상문제

합격문항 : 160문항
시험시간 : 90분
정　　답 : 167쪽

**1** 다음에 제시한 漢字語 또는 밑줄 친 漢字語의 讀音을 쓰시오.　01~50번

01 浚渫 [　　　] 02 拔擢 [　　　]
03 爬羅 [　　　] 04 庬然 [　　　]
05 痔漏 [　　　] 06 靜謐 [　　　]
07 櫻脣 [　　　] 08 氈笠 [　　　]
09 糟糠 [　　　] 10 茅茸 [　　　]
11 刪省 [　　　] 12 佩劍 [　　　]
13 喫緊 [　　　] 14 僉署 [　　　]
15 泄瀉 [　　　] 16 煮鹽 [　　　]
17 括髮 [　　　] 18 肩臂 [　　　]
19 扼腕 [　　　] 20 咳喘 [　　　]
21 玩覽 [　　　] 22 瓦樽 [　　　]
23 隔阻 [　　　] 24 訝惑 [　　　]
25 諷刺 [　　　] 26 煽揚 [　　　]

27 파도가 제방을 때려 泡沫을 일으켰다.
　　………………………… [　　　]
28 국정을 壟斷한 무신정권을 무너뜨렸다.
　　………………………… [　　　]
29 글을 새기다가 그만 둔 痕迹이 보인다.
　　………………………… [　　　]
30 이번 誘拐 사건으로 온 국민이 개탄을 금치 못했다. ………………… [　　　]
31 뒷날의 과오는 毫釐에서 비롯되었다고 할 수 있을 것이다. ………… [　　　]
32 그는 천성이 醇厚하여 자신을 드러냄이 없었다.
　　………………………… [　　　]

33 "지난 것을 懲毖하고 장래에 모범이 되게 하라."
　　………………………… [　　　]
34 그는 그야말로 塵埃 속의 관골 같은 사람이라고 할만하다. ………… [　　　]
35 진상 물품은 御膳을 비롯하여 궁중의 제향 등에 쓰였다. …………… [　　　]
36 그들은 적을 보자 싸워 보지도 않고 惶怯하게 달아났다. …………… [　　　]
37 저자의 학문적 蘊奧가 드러난 중요한 논문으로 평가되고 있다. …… [　　　]
38 이상고온 현상으로 旱魃의 피해를 입었다.
　　………………………… [　　　]
39 장년의 기가 표일한 다음이라야 노년이 되어서 기가 豪宕하여진다. …… [　　　]
40 조서를 보내 대의를 지킨 것을 아름답게 여겨 襃彰하였다. ………… [　　　]
41 "실제로 그대는 醋酸으로서 나의 목마름을 더하게 하였다." ……… [　　　]
42 화씨벽은 춘추전국시대를 통해서 가장 비싼 보물로 膾炙되어 왔다. … [　　　]
43 오래도록 덕화를 앙모하였으나 瞻拜할 길이 없었다. ………………… [　　　]
44 그의 말은 撞着이 심하여 도무지 갈피를 잡기 어렵다. ……………… [　　　]
45 책임을 물었으나 도리어 讒訴를 초래하였다.
　　………………………… [　　　]
46 조합원이 정기적으로 醵出하여 부담하였다.
　　………………………… [　　　]

제01회 예상문제　67

**47** 죽을 고비를 여러 차례 모면하면서 隱遁하다가 조국의 해방을 맞이하였다. ‥ [            ]

**48** 분지는 변성암지역에 관입된 화강암이 차별 侵蝕을 받아 형성된 것이다. ‥ [            ]

**49** 문장의 성분을 지나치게 생략하는 것도 글의 明瞭성을 해치는 요인이 된다.
................... [            ]

**50** 식이섬유소는 구강의 咀嚼 활동을 자극하여 타액 및 위액 분비를 촉진하고 위장의 포만감을 유발한다. ................ [            ]

**2** 다음 漢字의 訓과 音을 쓰시오.  51~82번

51 勃 [       ]　52 衒 [       ]
53 輦 [       ]　54 紹 [       ]
55 眄 [       ]　56 乏 [       ]
57 闡 [       ]　58 遜 [       ]
59 劫 [       ]　60 訃 [       ]
61 樸 [       ]　62 羹 [       ]
63 叩 [       ]　64 芻 [       ]
65 窯 [       ]　66 嗤 [       ]
67 幇 [       ]　68 綻 [       ]
69 湮 [       ]　70 斡 [       ]
71 瘍 [       ]　72 迂 [       ]
73 碎 [       ]　74 膈 [       ]
75 寨 [       ]　76 紐 [       ]
77 靄 [       ]　78 猾 [       ]
79 錘 [       ]　80 彙 [       ]
81 翠 [       ]　82 朽 [       ]

※ 다음 글을 읽고 물음에 답하시오.

**1** 인간이 다른 동물과 구분되는 몇 가지 **속성**83 중에서 눈에 띄는 것이 **규범적**84 속성이다. 동물들의 행동이 본능에 의해 이루어지는 것에 비해 인간은 규범에 의해 규제된 행동을 한다. 또 동물의 행동이 외부 환경의 자극에 대한 본능적이며 **충동적**85인 반응이라면 인간은 목적 **지향적**86 특성을 가진다고 하겠다. 그리고 인간의 사회적 행동은 문화적 상징**체계**87인 규범에 의해 이루어진다. 인간 행위를 규제하는 **기준**88과 그 양식, 또는 법칙으로서의 규범은 개인적 행위의 **효율**89과 집합적 행위의 조화를 위해 쌓여진 역사적 지혜의 **산물**90이다.

이와 같이 인간의 행위를 규제하고 그 기준이 되는 규범이 '예'이다. '예'라는 말이 요즈음에는 주로 대인관계에 있어서의 바람직한 행위 – **예의범절**91이라는 의미로 사용되지만 이전에는 훨씬 넓은 의미로 쓰였다. '예'라는 글자는 **제기**92에 제물을 담아 신에게 정성을 올리는 **공경심**93을 표현하는 의미를 갖고 있다. 그래서 고대에는 신에게 제물을 바치는 **종교적**94 **의례**95를 **지칭**96하는 의미로 '예'자가 사용되었다.

역사가 발전하면서 '예'자는 본래적인 종교적 의미에다 **철학적**97 의미를 **첨가**98하는 형식으로 **일반화**99되고 체계화됨으로써 **추상성**100을 띠게 되었다. 이러한 **맥락**101에서 내놓아진 것이 유학의 '예' 개념이었다. 따라서 고대로 올라갈수록 '예'의 성격은 자연에 대한 종교적 의식이라는 **측면**102이 강하다. 그리고 **점차**103 사회 **구조**104가 **복잡화**105되고 자연의 변화에 대한 지식이 늘어나면서 자연에 대한 종교적 태도가 약화되고 '예'를 통한 사회 통합의 기능이 차차 강화되는 현상이 발견된다.

그래서 이제 '예'는 사회규범으로 한 사회를 통합하는 **준거**106로서의 의미를 지니게 되었다. 공영달은 『禮記正義』소(疏)에서 "예란 천지를 경륜하고 인륜을 다스리는 것으로서 그것이 발생한 것은 천지가 나누어지기 이전부터이다. 그래서 『예기』「예운」에서는 '예는 반드시 太一에 근거하며, 천지가 나누어지기 전에 이미 예가 있었다'고 했다. '예'는 원리이니 그것으로써 다스리면 천지가 모두 흥할 것이다."라고 했다. 『사기』에는 "예는 사전에 **방지**107하는 것이고 법은 사후에 처리하는 것이다."(『태사공자서』)라는 말이 나온다. 또 『예기』에는 "예는 천시와 **부합**108하고 땅에서 생산되는 것에 적용되며 세상의 변화에 **순응**109하고 인심과 합치됨으로써 만물이 이치에 따라 운행되도록 하는 것이다."라는 기사가 보인다.

또 같은 책 '애공문'에서는 "백성들이 삶의 기준으로 삼는 것 중 '예'가 가장 크다. '예'가 아니면 천지의 신을 섬길 때에 **절도**110있게 할 수 없다.

'예'가 아니면 임금과 신하, 윗사람과 아랫사람, 어른과 아이를 구별할 수 없다. '예'가 없으면 남자와 여자, 부모와 자식 사이의 친함을 유지할 수 없다."고도 하였다.

2  위와 같은 의식을 바탕으로 '예' **개념**[111]을 체계화하였던 사람으로 공자를 들어야 한다. 공자의 사상에서 '예'는 인간의 모든 행위의 기준이 되어야 하는 것이다. 그는 '예'가 아니면 듣지도, 보지도, 말하지도, 움직이지도 말라고 하였다. '예'는 인간의 모든 행위를 규제하는 **합리적**[112] 양식인 것이다. 합리적이라는 **수사**[113]는 **허례허식**[114]을 부정하고 인간 사회의 도덕성을 **견지**[115]할 수 있는 맥락에서의 '예'를 강조했던 공자의 관점에 근거한다.

공자에 의해 정리된 유가의 '예'는 **절대권력**[116]에 의해 강제된 규범이 아니고, 인간이 **자율적**[117]으로 터득할 수 있는 규범이다. 사람은 누구나 선천적으로 인이라는 덕목을 지니고 난다. 이것이 인간이 '예'를 이해하고 행할 수 있는 바탕이다. 왜냐하면 '예'의 본질은 인이기 때문이다. '예'는 인간이 지닌 인(仁)한 **성향**[118]을 사회관계 속에서 실현하는 방법이다. '예'는 인간의 행위를 통해 드러나는 것이라는 점에서 외형적인 성격을 갖는다. 그러나 이는 단순히 외형적인 것에서 그치는 것이 아니라 귀중한 내용물[본질]을 담아내기 위한 그릇과도 같은 의미를 지닌다. 아무리 좋은 정신이라도 **적절**[119]한 형식으로 표현되지 않으면 사회적인 의미를 지닐 수 없는 것이다. 공자가 '예'를 중시하였던 것에서 중요한 본질[仁]을 드러내기 위해서는 그것을 담아낼 그릇이 절실하게 요구되었기 때문이었다고도 할 수 있다.

증자는 '공자의 도는 **충서**[120] 두 글자로 포괄할 수 있다'고 했다. '충'은 개인의 진실성과 성실성을 말하는 것이고, '서'는 충에 바탕하여 다른 사람을 이해하고 합리적으로 행동하고자 하는 것이다. '충'과 '서'는 **유기적**[121] 연관을 가지며 서로 연결되는 개념이다. 이때 '예'는 나와 타인을 연결해 주는 **보편적**[122] 원리인 동시에 인간 행위의 실천 원리인 것이다. '예'는 내적으로는 자신의 주체성을 확립하여 진실하고 성실한 마음으로 사물을 바라보게 하고 외적으로는 사리에 맞게 행위 하도록 이끌어주는 기준이 된다.

— 『유학사상』 中, 성균관대학 출판부 —

## 3  윗글의 밑줄 친 漢字語를 漢字로 쓰시오.

83~122번

| 83 속성 [　　] | 84 규범적 [　　] |
| 85 충동적 [　　] | 86 지향적 [　　] |
| 87 체계 [　　] | 88 기준 [　　] |
| 89 효율 [　　] | 90 산물 [　　] |
| 91 예의범절 [　　] | 92 제기 [　　] |
| 93 공경심 [　　] | 94 종교적 [　　] |
| 95 의례 [　　] | 96 지칭 [　　] |
| 97 철학적 [　　] | 98 첨가 [　　] |
| 99 일반화 [　　] | 100 추상성 [　　] |
| 101 맥락 [　　] | 102 측면 [　　] |
| 103 점차 [　　] | 104 구조 [　　] |
| 105 복잡화 [　　] | 106 준거 [　　] |
| 107 방지 [　　] | 108 부합 [　　] |
| 109 순응 [　　] | 110 절도 [　　] |
| 111 개념 [　　] | 112 합리적 [　　] |
| 113 수사 [　　] | 114 허례허식 [　　] |
| 115 견지 [　　] | 116 절대권력 [　　] |
| 117 자율적 [　　] | 118 성향 [　　] |
| 119 적절 [　　] | 120 충서 [　　] |
| 121 유기적 [　　] | 122 보편적 [　　] |

## 4  다음에서 첫 音節이 '긴소리[長音]'인 것을 10개만 골라 그 번호를 쓰시오.

123~132번

보기  ① 凱旋  ② 戎服  ③ 綽約  ④ 謫仙  ⑤ 砒素
　　　⑥ 經綸  ⑦ 俯瞰  ⑧ 躊躇  ⑨ 遭艱  ⑩ 庇護
　　　⑪ 截片  ⑫ 貶降  ⑬ 剛毅  ⑭ 榜書  ⑮ 委囑
　　　⑯ 癲狂  ⑰ 檄文  ⑱ 熄滅  ⑲ 稗史  ⑳ 畎溝

123 [　　　]　　124 [　　　]
125 [　　　]　　126 [　　　]

127 [          ]    128 [          ]
129 [          ]    130 [          ]
131 [          ]    132 [          ]

**5** 다음 漢字語에 비슷한 뜻과 訓을 가진 漢字[正字]를 빈칸에 써넣어 漢字語를 완성하시오. (133~137번)

133 태풍이 갑작스럽게 경로를 [          ]更 하면서 큰 피해가 발생하였다.

134 사졸들이 閭[          ]에 들어가서 끼친 민폐가 호랑이보다 더 심했다.

135 그는 재상으로서 백성을 仔[          ]하게 보살폈고 지켜야 할 규범을 보였다.

136 제사 전에는 먼 곳에 다니지 않는다든가 목욕 재계하는 등의 [          ]齋를 하였다.

137 적은 奸[          ]한 계략으로 꾀었으나 장군은 언제나 계책을 내어 이를 저지시켰다.

**6** 다음 빈칸에 漢字[正字]를 써넣어 뜻이 비슷한 짝이 되도록 만드시오. (138~142번)

138 滋養 - [          ]養
139 我國 - [          ]域
140 始祖 - [          ]祖
141 別乾坤 - [          ][          ]境
142 姑息策 - [          ][          ]策

**7** 다음 四字成語의 빈칸을 漢字로 채우시오. (143~157번)

143 [          ]眞[          ]垢 : 티 없이 순진함.

144 [          ]生[          ]死 : 한평생을 아무 하는 일 없이 흐리멍덩하게 살아감.

145 海[          ]好[          ] : 위험을 알아차리면 누구라도 접근하지 않음.

146 [          ]鼠兩[          ] : 머뭇거리며 진퇴나 거취를 정하지 못하는 상태.

147 狡[          ]三[          ] : 교묘하게 잘 숨어 재난을 피함.

148 先[          ]後[          ] : 군율을 어긴 자를 먼저 처형한 뒤에 임금에게 아룀.

149 [          ]哺[          ]腹 : 먹을 것이 풍족하여 즐겁게 지냄.

150 訥[          ][          ]行 : 말은 느려도 실제 행동은 재빠르고 능란함.

151 [          ]斧爲[          ] : 노력과 끈기 있는 인내로 성공함.

152 [          ][          ]窺豹 : 견문과 학식이 좁음.

153 [          ]泥之[          ] : 서로 간의 차이가 매우 심함.

154 鳶[          ]魚[          ] : 천지의 만물이 자연에 따라 생을 즐김.

155 [          ]枉過[          ] : 잘못을 바로 고치려다 지나쳐 오히려 나쁜 결과를 가져옴.

156 [          ][          ]遇木 : 어려운 형편에 우연히 행운을 얻게 됨.

157 [          ]骨[          ]胎 : 옛 사람의 시문 형식을 바꾸어서 그 짜임새와 수법이 먼저 것보다 잘되게 함.

**8** 다음 漢字의 部首를 쓰시오. (158~167번)

158 旨 - [          ]    159 舍 - [          ]

160 奈 - [            ]  161 務 - [            ]
162 膽 - [            ]  163 黨 - [            ]
164 魏 - [            ]  165 辦 - [            ]
166 鹿 - [            ]  167 聚 - [            ]

**9** 다음 漢字語의 뜻이 反對 또는 相對되는 漢字[正字]를 빈칸에 써넣어 漢字語를 완성하시오. (168~172번)

168 그는 색의 음영과 [     ]淡의 원근법을 사용하지 않고 순수한 색채만을 사용하였다.

169 달력은 기본주기를 달의 [     ]望에 두었을 때 태음력이라 한다.

170 외화자금시장에서는 금리를 기준으로 외화자금의 貸[     ]가 이루어진다.

171 출결사항을 통해 직원의 성실도나 평소 勤[     ] 상황을 평가하였다.

172 사회제도는 유교의식과 직결되어 表[     ] 관계를 이루고 있음을 볼 수 있다.

**10** 다음 漢字語의 뜻이 反對 또는 相對되는 2음절 漢字語[正字]를 빈칸에 써 넣으시오. (173~177번)

173 寬大 ↔ [            ]  174 供給 ↔ [            ]
175 反駁 ↔ [            ]  176 忘却 ↔ [            ]
177 間歇 ↔ [            ]

**11** 다음 漢字語의 同音異義語를 쓰되, 제시한 뜻에 알맞은 漢字語[正字]를 쓰시오. (178~187번)

178 顫聲 - [            ] : 형세나 세력 따위가 한창 성함.
179 煉藥 - [            ] : 무르고 약함.
180 諛媚 - [            ] : 아름다움을 추구하여 깊이 즐김.
181 精髓 - [            ] : 자연수와 자연수에 대응하는 음수 및 0을 통틀어 이르는 말.
182 殿衙 - [            ] : 법도에 맞고 아담함.
183 電波 - [            ] : 전하여 널리 퍼짐.
184 梗塞 - [            ] : 경치.
185 駐在 - [            ] : 책임지고 맡아서 처리함.
186 開墾 - [            ] : 원판을 다시 고쳐서 발간함.
187 初喪 - [            ] : 어떤 사람의 얼굴이나 모습.

**12** 다음 漢字語의 뜻을 쓰시오. (188~197번)

188 甥姪 : [            ]
189 羈寓 : [            ]
190 嬪宮 : [            ]
191 船埠 : [            ]
192 曉星 : [            ]
193 掛冠 : [            ]
194 汰揀 : [            ]
195 揷植 : [            ]
196 蟾魄 : [            ]
197 錐囊 : [            ]

**13** 다음 漢字語에서 (  ) 속의 漢字를 略字로 쓰시오. (198~200번)

198 (戀)愛 - [            ]
199 榮(譽) - [            ]
200 (遞)信 - [            ]

# 제02회 예상문제

(사) 한국어문회 주관

합격문항 : 160문항
시험시간 : 90분
정　　답 : 169쪽

**1** 　다음 漢字의 讀音을 쓰시오.　01~50번

01 肇判 [　　]　02 論駁 [　　]
03 繭蠶 [　　]　04 冶匠 [　　]
05 蕃薯 [　　]　06 牡荊 [　　]
07 津岸 [　　]　08 捐軀 [　　]
09 匡救 [　　]　10 婆娑 [　　]
11 淨穢 [　　]　12 靈犀 [　　]
13 萎縮 [　　]　14 柴薪 [　　]
15 倭寇 [　　]　16 逸驥 [　　]
17 彬蔚 [　　]　18 訥澁 [　　]
19 喫茶 [　　]　20 鸞輿 [　　]
21 焚蕩 [　　]　22 隘陋 [　　]
23 佚罰 [　　]　24 絡繹 [　　]
25 凱切 [　　]　26 蛇窟 [　　]

27 그는 강자가 약자를 凌蔑하는 것을 보면 참지 못하였다. ………………… [　　]

28 백성들이 溝壑에 뒹구는 것을 보고 진실로 마음 아프게 여겼다. ………… [　　]

29 객석에서 휘파람과 함께 揶揄가 터져 나왔다. ……………………………… [　　]

30 범행 장소로부터 옮겨져 있어 범인이 隱匿을 기도한 것으로 보였다. …… [　　]

31 지역사회의 저변에 沈澱하여 시간이 흐름에 따라 서서히 변화해 갔다. ‥ [　　]

32 외출할 때는 연분홍 치마에 녹색 반회장 저고리를 입으며 氈帽를 썼다. ‥ [　　]

33 건물이 낡고 狹窄하니 심중에 불안한 일이 아닐 수 없었다. ……………… [　　]

34 농업 생산력이 발달하여 상당한 양의 剩餘 양식이 저장되었다. ………… [　　]

35 권신들은 어린 임금을 憑藉하여 왕 이상의 실권을 잡았다. ……………… [　　]

36 몸의 기능이 마비되어 潰瘍이 생기고 피부 깊숙이 염증이 생겼다. ……… [　　]

37 옛날부터 내외간 금실이 좋은 것을 鴛鴦에 비유하였다. …………………… [　　]

38 아버지의 경우는 자녀 모두가 斬衰라 하여 통상 3년 복을 입었다. ……… [　　]

39 동교에 별장을 두고 逍遙하면서 노년을 보냈다. …………………………… [　　]

40 현대 문명의 퇴폐성을 辛辣하게 고발하였다. ………………………………… [　　]

41 병마사가 서도에 移牒하여 수색하게 하였다. ………………………………… [　　]

42 "선생님을 이처럼 왜루한 곳으로 모셔서 悚懼합니다." …………………… [　　]

43 두 나라는 무역 摩擦로 관계가 냉각되었다. …………………………………… [　　]

44 정적의 명성을 猜妬하여 왕에게 그를 참언하였다. ………………………… [　　]

45 첫 번째 투표함을 개표하자마자 당선자의 輪廓이 드러났다. ……………… [　　]

72

**46** 현대인들을 평화로 인도하는 정신의 <u>搖籃</u>이 되어줄 것이다. ············· [          ]

**47** 법성의 진원이 <u>寂寥</u>하여 측정할 바를 알지 못하였다. ············· [          ]

**48** 문화의 지리적 <u>膨脹</u>을 효과적으로 처리하지 못한 것이 멸망 원인 중에 하나이다.
············· [          ]

**49** 미사일 공격에 대한 방어 및 <u>邀擊</u> 체계는 각종 레이더 등의 사전탐지로부터 시작된다.
············· [          ]

**50** 소멸하면서도 남을 위한 자양이 되어 새 생명을 <u>孕胎</u>하는 자연의 너그러운 모습을 형상화하였다. ············· [          ]

### 2  다음 漢字의 訓과 音을 쓰시오. (51~82번)

**51** 黎 [          ]   **52** 壐 [          ]
**53** 瓷 [          ]   **54** 酬 [          ]
**55** 舒 [          ]   **56** 虐 [          ]
**57** 杳 [          ]   **58** 聳 [          ]
**59** 蝕 [          ]   **60** 濾 [          ]
**61** 勒 [          ]   **62** 鼎 [          ]
**63** 塹 [          ]   **64** 裔 [          ]
**65** 捷 [          ]   **66** 疵 [          ]
**67** 爽 [          ]   **68** 頰 [          ]
**69** 屑 [          ]   **70** 龐 [          ]
**71** 覘 [          ]   **72** 簒 [          ]
**73** 撐 [          ]   **74** 塵 [          ]
**75** 恷 [          ]   **76** 宕 [          ]
**77** 弁 [          ]   **78** 翌 [          ]
**79** 黍 [          ]   **80** 嗔 [          ]
**81** 衢 [          ]   **82** 斟 [          ]

### 3  다음 제시문에서 밑줄 친 漢字語를 漢字로 고쳐 쓰시오. (83~104번)

 많은 **연구자**[83]들과 교육받은 **평범**[84]한 사람들의 **견해**[85]에 따르면, 자주 **언급**[86]은 되면서도 거의 잘 이해되지 않은 정보사회의 가장 사소한 결과는 정보가 상품으로 변하고 정보경제가 생겨나는 것이다. 현실 속에서 정보가 상품이 된다는 **확신**[87]은 그 자체로 보면 **독창적**[88]인 것이 아니다. 오늘날의 사회에서 정보가 훨씬 더 중요하고 훨씬 더 의미 있는 상품이 된다고 말하는 것이 더 올바른 견해일 것이다. 왜냐하면 필요한 정보의 양과 질이 없으면 높은 기술생산이 발전할 수 없고 민족의 **복지**[89]가 발흥하지 않으며 식량, 산업생산품 등을 **보급**[90]할 수 없게 된다. **적합**[91]한 정보가 없으면 정치적, 사회적, **경제적**[92]이고 정신적인 문제를 해결할 수 없다. 그리고 정보가 훨씬 더 중요하고 가치 있는 상품으로 인정하는 것조차 정보 경제의 유일하고 **보편적**[93]인 **공리**[94]를 이루지는 못한다. 원칙적인 과학, 철학적인 관점에서 문제는 다른 곳에 있다.

 칼 마르크스는 당대에 자본주의적인 생산**수단**[95]이 **지배**[96]하는 사회의 부는 상품의 형태로 표현되고 집중된다고 말한 바 있다. 상품은 **유용성**[97], 즉 사용가치, **교환**[98]가치 혹은 가치 일반을 소요한다. 가치는 교환관계의 추상적이고 이론적인 표현이고 교환을 위해서만 생산된 유용한 대상들의 교환이 실현된다. 질적으로 다른 형태의 대상들이 교환되는 **비율**[99]은 마르크스에 따르면, 교환상품들의 생산에 들어간 역사적으로 필요한 사회적 노동에 의해 규정된다. 그 외에도 마르크스는 복잡한 질적 노동이 **단순**[100]하고 일반적이며 추상적인, 어떤 종류의 생산품을 만들기 위한 인간의 육체적인 노력에 대한, 역사적으로 필요한 어떤 **등가물**[101]로 **환원**[102]될 수 있다고 **가정**[103]했다. 이런 이론이 경제학의 실제적인 도구가 되기 위해서는 물질화되어야 하고 계산할 수 있는 것이 되어야 한다. 그러나 실제로 그렇게 하기가 불가능하다. 교환의 실제 등가물은 수요와 **공급**[104], 즉 시장관계에 의해 규정된다. (중략)

83 연구자 [            ]    84 평범 [            ]

85 견해 [            ]    86 언급 [            ]

87 확신 [            ]    88 독창적 [            ]

89 복지 [            ]    90 보급 [            ]

91 적합 [            ]    92 경제적 [            ]

93 보편적 [            ]    94 공리 [            ]

95 수단 [            ]    96 지배 [            ]

97 유용성 [            ]    98 교환 [            ]

99 비율 [            ]    100 단순 [            ]

101 등가물 [            ]    102 환원 [            ]

103 가정 [            ]    104 공급 [            ]

**4** 다음 제시문에서 밑줄 친 漢字語를 漢字로 고쳐 쓰시오.    105~122번

105 협정에 따라 무역 장벽을 **철폐**하기로 하였다. ·········· [            ]

106 요로에 등용되어 **붕정**이 마침내 펼쳐졌다. ·········· [            ]

107 소유권 반환 소송을 **제기**하였다. ·········· [            ]

108 대하드라마는 역사를 **토대**로 하여 구성되었다. ·········· [            ]

109 그는 자신이 조직 내에서 영향력이 없다는 사실에 **낙담**하였다. ·········· [            ]

110 만장일치로 그를 회장으로 **추대**하였다. ·········· [            ]

111 무기를 **수선**하여 죽기를 각오하고 성을 지키기로 맹세하였다. ·········· [            ]

112 안전 문제로 지하 차도를 **폐쇄**하기로 결정하였다. ·········· [            ]

113 성차별 의식은 사회 발전에 커다란 **저해** 요소로 작용한다. ·········· [            ]

114 개인에 대한 조직의 지나친 **통제**는 인간소외 현상을 일으키게 된다. ···· [            ]

115 긴급권 발동의 결정권은 의회에 **유보**되어야 한다. ·········· [            ]

116 컴퓨터 시스템에 부가된 프로그램으로 그 시스템의 오류를 **탐지**하였다. ·· [            ]

117 고통을 참지 못하는 환자에게 진통제를 **투여**하였다. ·········· [            ]

118 정치·경제·사회·문화의 모든 **영역**에서 각인의 기회를 균등히 해야 한다. ·········· [            ]

119 훈민정음 창제의 **취지**에 관해서는 예의편 서두에 잘 나타나 있다. ······ [            ]

120 나라가 안정을 누리느냐 아니면 멸망하느냐의 **관건**은 바로 여기에 있었다. ·········· [            ]

121 전통문화의 **파괴**로 모든 세대가 공유하는 문화가 사라지고 있다. ········ [            ]

122 그의 시는 자아의 모순을 극복하고 정신의 파괴된 **균형**을 복구하였다. ··· [            ]

**5** 다음에서 첫 음절이 '긴소리[長音]'인 것을 10개만 골라 그 번호를 쓰시오.    123~132번

보기
① 無涯  ② 撫愛  ③ 沸騰  ④ 沸波  ⑤ 啞鈴
⑥ 啞然  ⑦ 銓考  ⑧ 典故  ⑨ 站路  ⑩ 站運
⑪ 開館  ⑫ 漑灌  ⑬ 虔誠  ⑭ 乾性  ⑮ 繡衾
⑯ 囚禁  ⑰ 腰絶  ⑱ 撓折  ⑲ 愴冥  ⑳ 彰明

123 [　　　　　] 124 [　　　　　]
125 [　　　　　] 126 [　　　　　]
127 [　　　　　] 128 [　　　　　]
129 [　　　　　] 130 [　　　　　]
131 [　　　　　] 132 [　　　　　]

133~137번

**6** 다음 漢字語의 뜻이 反對 또는 相對되는 漢字[正字]를 빈칸에 써넣어 漢字語를 완성하시오.

133 嫡 ↔ [　　] 134 腹 ↔ [　　]

135 鹹 ↔ [　　] 136 夭 ↔ [　　]

137 瘦 ↔ [　　]

138~142번

**7** 다음 漢字語의 뜻이 反對 또는 相對되는 2음절 漢字語[正字]를 빈칸에 써 넣으시오.

138 榮轉 ↔ [　　] 139 濫讀 ↔ [　　]

140 供給 ↔ [　　] 141 個別 ↔ [　　]

142 強硬 ↔ [　　]

143~157번

**8** 다음 四字成語의 빈칸을 漢字로 채우시오.

143 [　　][　　]李下 : 의심받기 쉬운 행동은 피하는 것이 좋음.

144 [　　][　　]動地 : 세상을 몹시 놀라게 함.

145 [　　][　　]安眠 : 근심 없이 편안히 지냄.

146 [　　][　　]滅裂 : 이리저리 흩어지고 찢기어 갈피를 잡을 수 없음.

147 咸興[　　][　　] : 심부름을 가서 오지 아니하거나 늦게 온 사람.

148 [　　][　　]足音 : 쓸쓸할 때에 오는 손님이나 기쁜 소식.

149 悠悠[　　][　　] : 속세를 떠나 아무 속박 없이 조용하고 편안하게 삶.

150 [　　][　　]還鄕 : 출세를 하여 고향에 돌아가거나 돌아옴.

151 [　　][　　]同塵 : 자기의 뛰어난 지덕을 나타내지 않고 세속을 따름.

152 [　　][　　]一粟 : 아주 많거나 넓은 것 가운데 있는 매우 하찮고 작은 것.

153 [　　][　　]防萌 : 애당초 싹이 나오지 못하도록 막음.

154 角者[　　][　　] : 한 사람이 여러 가지 재주나 복을 다 가질 수 없음.

155 錦上[　　][　　] : 좋은 일 위에 또 좋은 일이 더하여짐.

156 [　　][　　]一失 : 슬기로운 사람이라도 여러 가지 생각 가운데에는 잘못되는 것이 있을 수 있음.

157 對[　　][　　]琴 : 어리석은 사람에게는 깊은 이치를 말해 주어도 알아듣지 못하므로 아무 소용이 없음.

158~167번

**9** 다음 漢字의 部首를 쓰시오.

158 頓 - [　　] 159 慶 - [　　]
160 屯 - [　　] 161 弄 - [　　]

162 邇 - [     ]　163 義 - [     ]

164 乘 - [     ]　165 敷 - [     ]

166 危 - [     ]　167 塵 - [     ]

### 10  다음 빈칸에 뜻이 비슷한 漢字[正字]를 써서 單語를 완성하시오. （168~172번）

168 法 - [     ]　169 [     ] - 更

170 附 - [     ]　171 容 - [     ]

172 [     ] - 緘

### 11  다음 빈칸에 漢字[正字]를 써넣어 뜻이 비슷한 짝이 되도록 만드시오. （173~177번）

173 錐囊 - 白[     ]　174 大家 - 巨[     ]

175 鼓舞 - 激[     ]　176 使嗾 - 敎[     ]

177 基礎 - 根[     ]

### 12  다음 漢字語의 同音異義語를 쓰되, 제시한 뜻에 알맞은 漢字語[正字]를 쓰시오. （178~187번）

178 粧冊 - [     ] : 원대하고 좋은 계책.

179 杞憂 - [     ] : 비가 오기를 빎.

180 眞否 - [     ] : 케케묵고 낡음.

181 要望 - [     ] : 요사하고 망령됨.

182 艶聞 - [     ] : 형편을 몰래 물어봄.

183 嗜好 - [     ] : 경기도와 충청도.

184 難上 - [     ] : 깊이 생각하여 충분히 의논함.

185 隨伴 - [     ] : 행정부의 우두머리.

186 贊襄 - [     ] : 훌륭하게 기리어 드러냄.

187 偏執 - [     ] : 정보를 수집·정리하고 구성함.

### 13  다음 漢字語를 순우리말로 고치시오. （188~192번）

188 檣竿 : [     ]

189 衝橓 : [     ]

190 可憎 : [     ]

191 贅壻 : [     ]

192 繩墨 : [     ]

### 14  다음 漢字語의 轉義(字義가 아닌)를 쓰시오. （193~197번）

193 雙璧 : [     ]

194 蓬廬 : [     ]

195 桎梏 : [     ]

196 滄桑 : [     ]

197 鷄肋 : [     ]

### 15  다음 漢字語 중 (  ) 속의 漢字를 略字로 쓰시오. （198~200번）

198 (獻)辭 - [     ]

199 (觸)覺 - [     ]

200 證(據) - [     ]

# 제03회 예상문제

합격문항 : 160문항
시험시간 : 90분
정　　답 : 171쪽

(사) 한국어문회 주관

**1** 다음에 제시한 漢字語 또는 밑줄 친 漢字語의 讀音을 쓰시오. 01~50번

01 頸椎 [　　　]　02 鎔冶 [　　　]
03 滲泄 [　　　]　04 眷戀 [　　　]
05 奢華 [　　　]　06 碎屑 [　　　]
07 簪笏 [　　　]　08 惻憫 [　　　]
09 滌暑 [　　　]　10 窘乏 [　　　]
11 牢獄 [　　　]　12 禿筆 [　　　]
13 曇徵 [　　　]　14 移秧 [　　　]
15 淋巴 [　　　]　16 奴隷 [　　　]
17 羅襪 [　　　]　18 葵藿 [　　　]
19 閭巷 [　　　]　20 違乖 [　　　]
21 簞食 [　　　]　22 肇秋 [　　　]
23 磊塊 [　　　]　24 鬱巖 [　　　]
25 曖昧 [　　　]　26 枳殼 [　　　]

27 그는 두 눈만 멀뚱거리더니 疑訝하다는 표정으로 되물었다. ................ [　　　]

28 왕명을 얻지 못하여 壅滯되는 일이 많았다. ................ [　　　]

29 권문세가에 阿諂하는 풍속을 비판하였다. ................ [　　　]

30 법에 의해 굳세게 결단하고 僭濫하게 도둑질한 죄를 징계하였다. ........ [　　　]

31 기세가 오른 적군은 怒濤처럼 밀려왔다. [　　　]

32 쿠데타의 방법으로 傀儡 정권을 수립하고자 하였다. ................ [　　　]

33 '국사'라는 것은 선악을 기록하여 만대에 褒貶을 보이는 것이다. ......... [　　　]

34 다윈은 자연 淘汰를 진화의 주요 원인으로 보았다. ................ [　　　]

35 봉기를 촉구하는 통문이 돌면서 騷擾는 폭동으로 번졌다. ................ [　　　]

36 그의 사랑과 犧牲은 전 세계에 빛을 주었다. ................ [　　　]

37 남들이 다투어 剽竊해 갔지만 그는 조금도 득실을 개의치 않았다. ......... [　　　]

38 교사하거나 幇助한 자에게 형사처벌이 부과된다. ................ [　　　]

39 천하를 근심하고 왜적의 跋扈에 비분강개하던 그의 목소리가 쟁쟁하다. ... [　　　]

40 그는 3·1운동을 주도하고 이로 인해 囹圄의 몸이 되기도 하였다. ........ [　　　]

41 그는 40세가 되어서야 비로소 아버지 명에 따라 釋褐하였다. ................ [　　　]

42 "네가 혼자서 한 일이 아니라 필시 使嗾한 거간이 있을 것이다." ......... [　　　]

**43** 조정에서는 추증하고 **賻儀**를 매우 후하게 주었다. ……………………………… [          ]

**44** 막료 한 사람이 후퇴 여부를 묻자 조조는 **鷄肋**을 들었다 놓았다. ………… [          ]

**45** 소싯적부터 재명이 세상에 가득하다가 **妙齡**에 대과에 발탁되었다. ……… [          ]

**46** 그는 **甥姪**들을 자기 자식처럼 무애하였다. ……………………………………… [          ]

**47** 경대의 서랍 속에는 **粉盒**이 들어 있었다. ……………………………………… [          ]

**48** 권선징악적인 주제를 **諧謔**적인 요소를 통하여 형상화하였다. ………… [          ]

**49** 사실과 큰 차이가 나는 단정적 보도에 다들 **驚愕**했다. ………………… [          ]

**50** 산봉우리마다 활활 타는 저녁놀은 너무나 **恍惚**하였다. …………………… [          ]

**2**  51~82번
다음 漢字의 訓과 音을 쓰시오.

**51** 蟄 [          ]  **52** 煖 [          ]
**53** 捏 [          ]  **54** 箔 [          ]
**55** 陞 [          ]  **56** 衙 [          ]
**57** 頻 [          ]  **58** 廬 [          ]
**59** 拐 [          ]  **60** 膊 [          ]
**61** 疽 [          ]  **62** 鐸 [          ]
**63** 些 [          ]  **64** 鼈 [          ]
**65** 兜 [          ]  **66** 宵 [          ]
**67** 徙 [          ]  **68** 餐 [          ]
**69** 翊 [          ]  **70** 檻 [          ]

**71** 賂 [          ]  **72** 牡 [          ]
**73** 勅 [          ]  **74** 嗇 [          ]
**75** 妬 [          ]  **76** 怯 [          ]
**77** 蒐 [          ]  **78** 晃 [          ]
**79** 坦 [          ]  **80** 隘 [          ]
**81** 罵 [          ]  **82** 剩 [          ]

※ 다음 글을 읽고 물음에 답하시오.

**1** 책 소유자들 중에는 세 **부류**[83]가 있다. 첫째는 모든 **권위**[84] 있는 전집류와 베스트셀러들 – 전혀 읽지도 않고 손대지도 않은 채 – 그저 **소장**[85]하고 있는 부류이다. 이런 기만적인 사람은 책이 아니라 종이와 잉크만을 소유하고 있는 것이다. 두 번째는 상당히 많은 책을 가지고 있으나 책 한 권을 **통독**[86]한 책은 몇 권 되지 않고 대부분은 대충 떠들어 보긴 했지만 모든 책들이 처음 샀을 때와 똑같은 형태로 깨끗이 보존되어 있는 경우이다. 이런 사람은 아마 책을 사 모으기를 좋아하지만 그 책의 물리적인 다양에 대한 그릇된 **경외심**[87]에 사로잡혀 있는 경우이다. 세 번째는 **약간**[88] 또는 많은 책을 소유하고 있으며 그것들 전부가 너무 많이 사용해서 너덜너덜하고 **파손**[89]되어 있고 그 책들 속에 처음부터 끝까지 줄이 그어져 있거나 글자가 굵적거려져 있는 **경우**[90]이다. 이런 사람이야말로 책을 소유하고 있는 사람이다.

– 모티머 에들러, 「책에 표시하는 법」中 –

**2** 시는 언어를 **매개**[91]로 하여 형성된다. 그런데 언어는 소리와 의미로 **구성**[92]되어 있으며 시에 있어서의 음악성은 언어의 **속성**[93] 가운데 소리와 **관계**[94]된다. 시에 있어서의 **율격**[95]은 자연 현상에 바탕을 두고 있으며 자연적으로 발생하는 것이라 볼 수 있다. 밤과 낮의 규칙적인 **교체**[96], 봄, 여름, 가을, 겨울의 사계절이 **순환**[97]하는 **현상**[98] 및 달이 차고 기우는 것 그리고 우리 **심장**[99]의 **고동**[100]과 맥박의 **규칙성**[101]과 **호흡**[102]의 반복성 등은 모두 자생적인

율격을 마련하는 데 있어 직접, **간접**[103]으로 **영향**[104]을 끼친 듯이 보인다. 시의 율격은 우리의 삶 속에 필연적인 요소로 존재해 온 것임을 알 수 있고 그것은 미적 요소로 중요한 **기능**[105]을 가지고 있다. 즉 율격의 효과는 **쾌감**[106]을 주고 **피로**[107]를 **회복**[108]시켜 주고 **위안**[109]을 준다.

― 신동욱, 「문학의 아름다움」中 ―

③ 청산별곡의 **창작**[110] 시기는 **고려**[111] 후기 **무신**[112]의 집권과 몽고의 **침입**[113]으로 인하여 고려 전체가 **내우외환**[114]으로 시달리던 시기로 **추정**[115]되고 있다. 이 시기는 무신들의 **횡포**[116]와 원의 세력에 기댄 **권문세족**[117]들의 **수탈**[118]이 **막심**[119]하여 많은 백성들이 농토를 버리고 떠나 사방으로 **유랑**[120]하던 **시기**[121]이다. 또한 양심적 지식인들도 **안심입명**[122]하고 제 뜻을 펼칠 수 없는 현실에서 많은 좌절을 겪어야 했던 시기이다. 그리하여 세속을 떠나 은둔하기도 하였던 것이 고려 후기의 현실이었다.

― 「시가 시학 연구」中 ―

### 3  83~122번
윗글의 밑줄 친 漢字語를 漢字로 쓰시오.

83 부류 [          ]    84 권위 [          ]
85 소장 [          ]    86 통독 [          ]
87 경외심 [        ]    88 약간 [          ]
89 파손 [          ]    90 경우 [          ]
91 매개 [          ]    92 구성 [          ]
93 속성 [          ]    94 관계 [          ]
95 율격 [          ]    96 교체 [          ]
97 순환 [          ]    98 현상 [          ]
99 심장 [          ]    100 고동 [         ]
101 규칙성 [        ]   102 호흡 [         ]
103 간접 [          ]   104 영향 [         ]
105 기능 [          ]   106 쾌감 [         ]
107 피로 [          ]   108 회복 [         ]
109 위안 [          ]   110 창작 [         ]
111 고려 [          ]   112 무신 [         ]
113 침입 [          ]   114 내우외환 [     ]
115 추정 [          ]   116 횡포 [         ]
117 권문세족 [      ]   118 수탈 [         ]
119 막심 [          ]   120 유랑 [         ]
121 시기 [          ]   122 안심입명 [     ]

### 4  123~132번
다음에서 첫 音節이 '긴소리[長音]'인 것을 10개만 골라 그 번호를 쓰시오.

보기  ① 夷狄  ② 詰責  ③ 衾枕  ④ 抹消  ⑤ 羹汁
      ⑥ 曳引  ⑦ 陽炙  ⑧ 磬折  ⑨ 孕胎  ⑩ 珠簾
      ⑪ 窈冥  ⑫ 紐帶  ⑬ 嚮導  ⑭ 劾狀  ⑮ 堡壘
      ⑯ 迎合  ⑰ 猛烈  ⑱ 咀嚼  ⑲ 結縛  ⑳ 賞牌

123 [          ]    124 [          ]
125 [          ]    126 [          ]
127 [          ]    128 [          ]
129 [          ]    130 [          ]
131 [          ]    132 [          ]

### 5  133~137번
다음 漢字語의 뜻이 反對 또는 相對되는 漢字[正字]를 빈칸에 써넣어 漢字語를 완성하시오.

133 우리 백성을 제멋대로 擒[          ]하는 적국을 힐난하였다.

134 강물은 우리 민족의 유구한 역사와 榮[          ]의 세월을 안고 흐르고 있다.

**135** 글에 흠과 하자가 많으니, [　　　]刪하여 보내 주시기 바랍니다.

**136** 며느리는 빈곤한 살림에 부지런히 길쌈을 하여 [　　　]舅를 정성껏 봉양하였다.

**137** 그는 고교시절부터 投[　　　]에서 완벽한 선수라는 평가를 받았다.

### 6  다음 漢字語의 뜻이 反對 또는 相對되는 2음절 漢字語[正字]를 빈칸에 써 넣으시오.
138~142번

**138** 陷沒 ↔ [　　　]

**139** 混沌 ↔ [　　　]

**140** 咸池 ↔ [　　　]

**141** 過激 ↔ [　　　]

**142** 斬新 ↔ [　　　]

### 7  다음 四字成語의 빈칸을 漢字로 채우시오.
143~157번

**143** 玉[　　][　　]焚 : 옳은 사람이나 그른 사람이 구별 없이 모두 재앙을 받음.

**144** [　　]寇勿[　　] : 곤란한 지경에 있는 사람을 모질게 다루지 말라.

**145** 道不[　　][　　] : 형벌이 준엄하여 백성이 법을 범하지 아니하거나 민심이 순후함.

**146** 夙[　　][　　]寐 : 부지런히 일함.

**147** 亢[　　]有[　　] : 부귀가 극에 이르면 몰락할 위험이 있음.

**148** 雪[　　][　　]爪 : 인생의 자취가 눈 녹듯이 사라져 무상함.

**149** 龜[　　]刮[　　] : 불가능한 일을 무리하게 하려고 함.

**150** 摩[　　][　　]踵 : 온몸을 바쳐서 남을 위하여 희생함.

**151** [　　][　　]一擲 : 운명을 걸고 단판걸이로 승부를 겨룸.

**152** [　　]髮[　　]哺 : 민심을 수람하고 정무를 보살피기에 잠시도 편안함이 없음.

**153** 和[　　]同[　　] : 자기의 뛰어난 지덕을 나타내지 않고 세속을 따름.

**154** [　　]河之[　　] : 물이 거침없이 흐르듯 잘하는 말.

**155** [　　]扇夏[　　] : 격이나 철에 맞지 아니함.

**156** [　　]衣無[　　] : 일부러 꾸민 데 없이 자연스럽고 아름다우면서 완전함.

**157** 菽[　　]不[　　] : 사리 분별을 못하고 세상 물정을 잘 모름.

### 8  다음 漢字의 部首를 쓰시오.
158~167번

**158** 疆 - [　　]　　**159** 罕 - [　　]

**160** 融 - [　　]　　**161** 截 - [　　]

**162** 鬱 - [　　]　　**163** 哭 - [　　]

**164** 率 - [　　]　　**165** 默 - [　　]

**166** 雉 - [　　]　　**167** 奎 - [　　]

80

### 9  다음 漢字語에 비슷한 뜻과 訓을 가진 漢字[正字]를 빈칸에 써넣어 漢字語를 완성하시오.
168~172번

**168** 나무가 크면 바람을 부르고, 권력이 커지면 猜[　　　]와 질투가 따른다.

**169** 탈춤은 대체로 양반을 嘲[　　　]하고 가부장제를 비판하는 내용을 담고 있다.

**170** 해외 유명 석학을 [　　　]聘하여 국내 대학에서 강좌를 열었다.

**171** 기근으로 고통 받는 백성들을 위해 온갖 [　　　]恤사업을 벌였다.

**172** 노인들의 사회참여를 위한 일자리 斡[　　　]과 경로당 지원을 하고 있다.

### 10  다음 빈칸에 2음절의 漢字[正字]를 써넣어 뜻이 비슷한 짝이 되도록 만드시오.
173~177번

**173** 駿逸 - [　　　]　　**174** 嚆矢 - [　　　]
**175** 遝至 - [　　　]　　**176** 首肯 - [　　　]
**177** 凍梨 - [　　　]

### 11  다음 漢字語의 同音異義語를 쓰되, 제시한 뜻에 알맞은 漢字語[正字]를 쓰시오.
178~187번

**178** 酋長 - [　　　] : 여럿 가운데서 뽑아 올려 씀.
**179** 樓臺 - [　　　] : 여러 대.
**180** 但書 - [　　　] : 일의 시초.
**181** 後嗣 - [　　　] : 아랫사람에게 후하게 내려 줌.
**182** 奢宿 - [　　　] : 남의 집에서 먹고 자고 함.
**183** 姦桀 - [　　　] : 간절히 빎.
**184** 再拜 - [　　　] : 심어서 가꿈.
**185** 廢刊 - [　　　] : 폐장과 간장.
**186** 答賜 - [　　　] : 실지로 현장에 가서 보고 조사함.
**187** 艷聞 - [　　　] : 무엇을 탐지하기 위해 몰래 물어봄.

### 12  다음 漢字語의 뜻을 쓰시오.
188~197번

**188** 解煞 : [　　　]
**189** 桎梏 : [　　　]
**190** 容膝 : [　　　]
**191** 孔隙 : [　　　]
**192** 瞥見 : [　　　]
**193** 懸弧 : [　　　]
**194** 壟斷 : [　　　]
**195** 鵬圖 : [　　　]
**196** 風靡 : [　　　]
**197** 豹變 : [　　　]

### 13  다음 漢字語 중 ( ) 속의 漢字를 略字로 쓰시오.
198~200번

**198** (壽)育 - [　　　]
**199** (燈)盞 - [　　　]
**200** 湯(劑) - [　　　]

# 제04회 예상문제

(사) 한국어문회 주관

합격문항 : 160문항
시험시간 : 90분
정　　답 : 173쪽

**1** 다음에 제시한 漢字語 또는 밑줄 친 漢字語의 讀音을 쓰시오.　01~50번

01 茶臼 [　　　]　02 紫霞 [　　　]
03 篆隷 [　　　]　04 憔悴 [　　　]
05 鸞輿 [　　　]　06 堪耐 [　　　]
07 梵鐘 [　　　]　08 刪蔓 [　　　]
09 陪隨 [　　　]　10 撮影 [　　　]
11 梗澁 [　　　]　12 嫉妬 [　　　]
13 特磬 [　　　]　14 賭博 [　　　]
15 靈犀 [　　　]　16 胥匡 [　　　]
17 紺瞳 [　　　]　18 沙礫 [　　　]
19 扇貂 [　　　]　20 涕泣 [　　　]
21 糞尿 [　　　]　22 彌滿 [　　　]
23 黨錮 [　　　]　24 香囊 [　　　]
25 倭寇 [　　　]　26 奧妙 [　　　]

27 만휘군상으로 더불어 欣快한 부활을 성수하게 하도다. ……………… [　　　]

28 그들은 지배층으로부터 심한 嫌猜와 수모의 대상이었다. ……………… [　　　]

29 그는 자품이 민첩하고 剛毅하였다.
　……………………………………… [　　　]

30 그는 외교 기밀을 漏泄하여 경찰에 연행되었다.
　……………………………………… [　　　]

31 매회 대진을 抽籤으로 결정하였다.
　……………………………………… [　　　]

32 무거운 짐을 지다 다쳐 풍열이 엉기거나 瘀血이 맺힌다. ……………… [　　　]

33 뛰어난 상징으로 커다란 愉悅과 황홀한 미감을 느끼게 하였다. ………… [　　　]

34 소경 점쟁이는 算筒에 산가지를 넣고 흔들어 점괘를 만들었다. ………… [　　　]

35 직무상의 부정행위를 斡旋하고 뇌물을 받은 일이 탄로 났다. ………… [　　　]

36 벼과식물의 공변세포는 啞鈴 모양이다.
　……………………………………… [　　　]

37 쓸데없는 譬喩를 끌어들임으로써 본래의 의의를 잃어버렸다. ……………… [　　　]

38 남생은 국내성 일대의 병력을 끌고 당군 진영으로 가서 嚮導 노릇을 하였다.
　……………………………………… [　　　]

39 바닷물을 蒸溜하면 순수한 물을 얻을 수 있고, 그 결과 소금이 남는다. …… [　　　]

40 이 소설은 젊은 세대의 정신적 彷徨과 갈등을 주제로 다루었다. ………… [　　　]

41 각 구간마다 터널 掘鑿 공사가 진행 중이다.
　……………………………………… [　　　]

42 연꽃은 씨주머니 속에 많은 씨앗을 담고 있어 豊饒와 다산을 상징한다. …… [　　　]

43 의론으로 발현된 바가 명백 정대하여 실오라기만큼의 瑕疵도 없었다. …… [　　　]

44 서울에 도착하여 그해 황제를 陛見하였다.
　……………………………………… [　　　]

**45** 아름다운 나무에 역풍이 불어 **棟梁**을 이루지 못한 채 중도에 꺾이는 아픔을 겪었다. ············· [          ]

**46** 구작 가운데서 **斑駁**하고 아정한 작품을 가려 뽑았다. ············· [          ]

**47** 군졸들은 힘을 분발하여 군흉을 **殲滅**하였다. ············· [          ]

**48** 서로의 숨소리만이 **窒息**할 것 같은 방 안의 침묵을 헤살 짓고 있었다. ···· [          ]

**49** 논의가 공정하여 **忌諱**하는 것이 없었다. ············· [          ]

**50** 숨은 것을 찾아내기 위해 인간보다 수백 배의 민감한 **嗅覺**을 가진 사냥개를 이용한다. ············· [          ]

51~82번

**2** 다음 漢字의 訓과 音을 쓰시오.

**51** 睹 [          ]   **52** 喫 [          ]
**53** 詰 [          ]   **54** 渫 [          ]
**55** 跆 [          ]   **56** 聘 [          ]
**57** 貶 [          ]   **58** 劈 [          ]
**59** 拂 [          ]   **60** 黍 [          ]
**61** 肛 [          ]   **62** 雉 [          ]
**63** 鰥 [          ]   **64** 蛋 [          ]
**65** 疊 [          ]   **66** 爐 [          ]
**67** 涅 [          ]   **68** 競 [          ]
**69** 叢 [          ]   **70** 赦 [          ]
**71** 暈 [          ]   **72** 卉 [          ]
**73** 梏 [          ]   **74** 塊 [          ]
**75** 覲 [          ]   **76** 捺 [          ]
**77** 襪 [          ]   **78** 鳶 [          ]
**79** 軸 [          ]   **80** 絹 [          ]
**81** 咨 [          ]   **82** 屑 [          ]

83~107번

**3** 다음 제시문에서 밑줄 친 漢字語를 漢字로 고쳐 쓰시오.

예술가는 무엇보다도 먼저 자기 스스로 가지고 있는 의문, 즉 "예술은 **허위적**[83] 사치인가?"라는 의문을 풀어야만 합니다. 우리가 할 수 있는 가장 정직한 대답은 결국에 예술은 허위적 사치가 될 수 있다는 것입니다. 알다시피 우리는 언제 어디서나 **도형수**[84]들이 노를 젓고 **선창**[85]에서 **기진맥진**[86]하는 동안 노예선의 제일 뒤 **갑판**[87]에 앉아서 노래할 수 있는 것입니다. 또 우리들은 희생자들이 사자의 이빨 밑에서 **비명**[88]을 지르고 있는 동안 이 곡예장 위에서 끊임없이 주고받는 세속적인 대화를 **기록**[89]할 수 있는 것입니다. 그리고 과거에 **위대**[90]한 성공을 거둔 그 예술에 대하여 뭐라고 **비난**[91]하기도 **지극**[92]히 **곤란**[93]한 것입니다. 그렇게 하지 못했으므로 여러 가지가 좀 변했고, 또 특히 도형수와 **순난자**[94]들의 수가 지구 표면 위에 놀랍게 증가한 것입니다. 이 많은 **비참**[95] 앞에서도 예술이 계속하여 하나의 사치가 되고자 한다면 오늘도 역시 하나의 허위를 **승낙**[96]해야만 하는 것입니다.

예술은 대체 무엇에 관해서 말하겠습니까? 만일 예술이 우리 사회의 대다수 사람이 요구하는 것에 순응한다면 예술은 무제한의 **오락**[97]이 될 것입니다. 만일 예술이 **맹목적**[98]으로 대다수 사람을 **거부**[99]하고 자기의 꿈속에 고립되기로 결심한다면 하나의 거부 밖에는 아무것도 표현하지 못할 것입니다. 그렇게 된다면 우리는 오락인들의 혹은 형태에 대한 문법가들의 생산만을 갖게 될 것입니다. 그런데 이것들은 모두 살아있는 현실과는 **단절**[100]된 예술에 **귀착**[101]하고 마는 것입니다.

오늘날 가장 **중상**[102]을 입고 있는 가치는 분명히 자유의 가치입니다. 어느 훌륭한 정신의 소유자들은 자유의 가치는 참된 진보의 과정에서는 하나의 **장애물**[103]에 지나지 않는다고 주장합니다. 그러나 이렇게 도 **장엄**[104]한 우매함이 얘기될 수 있었던 것은 백 년간 자본주의 사회가 자유를 극도로 그리고 일방적으로 이용하였고 그 자유를 의무라기보다는 오히려 권리로서 **간주**[105]하였고 또 될 수 있는 한 번번이 자유의 원칙과 사실을 **억압**[106]하는 데 거침없이 이용하였기 때문입니다. 따라서 사회가 예술에게 자유의 도구가 되기를 요구하지 않고 큰 효과 없는 훈련이나 단순한 **여흥**[107]이 되기를 요구했다고 해도 전혀 놀랄 것이 못되지 않겠습니까?

— 카뮈, 「예술가와 그의 시대」 中 —

83 허위적 [          ]   84 도형수 [          ]
85 선창   [          ]   86 기진맥진[          ]
87 갑판   [          ]   88 비명   [          ]
89 기록   [          ]   90 위대   [          ]
91 비난   [          ]   92 지극   [          ]
93 곤란   [          ]   94 순난자 [          ]
95 비참   [          ]   96 승낙   [          ]
97 오락   [          ]   98 맹목적 [          ]
99 거부   [          ]   100 단절  [          ]
101 귀착  [          ]   102 중상  [          ]
103 장애물 [          ]   104 장엄  [          ]
105 간주  [          ]   106 억압  [          ]
107 여흥  [          ]

**4** 다음 제시문에서 밑줄 친 漢字語를 漢字로 고쳐 쓰시오.  (108~122번)

108 그들은 자신의 문벌을 높이고 정권을 **장악**하는 데에 혈안이 되어 있었다. ……………… [          ]

109 지하자원의 예상 수익을 담보로 **차관**을 얻어 경제 진흥책을 전개하였다. ‥ [          ]

110 전통술은 쌀을 주원료로, 누룩을 발효제로, 물을 **용매**로 한 발효주가 기본을 이룬다.
……………………………… [          ]

111 북한의 핵위협으로 한반도의 **긴장**이 고조되고 있다. ……………… [          ]

112 두 나라는 경제, 문화, 과학, 예술 등 **제반**에 걸쳐 보다 긴밀한 접촉을 갖기로 하였다.
……………………………… [          ]

113 적대적인 위치에 있는 두 계급은 필연적으로 반목하고 **갈등**하였다. …… [          ]

114 연극을 통해 이상과 현실 사이에서 **고뇌**하는 지식인의 모습을 보여주었다.
……………………………… [          ]

115 국민의 요구에 **기초**하여 법안을 수정하기로 하였다. ……………… [          ]

116 테러 희생자에는 어린 소년도 **포함**된 것으로 알려져 더욱 충격을 주고 있다.
……………………………… [          ]

117 외래의 퇴폐 문화는 우리의 전통을 쇠퇴케 하고 정신적 기초를 **파괴**하고 있다.
……………………………… [          ]

118 그는 형식에 **구애**받지 않은 새로운 각도의 연주를 보여주었다. ………… [          ]

119 그 화가는 유쾌한 시선과 예민한 관찰력으로 수업 광경을 **포착**하였다. ‥ [          ]

120 상시 감시체계를 구축하여 폐기물의 무단 **투기** 근절 분위기를 조성하였다. ‥ [          ]

121 잘 **정돈**된 장독대를 보니 깔끔한 안주인의 살림 솜씨가 느껴졌다. ……… [          ]

122 선수들은 마치 곡예를 하듯 경사진 눈밭을 아슬아슬하게 **활강**하였다. ‥ [          ]

**5** 다음에서 첫 音節이 '긴소리[長音]'인 것을 10개만 골라 그 번호를 쓰시오.  (123~132번)

보기
① 蓋然  ② 蓋草  ③ 脾髓  ④ 脾炎  ⑤ 冤痛
⑥ 冤魂  ⑦ 煎餅  ⑧ 煎茶  ⑨ 跛行  ⑩ 跛倚
⑪ 幹線  ⑫ 揀選  ⑬ 娘子  ⑭ 狼藉  ⑮ 禦敵
⑯ 漁笛  ⑰ 奏疏  ⑱ 註疏  ⑲ 懷柔  ⑳ 誨諭

123 [          ]    124 [          ]
125 [          ]    126 [          ]
127 [          ]    128 [          ]
129 [          ]    130 [          ]
131 [          ]    132 [          ]

### 6  다음 漢字語의 뜻이 反對 또는 相對되는 漢字[正字]를 빈칸에 써넣어 漢字語를 완성하시오.
133~137번

133 雌 ↔ [          ]   134 [          ] ↔ 曇
135 哀 ↔ [          ]   136 [          ] ↔ 妣
137 早 ↔ [          ]

### 7  다음 漢字語의 뜻이 反對 또는 相對되는 2음절 漢字語[正字]를 빈칸에 써 넣으시오.
138~142번

138 凌蔑 ↔ [          ]
139 高雅 ↔ [          ]
140 屈服 ↔ [          ]
141 老鍊 ↔ [          ]
142 富裕 ↔ [          ]

### 8  다음 四字成語의 빈칸을 漢字로 채우시오.
143~157번

143 孤立[          ][          ] : 고립되어 구원을 받을 데가 없음.
144 [          ][          ]添足 : 쓸데없는 군짓을 하여 도리어 잘못되게 함.
145 死[          ][          ]燃 : 곤경에 처해 있던 사람이 다시 훌륭하게 됨.
146 [          ][          ]相照 : 서로 속마음을 털어놓고 친하게 사귐.
147 [          ][          ]術數 : 수단과 방법을 가리지 아니하는 온갖 모략이나 술책.
148 [          ][          ]不辨 : 사리 분별을 못하고 세상 물정을 잘 모름.
149 [          ][          ]之陣 : 일을 성취하기 위하여 더 이상 물러설 수 없음.
150 [          ][          ]雷同 : 줏대 없이 남의 의견에 따라 움직임.
151 勿失[          ][          ] : 좋은 기회를 놓치지 아니함.
152 [          ][          ]馮河 : 용기는 있으나 무모함.
153 [          ][          ]萬年 : 더러운 이름을 후세에 오래도록 남김.
154 閑雲[          ][          ] : 아무 구속이 없이 한가한 생활을 하며 유유자적하는 경지.
155 自畫[          ][          ] : 자기가 한 일을 스스로 자랑함.
156 口尙[          ][          ] : 말이나 행동이 유치함.
157 [          ][          ]一律 : 여럿이 개별적 특성이 없이 모두 엇비슷함.

### 9  다음 漢字의 部首를 쓰시오.
158~167번

158 甚 - [          ]   159 獵 - [          ]
160 覆 - [          ]   161 奔 - [          ]
162 禹 - [          ]   163 壓 - [          ]
164 尾 - [          ]   165 杰 - [          ]
166 威 - [          ]   167 率 - [          ]

**10** 다음 빈칸에 뜻이 비슷한 漢字[正字]를 써서 單語를 완성하시오. 168~172번

168 迅 [          ]   169 [          ] 乏
170 逍 [          ]   171 [          ] 捷
172 偵 [          ]

**11** 다음 빈칸에 2음절의 漢字[正字]를 써넣어 뜻이 비슷한 짝이 되도록 만드시오. 173~177번

173 飢饉 – [                    ]
174 溪壑 – [                    ]
175 尺土 – [                    ]
176 交涉 – [                    ]
177 招待 – [                    ]

**12** 다음 漢字語의 同音異義語를 쓰되, 제시한 뜻에 알맞은 漢字語[正字]를 쓰시오. 178~187번

178 鴻雁 – 혈색이 좋은 얼굴. ..................... [          ]
179 婚需 – 정신없이 잠이 듦. ..................... [          ]
180 異體 – 서로 갈리고 바뀜 또는 서로 바꿈. ..................... [          ]
181 麟鳳 – 단단히 닫은 물건에 도장을 찍음. ..................... [          ]
182 卿輔 – 사람들에게 경계하도록 알리는 일. ..................... [          ]
183 瞻拜 – 따라 놓은 술잔에 술을 더 따름. ..................... [          ]
184 潔淨 – 애써 노력하여 보람 있는 결과를 이루는 것. ..................... [          ]
185 放飼 – 물체가 빛이나 열 같은 에너지를 밖으로 내뿜음. ..................... [          ]
186 圖章 – 도료를 칠하거나 바름. ..................... [          ]
187 氣圈 – 자기가 가지고 있는 권리를 버리고 행사하지 않음. ..................... [          ]

**13** 다음 漢字語를 순우리말로 고치시오. 188~192번

188 終乃 : [          ]
189 支點 : [          ]
190 九秋 : [          ]
191 戶裏 : [          ]
192 未嘗不 : [          ]

**14** 다음 漢字語의 轉義(字義가 아님)를 쓰시오. 193~197번

193 嚆矢 : [          ]
194 換骨 : [          ]
195 臥龍 : [          ]
196 牢籠 : [          ]
197 點睛 : [          ]

**15** 다음 漢字語 중 ( ) 속의 漢字를 略字로 쓰시오. 198~200번

198 (晝)夜 – [          ]
199 (纖)維 – [          ]
200 (臨)迫 – [          ]

# 제05회 예상문제

(사) 한국어문회 주관

합격문항 : 160문항
시험시간 : 90분
정　　답 : 175쪽

**1** 01~50번

다음에 제시한 漢字語 또는 밑줄 친 漢字語의 讀音을 쓰시오.

01 鍼灸 [　　]　02 杜撰 [　　]
03 拔穗 [　　]　04 胸膈 [　　]
05 毆罵 [　　]　06 黃疸 [　　]
07 棒杖 [　　]　08 薔薇 [　　]
09 曳索 [　　]　10 恪虔 [　　]
11 壅劫 [　　]　12 挿匙 [　　]
13 濃艶 [　　]　14 塡塞 [　　]
15 廛鋪 [　　]　16 臂膊 [　　]
17 搭乘 [　　]　18 脈搏 [　　]
19 攄懷 [　　]　20 狗脊 [　　]
21 頹弛 [　　]　22 爾雅 [　　]
23 戎狄 [　　]　24 湮淪 [　　]
25 櫃封 [　　]　26 螟蟲 [　　]

27 학문하는 방법에 대하여 涵養·강명·성찰·극치 등을 들어 설명하였다.
　…………………………[　　]

28 접한 부위를 김이 새지 않도록 蜜蠟으로 메웠다.
　………………………………[　　]

29 신라 무용으로 가장 유명한 것은 驅儺에 쓰였던 처용무가 있다. …………[　　]

30 화환은 些少한 일로부터 생긴다.
　………………………………[　　]

31 당쟁의 역사는 일제가 매우 집요하게 穿鑿했던 역사의 대상이었다. …[　　]

32 임진왜란을 거치면서 판본이 거의 灰燼되었다.
　………………………………[　　]

33 그들은 막 낚싯줄의 投擲을 끝낸 참이었다.
　………………………………[　　]

34 방위를 卦爻에 배치하여 길흉을 점치기도 하였다. ……………………[　　]

35 군대를 잠복시켜 몰래 건너가서 掩襲하는 계책을 시행하였다. ………[　　]

36 연말연시를 맞이하여 우편물이 輻輳하고 있다.
　………………………………[　　]

37 그는 직언으로 인하여 貶謫을 당해 10년 동안 비분을 삼켰다. ………[　　]

38 백성들의 귀와 눈을 糊塗하고 천하를 오탁한 세상으로 빠뜨렸다. ……[　　]

39 결사대는 몸을 낮춘 채 잡초들을 헤집고 십여 미터쯤 匍匐해 갔다. …[　　]

40 옛날에 들은 것들을 蒐輯하여 후학을 깨우쳐 주기 위해 책을 엮었다. …[　　]

41 순박함이 없어지고 난적이 뒤를 이어 그 화가 蔓延하였다. ……………[　　]

42 기성세대의 향수를 刺戟하는 옛 노래들이 다시 유행하고 있다. ………[　　]

43 선본이 매우 드물고 간혹 전하는 것도 오류가 많아서 訛謬를 상세히 교정하여 간행하였다.
　………………………………[　　]

44 화폐로 苛斂이 지나쳐 백성들이 안주할 수 없었다. ……………………[　　]

45 수상자에게 현금과 각계에서 遝至한 물품들을 주었다. …………………[　　]

46 차라리 자기의 한 몸을 희생할망정 남의 **嘲笑**는 당하고 싶지 않았다. … [         ]

47 제3국은 최혜국조관이 체결되었더라도 국경무역의 이익을 **均霑**할 수는 없다.
　………………………………… [         ]

48 현재 거주지를 알 수 없는 때에는 **召喚**함이 없이 형집행장을 발부하여 구인할 수 있다.
　………………………………… [         ]

49 성은 세 겹으로 되어 모두 **濠塹**이 있으며 각각 옹성이 있고 중문으로 되어 있다.
　………………………………… [         ]

50 국가의 행사에서부터 개인의 일상생활에 이르기까지 **巫覡**을 불러들여 의지하려는 경향이 뚜렷하였다. ……………… [         ]

## 2 다음 漢字의 訓과 音을 쓰시오. (51~82번)

51 閃 [         ]　52 袂 [         ]
53 倆 [         ]　54 跌 [         ]
55 秉 [         ]　56 肪 [         ]
57 邀 [         ]　58 圖 [         ]
59 釧 [         ]　60 顴 [         ]
61 臀 [         ]　62 釜 [         ]
63 挽 [         ]　64 顎 [         ]
65 萊 [         ]　66 牒 [         ]
67 堆 [         ]　68 橡 [         ]
69 晦 [         ]　70 勘 [         ]
71 盒 [         ]　72 臘 [         ]
73 聳 [         ]　74 灘 [         ]
75 剝 [         ]　76 豹 [         ]
77 爬 [         ]　78 鎔 [         ]
79 鈺 [         ]　80 寵 [         ]
81 拮 [         ]　82 臨 [         ]

※ 다음 글을 읽고 물음에 답하시오.

1 중국 문화의 **초인간적**[83]인, 그래서 더러는 비인간적인 스케일에 부딪쳐 보고서야 비로소 나는 우리나라 목기며 자기, 우리나라 건축이며 음악의 아름다움, 바로 '한국적인 것'의 따스한 아름다움, '인간적 **척도**[84]'의 아름다움을 전신으로 느낄 수 있었다. 그것이 어찌 나만의, 나의 세대만의 체험이며 깨달음이란 말이냐. 지난 수천 년 동안 항상 중국을 만나고, 중국을 맞고 중국을 의식하며 이 땅에서 살아왔던 우리 겨레의 그것은 아득히 먼 옛날부터 끊임없이 반복해 온 체험이며 깨달음이요, 바로 그렇기에 그것은 우리 문화의 뿌리가 된 체험이며 깨달음이라고 할 수 있을 것이다.
　　- 최정호, 「한국 문화의 정체성과 의미」 中 '무엇이 우리 것인가' -

2 한국 미술은 중국이나 일본 미술처럼 완벽하게 마무리한 것이 그리 많지 않다. 그걸 가지고 외국 학자들은 물론 우리나라 학자들도 흠을 잡고 있다. 그러나 나는 거기에서 유머를 발견하고 자유를 발견하고 천진스러움을 보고 **여유**[85]를 찾고 때때로 **희열**[86]을 느낀다.
　유머는 미완성성·**비대칭형**[87]·**자유분방**[88] 등의 **파격**[89]에서 일어난다. 한국 미술의 대부분에서 이러한 파격의 유머가 눈에 띄지 않게 **미묘**[90]하게 **지속**[91]되고 있지만 뚜렷하게 그리고 과감하게 보이는 것들이 있다.
　　- 강우방, 「한국 문학에 나타난 파격미」 中 -

3 조선 시대의 전통 사회는 소수 **지배층**[92]의 양반 문화가 **압도적**[93]으로 다수 사회 성원들의 생활양식과 사고방식의 **공분모**[94] **역할**[95]을 했으며, 평민 문화는 그 내용면에서 편협하고 **지엽적**[96]인 것으로 다루어져 왔다. 그러나 일제 시대를 거쳐 **해방**[97] 후 30여 년을 지나온 동안에 우리의 생태적 조건과 주위 **환경**[98] 및 사회적 상황이 많이 바뀌어졌다. 전통 사회의 절대 다수인 평민층이 대중 사회를 형성하고 그들이 한국 문화의 주체적인 참여자로 등장했으며, 그들의 문화가 바로 한국인의 생활양식과 사고방식의 공분모 역할을 하게 된 것이다.
　　- 한상복, 「한국인의 생활양식과 사고방식」 中 -

4 광고는 **의사소통**[99]을 목적으로 하는 언어적 **구조물**[100]의 한 **유형**[101]이다. 광고에서 언어적 요소는 빠뜨릴 수 없는 가장 중요한 표현의 요소이다. 특히

텔레비전의 광고는 많은 말을 하지 않는다. 특히 인간의 감성에 소구하고자 하는 광고일수록, 자세한 설명보다는 형상과 함께 전하고자 하는 내용을 **상징적**[102]인 몇 마디 말로써 표현하게 된다. 이러한 광고의 언어 사용은 국어교육 내에서 '어떻게 언어를 사용할 수 있는가?'에 대한 효과적인 재료로 가져올 수 있다. 특히 광고는 국어교육 안에서 일상적 언어와 시적 언어의 중간 **단계**[103]에서 효과적으로 활용할 수 있다. 예를 들어 극히 설명적인 언어를 사용하고 있는 텔레비전 광고부터 매우 시적이고 **함축적**[104]인 언어를 사용하고 있는 텔레비전 광고까지를 보여주면서 일상적 언어로부터 시적 언어 표현으로 단계적으로 이끌어낼 수 있다.
— 박인기 외, 「국어교육과 미디어 텍스트」 中 —

5 아름다움에는 두 종류가 있는데, 그것은 인간이 자연에서 찾는 아름다움과 인간 스스로의 노력으로 **창조**[105]한 아름다움이다. '美'라는 동일한 이 단어는 두 종류의 아름다움에 대한 인간의 **찬사**[106]를 표현하는 것이다. 인간의 경치나 그림, 나무, **신전**[107] 등 그 대상이 무엇이건 똑같은 것에 대해 시대나 장소를 **막론**[108]하고 항상 찬사를 보낸다면 아무런 어려움이 없을 것이다. 하지만 전혀 그렇지 않다. 미의 **개념**[109]은 기호, 즉 지역이나 시대, 개인에 따라 변하기 때문이다. (중략) 예술이란 인간이 일부러 또는 **고의적**[110]으로 만들어 이 세계에 **추가**[111]한 아름다움이며 인간이 독자적인 **수단**[112]을 이용하여 의도적으로 제작한 외적인 작품이다. 인간은 **주위**[113]에 있는 아름다움을 천천히 의식하며 자발적으로 찬미하는데, 인간이 더 이상 이 아름다움을 바라보는 것에 만족하지 않게 되는 **순간**[114]부터 필연적으로 이 같은 추가 행위를 시도하기 위해 여러 방식을 도입한다. 그렇게 함으로써 인간은 자기 자신이나 자신의 **쾌락**[115]을 위해 행동하며, 그가 일원으로 참여하는 이 세계의 경쟁자가 된다. 추가 행위자인 인간이 처음에는 **단지**[116] 미의 흔적을 찾거나 아름다움에 **기여**[117]하려고 하다가 후에 덤으로 아름다움에 도달한다 할지라도, 어떤 **우상**[118]이나 **숭배**[119]의 **대상물**[120], **무기**[121], 도구, 주거 환경이 미적 감동(그 감동이 모호하고 명확치 않다 하더라도)을 일으키는 순간부터 예술은 존재한다. 감수성이 **예민**[122]한 존재는 미적 감동을 느끼려고 노력하거나 그 감동 자체를 위해 느끼게 만들려고 노력하기 때문이다.
— 로제카이유와, 「일반미학」 中 —

### 3 윗글의 밑줄 친 漢字語를 漢字로 쓰시오. (83~122번)

| 83 초인간적 [ ] | 84 척도 [ ] |
| 85 여유 [ ] | 86 희열 [ ] |
| 87 비대칭형 [ ] | 88 자유분방 [ ] |
| 89 파격 [ ] | 90 미묘 [ ] |
| 91 지속 [ ] | 92 지배층 [ ] |
| 93 압도적 [ ] | 94 공분모 [ ] |
| 95 역할 [ ] | 96 지엽적 [ ] |
| 97 해방 [ ] | 98 환경 [ ] |
| 99 의사소통 [ ] | 100 구조물 [ ] |
| 101 유형 [ ] | 102 상징적 [ ] |
| 103 단계 [ ] | 104 함축적 [ ] |
| 105 창조 [ ] | 106 찬사 [ ] |
| 107 신전 [ ] | 108 막론 [ ] |
| 109 개념 [ ] | 110 고의적 [ ] |
| 111 추가 [ ] | 112 수단 [ ] |
| 113 주위 [ ] | 114 순간 [ ] |
| 115 쾌락 [ ] | 116 단지 [ ] |
| 117 기여 [ ] | 118 우상 [ ] |
| 119 숭배 [ ] | 120 대상물 [ ] |
| 121 무기 [ ] | 122 예민 [ ] |

### 4 다음에서 첫 音節이 '긴소리[長音]'인 것을 10개만 골라 그 번호를 쓰시오. (123~132번)

보기
① 膳賜 ② 移徙 ③ 壟斷 ④ 頒給 ⑤ 譬喩
⑥ 醬甕 ⑦ 竪立 ⑧ 鞭撻 ⑨ 翡翠 ⑩ 賻儀
⑪ 剽竊 ⑫ 諂媚 ⑬ 顆粒 ⑭ 蠢愚 ⑮ 噴射
⑯ 憐憫 ⑰ 迅速 ⑱ 壻郞 ⑲ 唾棄 ⑳ 管轄

123 [ ]   124 [ ]
125 [ ]   126 [ ]

**127** [            ]   **128** [            ]
**129** [            ]   **130** [            ]
**131** [            ]   **132** [            ]

133~137번

**5** 다음 漢字語에 비슷한 뜻과 訓을 가진 漢字[正字]를 빈칸에 써넣어 漢字語를 완성하시오.

**133** 엄하게 비판하고 한 번 [        ]悛할 기회를 주기로 하였다.

**134** 나무의 기나긴 겨울은 새로운 생명의 孕[        ]를 꿈꾸는 휴식 시간이다.

**135** 보관된 문서는 나중에 문제가 발생했을 때 [        ]憑 자료로 쓰이게 된다.

**136** 기업에서 유능한 인재를 채용하기 위해 募[        ] 안내문을 게시하였다.

**137** 특수부대는 아군 점령지역에서 적군의 게릴라를 색출하여 殲[        ]하는 임무도 맡았다.

138~142번

**6** 다음 빈칸에 2음절의 漢字[正字]를 써넣어 뜻이 비슷한 짝이 되도록 만드시오.

**138** 平凡 - [            ]
**139** 鳳兒 - [            ]
**140** 披瀝 - [            ]
**141** 瑕疵 - [            ]
**142** 艾年 - [            ]

143~157번

**7** 다음 四字成語의 빈칸을 漢字로 채우시오.

**143** 網[        ]呑[        ] : 법령이 관대하여 큰 죄를 짓고도 피할 수 있게 됨.

**144** 肝[        ]楚[        ] : 보는 관점에 따라 비슷해 보이는 것이라도 전혀 다름.

**145** [        ]風[        ]靡 : 소문을 듣고 놀라서 맞서 보려고도 하지 아니하고 달아남.

**146** [        ]門[        ]樞 : 격에 맞지 아니하여 어울리지 아니함.

**147** [        ]聞[        ]睹 : 실지로 경험함.

**148** 一[        ][        ]生 : 선악이나 결과에 대한 예견에 관계없이 끝까지 행동과 운명을 함께 함.

**149** [        ]世誣[        ] : 세상을 어지럽히고 백성을 미혹하게 하여 속임.

**150** 猫[        ][        ]鈴 : 실행할 수 없는 헛된 논의.

**151** 膠[        ]鼓[        ] : 고지식하여 조금도 융통성이 없음.

**152** 純[        ][        ]垢 : 조금도 때 묻음이 없이 아주 순진함.

**153** [        ]及[        ]魚 : 제삼자가 엉뚱하게 화를 당함.

**154** 借[        ]入[        ] : 남에게 의지하다가 점차 그의 권리까지 침범함.

**155** 暴[        ]馮[        ] : 용기는 있으나 무모함.

**156** [        ]穽下[        ] : 어려운 처지에 놓인 사람을 도와주기는커녕 도리어 괴롭힘.

**157** [        ]獸[        ]鬪 : 위급할 때는 아무리 약한 짐승이라도 싸우려고 덤빔.

158~167번

**8** 다음 漢字의 部首를 쓰시오.

**158** 乖 - [        ]   **159** 雉 - [        ]
**160** 酒 - [        ]   **161** 匈 - [        ]
**162** 甄 - [        ]   **163** 爵 - [        ]

**164** 師 - [　　　] **165** 輝 - [　　　]
**166** 肅 - [　　　] **167** 卞 - [　　　]

### 9  168~172번
다음 漢字語의 뜻이 反對 또는 相對되는 漢字[正字]를 빈칸에 써넣어 漢字語를 완성하시오.

**168** 국가는 농수산물의 [　　　]給 균형과 유통구조를 개선하여 가격안정을 도모하였다.

**169** 예절은 풍속의 습관에 따르는 것이므로 彼[　　　]의 차이가 있게 마련이다.

**170** 먹고 살아가는 식생활의 본능에는 빈부 貴[　　　]이 따로 없다.

**171** 변경의 군사 정보나 외교 문서의 전달은 그 [　　　]急에 따라 국가 이익에 큰 영향을 미쳤다.

**172** 다리밟기 풍습은 정월 대보름을 전후하여 京[　　　] 각지에서 행해지던 세시풍속이다.

### 10  173~177번
다음 漢字語의 뜻이 反對 또는 相對되는 2음절 漢字語[正字]를 빈칸에 써 넣으시오.

**173** 膨脹 ↔ [　　　]
**174** 鎭靜 ↔ [　　　]
**175** 粗惡 ↔ [　　　]
**176** 輕率 ↔ [　　　]
**177** 順坦 ↔ [　　　]

### 11  178~187번
다음 漢字語의 同音異義語를 쓰되, 제시한 뜻에 알맞은 漢字語[正字]를 쓰시오.

**178** 揀選 - [　　　] : 도로, 수로, 전신, 철도 따위에서 줄기가 되는 주요한 선.

**179** 把掌 - [　　　] : 섰던 장이 파함.

**180** 貫赦 - [　　　] : 빈틈없이 세밀하게 조사함.

**181** 賭錢 - [　　　] : 싸움을 걺.

**182** 堤防 - [　　　] : 여러 나라.

**183** 痢疾 - [　　　] : 성질이 다름.

**184** 煉炭 - [　　　] : 한 대의 피아노를 두 사람이 연주하는 일.

**185** 宗廟 - [　　　] : 식물의 씨나 싹을 심어 묘목을 가꿈.

**186** 瘖寐 - [　　　] : 덜 익은 푸른 매실을 짚불 연기에 그을려 말린 것.

**187** 翡色 - [　　　] : 운수가 꽉 막힘.

### 12  188~192번
다음 제시된 漢字語의 뜻을 쓰시오.

**188** 籠絆 : [　　　]
**189** 渴汨 : [　　　]
**190** 磬折 : [　　　]
**191** 旋渦 : [　　　]
**192** 譃浪 : [　　　]

### 13  193~197번
다음 제시된 漢字語의 轉義를 쓰시오.

**193** 逐鹿 : [　　　]
**194** 幻沫 : [　　　]
**195** 槐夢 : [　　　]
**196** 濫觴 : [　　　]
**197** 開仗 : [　　　]

### 14  198~200번
다음 漢字語 중 (　) 속의 漢字를 略字로 쓰시오.

**198** (廬)幕 - [　　　]
**199** (敷)設 - [　　　]
**200** 拘(礙) - [　　　]

# 제06회 예상문제

(사) 한국어문회 주관

합격문항 : 160문항
시험시간 : 90분
정　　답 : 177쪽

**1** 다음에 제시한 漢字語 또는 밑줄 친 漢字語의 讀音을 쓰시오. 01~50번

01 碇泊 [　　　]　　02 虞犯 [　　　]
03 宸襟 [　　　]　　04 腋臭 [　　　]
05 戮屍 [　　　]　　06 姸醜 [　　　]
07 抹削 [　　　]　　08 酒滓 [　　　]
09 擅斷 [　　　]　　10 蔗境 [　　　]
11 陶窯 [　　　]　　12 頒賜 [　　　]
13 蓑笠 [　　　]　　14 癲癇 [　　　]
15 驕佚 [　　　]　　16 肥瘠 [　　　]
17 棗栗 [　　　]　　18 糟糠 [　　　]
19 蜃樓 [　　　]　　20 濤瀾 [　　　]
21 盤纏 [　　　]　　22 暈輪 [　　　]
23 醴泉 [　　　]　　24 瘤腫 [　　　]
25 猜毁 [　　　]　　26 剝離 [　　　]

27 의금부에서 중죄인을 拿勘하였다.
　　　　　　　　　　　　　[　　　　　]

28 정확한 사인을 가리기 위해 剖檢을 의뢰했다.
　　　　　　　　　　　　　[　　　　　]

29 모반을 꾀하려고 圖讖설을 퍼뜨렸다.
　　　　　　　　　　　　　[　　　　　]

30 적군의 발길에 국토가 蹂躪되었다.
　　　　　　　　　　　　　[　　　　　]

31 국토의 伸縮에 관한 사항을 서술하였다.
　　　　　　　　　　　　　[　　　　　]

32 앉은 모습을 묘사한 彫塑 작품.
　　　　　　　　　　　　　[　　　　　]

33 지나친 奢侈 풍조가 사회 문제로 대두되었다.
　　　　　　　　　　　　　[　　　　　]

34 입대하며 어머니와 袂別하였다.
　　　　　　　　　　　　　[　　　　　]

35 그에 대한 臆測이 심심찮게 나돌았다.
　　　　　　　　　　　　　[　　　　　]

36 '죽음의 舞蹈'를 발표하였다.
　　　　　　　　　　　　　[　　　　　]

37 고층 건물들이 櫛比하다.
　　　　　　　　　　　　　[　　　　　]

38 그들의 예단은 터무니없는 杞憂임이 드러났다.
　　　　　　　　　　　　　[　　　　　]

39 해안지대에 있는 潟湖 주변에 서식한다.
　　　　　　　　　　　　　[　　　　　]

40 살림이 壅塞한 집안이었다.
　　　　　　　　　　　　　[　　　　　]

41 교만하고 낡은 지주 근성을 詰難하였다.
　　　　　　　　　　　　　[　　　　　]

42 충정공이라는 諡號가 내려졌다.
　　　　　　　　　　　　　[　　　　　]

43 친일 행위에 대하여 懺悔하였다.
　　　　　　　　　　　　　[　　　　　]

44 수많은 사람들을 고통의 桎梏으로부터 구하였다.
　　　　　　　　　　　　　[　　　　　]

**45** 섬사람들은 툭하면 왜구에게 **擄掠**을 당하였다. ······················· [        ]

**46** 벼슬아치들은 풍악과 주육이 **狼藉**한 기생 잔치를 벌였다. ················ [        ]

**47** 비단의 밝고 깊은 남색은 다홍색보다 더 **妖艶**했다. ······················· [        ]

**48** 울창한 소나무 숲 사이로 **平坦**하게 길이 뻗어 있었다. ··················· [        ]

**49** 차마, 법에 의해 처치하지 못하니 진실로 **欽恤**의 아름다운 덕이다. ········ [        ]

**50** 져 넘어 **彩雲**이 어리인 곳에 수간모옥 딕사립 밧게 쳥삽사리다려 무로시오. ························· [        ]

**2** 다음 漢字의 訓과 音을 쓰시오.    51~82번

**51** 噫 [        ]    **52** 硝 [        ]
**53** 煤 [        ]    **54** 攝 [        ]
**55** 缸 [        ]    **56** 犀 [        ]
**57** 葵 [        ]    **58** 蟾 [        ]
**59** 狙 [        ]    **60** 疵 [        ]
**61** 礁 [        ]    **62** 熄 [        ]
**63** 爺 [        ]    **64** 握 [        ]
**65** 輝 [        ]    **66** 羹 [        ]
**67** 棒 [        ]    **68** 聾 [        ]
**69** 雀 [        ]    **70** 銑 [        ]
**71** 脾 [        ]    **72** 崩 [        ]
**73** 剌 [        ]    **74** 播 [        ]
**75** 椎 [        ]    **76** 凋 [        ]
**77** 諦 [        ]    **78** 敲 [        ]
**79** 襪 [        ]    **80** 鸞 [        ]
**81** 棲 [        ]    **82** 詣 [        ]

**3** 다음 제시문에서 밑줄 친 漢字語를 漢字로 고쳐 쓰시오.    83~98번

한 군주가 언약을 지키며 간책을 쓰지 않고 **공명정대**[83]하게 산다는 것은 **상찬**[84]할 만하다. 그러나 오늘날 **신의**[85] 같은 것은 **안중**[86]에도 없고 **계략**[87]으로 사람들을 **혼란**[88]만 시키는 군주가 오히려 더 큰일을 **성취**[89]한 사실을, 우리는 또한 알고 있다. 특히 결과적으로는 이런 군주들이 신의에 행동의 바탕을 두고 있는 군주들을 **압도**[90]하여 온 것이다.

그런데 싸움에 있어서는 두 가지 방법이 있다. 그 중의 하나는 도리에 의한 것이며, 다른 하나는 힘에 의한 것이다. 전자는 인간 본연의 길이며, 후자는 본래가 야수의 짓이다. 그러나 **대개**[91]의 경우 첫 번째 방법만으로는 부족하여 어쩔 수 없이 두 번째 방법을 **원용**[92]하여야 한다. 즉 군주는 짐승과 인간을 **교묘**[93]히 **구사**[94]할 줄 알아야 한다. 이 점에 관해서 옛 **저술가**[95]들은 군주들에게 **우의적**[96]인 방법으로 일깨워주고 있다. 예를 들면 이 저술가들은 아킬레스를 비롯하여 많은 고대의 **영웅**[97]들이 **반인반수**[98]의 카이론과 교육을 받았다는 것을 이야기하고 있다.

— 마키아벨리, 「군주론」 中 —

**83** 공명정대[        ]    **84** 상찬 [        ]
**85** 신의 [        ]    **86** 안중 [        ]
**87** 계략 [        ]    **88** 혼란 [        ]
**89** 성취 [        ]    **90** 압도 [        ]
**91** 대개 [        ]    **92** 원용 [        ]
**93** 교묘 [        ]    **94** 구사 [        ]
**95** 저술가 [        ]    **96** 우의적 [        ]
**97** 영웅 [        ]    **98** 반인반수 [        ]

**4** 다음의 밑줄 친 漢字語를 漢字로 고쳐 쓰시오. 99~122번

99 상식 밖의 **몰지각**한 작태를 보였다.
............................. [          ]

100 유권자들에게 **유인물**을 뿌렸다.
............................. [          ]

101 대통령은 수행 기자 **간담회**를 가졌다.
............................. [          ]

102 "할아버님, 그동안 **기체후** 일향 만강하옵신 지요?" ....................... [          ]

103 그는 두근거리는 가슴을 진정시키느라 **심호흡**을 서너 번 했다. ......... [          ]

104 유자광 중심의 **훈구파**가 사림파에 대해서 사화를 일으킨 것이 무오년이었다.
............................. [          ]

105 이 소설은 일제 강점기 아래에서 **황폐화**된 농촌 현실을 사실주의적 기법으로 형상화하였다. ........................ [          ]

106 구습을 벗어나지 못하고 중요한 문제를 **등한시**해 왔음을 지적하였다. .... [          ]

107 경찰은 행악하던 **무뢰한**들을 잡아들였다.
............................. [          ]

108 학문의 **상아탑** 속에 홀로 틀어박혀서 책밖에 모르는 학자는 결코 아니다.
............................. [          ]

109 사회 계층 간에 **위화감**을 조성하는 행동은 자제해야 한다. ............ [          ]

110 어머니는 **정화수**를 떠 놓고 아들의 평안을 비손하셨다. ............... [          ]

111 물이 **오염원**으로 작용하여 많은 사람들에게 전염되었다. .............. [          ]

112 통일된 **도량형**을 쓸 목적으로 국제동맹이 체결되었다. ............... [          ]

113 결혼 **성수기**를 맞아서 대부분의 가구점들이 호황을 누리고 있다. ...... [          ]

114 잃어버린 아이를 찾으려고 백방으로 **수소문**하고 다녔다. ............. [          ]

115 우리나라 김치에는 약 30여 종의 다양한 **유산균**이 있다고 보고되어 있다. ... [          ]

116 지휘자는 격식 차린 검은색 **연미복**을 벗어버리고 편안한 음악을 선사하였다.
............................. [          ]

117 하나의 통신 회선에 여러 개의 **단말기**를 접속하여 사용하고 있다. ........ [          ]

118 마침내 기념비가 완성되어 **제막식**이 거행되었다. ........................ [          ]

119 정확한 문장을 쓰기 위해서는 **구두점** 하나도 소홀히 해서는 안 된다. ... [          ]

120 채무자의 집에 **근저당**을 설정하였다.
............................. [          ]

121 유전자의 급격한 돌연변이에 대하여 누출 **방사능**과의 상관성을 연구하기로 하였다.
............................. [          ]

122 핍박받는 인간상을 통하여 당대 사회의 부조리와 위선적 **허구성**을 폭로하였다.
............................. [          ]

**5** 다음 빈칸에 뜻 혹은 訓이 같거나 비슷한 漢字를 써넣어 單語를 완성하시오. 123~127번

123 밤낮으로 기술을 硏[     ]하기 위해 노력하였다.

124 광고는 소비자들의 [     ]買 욕구를 유발한다.

**125** 진행 과정에 대해 [　　　] 衍 설명을 하였다.

**126** 뿌리 깊은 양반과 토호의 弊[　　　]가 쉽게 없어질 리 만무했다.

**127** 구름 한 조각이 석양에 물든 채, 인생의 마지막을 哀[　　　]하는 만장처럼 펄럭였다.

### 6  128~132번
다음 漢字語는 뜻이 비슷한 漢字語로 짝을 이룬 것이다. 빈칸을 漢字로 채워 넣으시오.

**128** 斡[　　　] － 周旋

**129** 仔細 － [　　　]詳

**130** [　　　]澤 － 豊富

**131** 龜[　　　] － 模範

**132** 看做 － [　　　]簿

### 7  133~142번
다음은 첫 음절에서 長短 두 가지로 발음되는 漢字語를 짝지은 것이다. 이 중 첫소리가 長音인 것을 가려 그 기호(㉠ 혹은 ㉡)를 쓰시오.

**133** ㉠課稅 － ㉡課程 ………… [　　]

**134** ㉠倉卒 － ㉡倉庫 ………… [　　]

**135** ㉠雅淡 － ㉡雅趣 ………… [　　]

**136** ㉠孟冬 － ㉡孟浪 ………… [　　]

**137** ㉠粉骨 － ㉡粉紅 ………… [　　]

**138** ㉠恐怖 － ㉡恐慌 ………… [　　]

**139** ㉠斬伐 － ㉡斬新 ………… [　　]

**140** ㉠占術 － ㉡占據 ………… [　　]

**141** ㉠包含 － ㉡包容 ………… [　　]

**142** ㉠料金 － ㉡料理 ………… [　　]

### 8  143~147번
다음 빈칸에 제시한 漢字와 뜻이 反對 또는 相對되는 漢字를 써넣어 단어를 완성하시오.

**143** 俯 ↔ [　　] 　**144** [　　] ↔ 嗣

**145** 昇 ↔ [　　] 　**146** [　　] ↔ 鈍

**147** 乾 ↔ [　　]

### 9  148~152번
다음 漢字語는 뜻이 反對 또는 相對되는 漢字語로 짝을 이룬 것이다. 빈칸을 2음절의 漢字로 채워 넣으시오.

**148** 疏遠 ↔ [　　] 　**149** 犧牲 ↔ [　　]

**150** 定着 ↔ [　　] 　**151** 片道 ↔ [　　]

**152** 挫折 ↔ [　　]

### 10  153~162번
다음 빈곳에 알맞은 漢字를 써넣어 四字成語를 완성하시오.

**153** 居安思[　　] : 평안할 때에도 위험이 닥칠 것을 생각하며 미리 대비해야 함.

**154** [　　]魚落雁 : 아름다운 여인의 용모.

**155** [　　]踏足白 : 남을 위하여 한 일이 자신에게도 이득이 됨.

**156** 笑裏[　　]刀 : 겉으로는 웃고 있으나 마음속에는 해칠 마음을 품고 있음.

**157** 暴[　　]馮河 : 용기는 있으나 무모함.

**158** 苛斂誅[　　] : 세금을 가혹하게 거두어들이고 무리하게 재물을 빼앗음.

**159** 見蚊[　　]劍 : 사소한 일에 크게 성내어 덤빔.

**160** 春雉自[　　] : 제 허물을 제 스스로 드러냄.

**161** [　　　] 遂自薦 : 자기가 자기를 추천함.

**162** 方底圓 [　　　] : 사물이 서로 맞지 않음.

### 11  다음 빈칸에 알맞은 漢字를 써넣어 漢字語를 완성하시오. (163~167번)

**163** 不 [　　　] 黨 : 떼를 지어 다니며 재물을 마구 빼앗는 무리.

**164** [　　　] 語花 : 말을 알아듣는 꽃, 미인.

**165** 三 [　　　] 境 : 오직 하나의 대상에만 정신을 집중하는 경지.

**166** 戒 [　　　] 杯 : 술을 많이 마시는 것을 경계하기 위하여 만든 잔.

**167** [　　　] 中鳥 : 얽매여 자유가 없는 몸.

### 12  다음 漢字의 部首를 쓰시오. (168~177번)

**168** 禹 - [　　　]   **169** 匙 - [　　　]
**170** 豫 - [　　　]   **171** 棗 - [　　　]
**172** 卦 - [　　　]   **173** 謬 - [　　　]
**174** 裔 - [　　　]   **175** 甲 - [　　　]
**176** 貂 - [　　　]   **177** 截 - [　　　]

### 13  다음 漢字語의 뜻을 쓰시오. (178~187번)

**178** 逐鹿 : [　　　]
**179** 破鏡 : [　　　]
**180** 權輿 : [　　　]
**181** 逆鱗 : [　　　]
**182** 蒙塵 : [　　　]
**183** 塗炭 : [　　　]
**184** 煙霞 : [　　　]
**185** 蝸角 : [　　　]
**186** 從心 : [　　　]
**187** 懸梁 : [　　　]

### 14  다음 漢字語의 同音異義語를 쓰되, 제시한 뜻에 알맞은 漢字語를 쓰시오. (188~197번)

**188** 俳優 - [　　　] : 부부로서의 짝.
**189** 狐疑 - [　　　] : 친절한 마음씨.
**190** 更迭 - [　　　] : 단단하고 굳은 성질.
**191** 手錠 - [　　　] : 잘못된 점 등을 고쳐 정돈함.
**192** 詩社 - [　　　] : 미리 암시하여 알려줌.
**193** 枚陳 - [　　　] : 다 팔려 동이 남.
**194** 維持 - [　　　] : 죽은 이가 생전에 이루지 못하고 남긴 뜻.
**195** 津尺 - [　　　] : 일이 목적한 방향대로 진행되어 감.
**196** 寶祚 - [　　　] : 넉넉지 못한 것을 보태어 돕는 일.
**197** 叩謝 - [　　　] : 제의나 권유 따위를 굳이 사양함.

### 15  다음 漢字를 略字로 쓰시오. (198~200번)

**198** 壽 - [　　　]
**199** 擴 - [　　　]
**200** 棄 - [　　　]

# 제07회 예상문제

합격문항: 160문항
시험시간: 90분
정　　답: 179쪽

**1** 다음에 제시한 漢字語 또는 밑줄 친 漢字語의 讀音을 쓰시오. 01~50번

01 冒瀆 [　　　]　02 聾啞 [　　　]
03 配頒 [　　　]　04 攀登 [　　　]
05 丘壟 [　　　]　06 詔勅 [　　　]
07 疵痕 [　　　]　08 尋常 [　　　]
09 疊徵 [　　　]　10 涕淚 [　　　]
11 怯懦 [　　　]　12 弊端 [　　　]
13 堰堤 [　　　]　14 舅甥 [　　　]
15 躊躇 [　　　]　16 甘蔗 [　　　]
17 擅橫 [　　　]　18 痼癖 [　　　]
19 叢論 [　　　]　20 鄙野 [　　　]
21 猜忌 [　　　]　22 痢疾 [　　　]
23 詔諛 [　　　]　24 穢慝 [　　　]
25 臥龍 [　　　]　26 柑橘 [　　　]

27 당뇨병 때문에 다른 사람의 膵臟을 이식하였다. [　　　]

28 가을 산은 미술가처럼 絢爛한 색채를 빚어냈다. [　　　]

29 도지사는 의료기관에 보건 의료 업무를 囑託하였다. [　　　]

30 태풍의 진로에 焦眉의 관심이 모아졌다. [　　　]

31 그는 문과에 급제하여 直諫으로 이름을 떨쳤다. [　　　]

32 능력을 최대한 발휘할 수 있는 방법을 경험적으로 攄得하였다. [　　　]

33 담당관은 서류를 내밀면서 捺印을 요구하였다. [　　　]

34 지방에서는 狩獵하여 잡은 동물로 지방 사직에 제사하였다. [　　　]

35 한국의 천주교는 박해가 계속되는 荊棘의 길을 걸어야 했다. [　　　]

36 왕대비전의 성덕을 闡揚한 데 대하여 비답을 내렸다. [　　　]

37 그의 교활함은 세상을 속이는 데 공교하고 하늘을 欺瞞하는 데 과감하였다. [　　　]

38 그는 영의정으로 입상출장하면서 累卵의 위기를 극복하였다. [　　　]

39 연산은 跌宕 황음한 생활 속에도 아들을 위하는 마음은 간절하였다. [　　　]

40 토양도 비옥해서 灌漑에 의하여 농업이 이루어지고 있다. [　　　]

41 "도박꾼들은 叱罵를 당한다 하여도 그 버릇 개 주지 못한다던데……." [　　　]

42 갑론을박하던 喧騷는 결국 무의미한 음성에 불과하였다. [　　　]

43 그는 乖愎한 성격에 강파리한 얼굴이라 모두가 꺼린다. [　　　]

44 왕을 逼迫하여 궁궐을 나가게 하니, 좌우의 근신들이 모두 흩어졌다. [　　　]

**45** 민화의 **範疇**에 들어가는 작품들을 수집하였다. ················ [         ]

**46** 몇 년 간 거름을 주어 **瘠薄**한 땅을 비양으로 바꾸었다. ················ [         ]

**47** 저장재벌은 양무운동 당시 관료자본 및 외국 자본에 종속한 **買辦**으로 성장하였다.
················ [         ]

**48** 대한민국은 한반도와 그 부속 **島嶼**로 이루어진 공화국이다. ············ [         ]

**49** 그는 줄곧 한 가지 일에만 **汨沒**하였다.
················ [         ]

**50** "대왕대비전 마마의 하비를 신으로서는 **容喙**하지 못하는 법이오니 처분대로 거행할 따름이옵니다." ············ [         ]

### 2  다음 漢字의 訓과 音을 쓰시오.   51~82번

51 醴 [         ]   52 輦 [         ]
53 圃 [         ]   54 濫 [         ]
55 踊 [         ]   56 萌 [         ]
57 暎 [         ]   58 悛 [         ]
59 截 [         ]   60 磻 [         ]
61 晶 [         ]   62 紬 [         ]
63 緻 [         ]   64 鞏 [         ]
65 悰 [         ]   66 粘 [         ]
67 悉 [         ]   68 嶼 [         ]
69 魃 [         ]   70 猜 [         ]
71 櫃 [         ]   72 飼 [         ]
73 鋪 [         ]   74 翔 [         ]
75 凰 [         ]   76 竪 [         ]
77 罹 [         ]   78 晏 [         ]
79 湍 [         ]   80 渠 [         ]
81 悖 [         ]   82 僉 [         ]

### 3  다음 제시문에서 밑줄 친 漢字語를 漢字로 고쳐 쓰시오.   83~96번

청산별곡에서 확인되는 이 같은 표현 형식상의 특징은 본시 **민중**[83] 생활의 이모저모를 자유롭게 표현하기 위해 민요에서 개발한 수법과 **결부**[84]되어 나타난다. 그러므로 청산별곡에서도 이를 통해 고려 시대 민중들의 고난에 찬 삶의 여러 **단면**[85]들이 형상화된 측면을 **지적**[86]해 볼 수 있다. 첫째 연과 여섯째 연에 표출되어 있듯이, 현재의 생활터전을 떠나 깊은 산이나 바다와 같은 삶의 극한 지대로 **도피**[87]해서라도 살고 싶다는 **원망**[88]은 곧 **내우외환**[89]에 시달렸던 당시 민중들의 **전형적**[90]인 삶에서 우러나온 것임에 틀림없다. 여기서 **연명**[91]하기 위한 음식으로 머루, 다래와 함께 나문재, 굴, 조개 따위가 거론되고 있는 것도 「고려도경」 중 당시 고려에서는 왕공 귀인이 아니면 육류를 먹을 수 없어 빈민들은 해산물을 많이 먹으려, 썰물 때 바닷가에 **무진장**[92]으로 널린 굴과 대합 **등속**[93]을 **채집**[94]하기에 힘쓴다고 한 기록과 **부합**[95]되는 것이라 할 수 있다.
– 김명호, 「청산별곡의 **속악**[96]적 이중성」 中 –

83 민중 [         ]   84 결부 [         ]
85 단면 [         ]   86 지적 [         ]
87 도피 [         ]   88 원망 [         ]
89 내우외환 [         ]   90 전형적 [         ]
91 연명 [         ]   92 무진장 [         ]
93 등속 [         ]   94 채집 [         ]
95 부합 [         ]   96 속악 [         ]

### 4  다음 제시된 漢字語를 뜻풀이에 맞게 漢字[正字]로 쓰시오.   97~122번

**97** 참작 – [         ] : 이리저리 비추어 헤아림.

**98** 유예 – [         ] : 일을 결행하는 데 날짜나 시간을 미룸.

99 역설 - [           ] : 어떤 주의나 주장에 반대되는 이론이나 말.

100 대치 - [           ] : 서로 맞서서 버팀.

101 척벌 - [           ] : 상이나 벌로 벼슬자리를 높이거나 낮추던 일.

102 사직 - [           ] : 나라 또는 조정을 이르는 말.

103 피안 - [           ] : 관념적으로 생각해 낸 현실밖의 세계.

104 야기 - [           ] : 일이나 사건 따위를 끌어 일으킴.

105 장악 - [           ] : 무엇을 마음대로 할 수 있게 됨.

106 번식 - [           ] : 붇고 늘어서 많이 퍼짐.

107 흠모 - [           ] : 기쁜 마음으로 공경하며 사모함.

108 게재 - [           ] : 글이나 그림 따위를 신문이나 잡지에 실음.

109 사면 - [           ] : 죄를 용서하여 형벌을 면제함.

110 제패 - [           ] : 패권을 잡음.

111 벌교 - [           ] : 뗏목을 엮어 만든 다리.

112 보편 - [           ] : 두루 널리 미침.

113 수록 - [           ] : 모아서 기록함 또는 책이나 잡지에 실음.

114 즉흥 - [           ] : 그 자리에서 바로 일어나는 감흥.

115 추대 - [           ] : 윗사람으로 떠받듦.

116 인준 - [           ] : 입법부가 법률에 따라 행정부의 행정 행위를 인정하는 일.

117 갈등 - [           ] : 목표나 이해관계가 달라 서로 적대시하거나 충돌함.

118 낙관 - [           ] : 글씨나 그림에 작가가 이름이나 호를 쓰고 도장을 찍는 일.

119 조치 - [           ] : 벌어지는 사태를 잘 살펴서 필요한 대책을 세워 행함.

120 해고 - [           ] : 고용주가 고용 계약을 해제하여 피고용인을 내보냄.

121 기부 - [           ] : 자선·공공사업을 돕기 위하여 돈이나 물건 따위를 대가 없이 내놓음.

122 배상 - [           ] : 남의 권리를 침해한 사람이 그 손해를 물어 주는 일.

## 5 (123~132번)

다음에서 첫 음절이 '긴소리[長音]'인 것을 10개만 골라 그 번호를 쓰시오.

보기
① 咳喘 ② 稟賦 ③ 矛盾 ④ 漫評 ⑤ 醋酸
⑥ 帆船 ⑦ 碎骨 ⑧ 彎曲 ⑨ 邁進 ⑩ 副賞
⑪ 澹泊 ⑫ 饗應 ⑬ 憧憬 ⑭ 魅了 ⑮ 抵觸
⑯ 苛斂 ⑰ 紐帶 ⑱ 勃發 ⑲ 弛緩 ⑳ 嚆矢

123 [           ]   124 [           ]
125 [           ]   126 [           ]
127 [           ]   128 [           ]
129 [           ]   130 [           ]
131 [           ]   132 [           ]

## 6 (133~137번)

다음 漢字語에 비슷한 뜻과 訓을 가진 漢字[正字]를 빈칸에 써넣어 漢字語를 완성하시오.

133 거북은 고대부터 장수와 祥[           ]를 상징하는 영물로 여겨져 왔다.

134 출국 수속을 마치고 기내에 搭[    ]하고나서야 여행을 떠난다는 것이 실감났다.

135 산업화 이후 인구가 급격하게 증가하여 행정 [    ]轄 구역 개편이 자주 이루어지고 있다.

136 태극은 천지가 [    ]闢하기 이전의 상태로서 우주 만물 구성의 가장 근원이 되는 본체를 말한다.

137 가족이 뿔뿔이 흩어지고 백골이 들판에 널려 있는 悽[    ]한 광경을 묘사하였다.

### 7  138~142번
다음 빈칸에 漢字[正字]를 써넣어 뜻이 비슷한 짝이 되도록 만드시오.

138 刪蔓 - [    ]煩
139 沿革 - 變[    ]
140 敏捷 - 迅[    ]
141 激勵 - 鼓[    ]
142 曙光 - [    ]色

### 8  143~147번
다음 漢字語의 뜻이 反對 또는 相對되는 漢字[正字]를 빈칸에 써 넣어 漢字語를 완성하시오.

143 그는 자리에서 일어나며 叔[    ] 뻘 되는 김씨에게 자리를 양보하였다.

144 그는 사람을 대함에 화기가 애애하여 귀천과 賢[    ]를 가리지 않았다.

145 먹물로 선묘하되 농담의 차이는 주지 않고 [    ]濕의 차이만을 나타냈다.

146 그를 마음속으로 존중하다가 마침내 불러들여 [    ]主의 예를 베풀었다.

147 고려시대의 墓誌는 구속받지 않고 운필하여 서체가 다양하고 巧[    ]의 차가 많다.

### 9  148~152번
다음 漢字語의 뜻이 反對 또는 相對되는 2음절 漢字語[正字]를 빈칸에 써 넣으시오.

148 演繹 ↔ [    ]
149 釋放 ↔ [    ]
150 漂流 ↔ [    ]
151 愼重 ↔ [    ]
152 憐憫 ↔ [    ]

### 10  153~162번
다음 漢字의 部首를 쓰시오.

153 武 - [    ]   154 唐 - [    ]
155 袁 - [    ]   156 彙 - [    ]
157 敵 - [    ]   158 弑 - [    ]
159 鼠 - [    ]   160 幽 - [    ]
161 鳴 - [    ]   162 羞 - [    ]

### 11  163~172번
다음 漢字語의 同音異義語를 쓰되, 제시한 뜻에 알맞은 漢字語[正字]를 쓰시오.

163 泥滓 - [    ] : 남다른 재주.
164 禪兜 - [    ] : 올바르고 좋은 길로 이끎.
165 垂訓 - [    ] : 뛰어난 공로.
166 伸縮 - [    ] : 새로 축조하거나 건축함.
167 熾盛 - [    ] : 있는 정성을 다함.
168 疱疹 - [    ] : 전쟁을 치르기 위하여 진을 침.

**169** 樞機 – [　　　　] : 본문에 덧붙여서 씀.

**170** 媒緣 – [　　　　] : 연료를 태웠을 때 생기는 연기나 그을음.

**171** 筆跡 – [　　　　] : 재주나 힘 따위가 엇비슷하여 서로 견줄 만함.

**172** 弔慰 – [　　　　] : 죽은 사람을 조상하고 유가족을 위문함.

### 12 다음 빈곳에 알맞은 漢字[正字]를 써넣어 四字成語를 완성하시오. (173~187번)

**173** 魚[　　　　]鴻離 : 구하는 것이 아닌 딴 것을 얻음.

**174** 捐金沈[　　　　] : 재물을 가벼이 보고 부귀를 탐하지 않음.

**175** 赤手空[　　　　] : 아무것도 가진 것이 없음.

**176** 恒[　　　　]飯事 : 보통 있는 예사로운 일.

**177** 丹[　　　　]皓齒 : 아름다운 여자.

**178** [　　　　]靴搔癢 : 성에 차지 않거나 철저하지 못한 안타까움.

**179** 貴鵠[　　　　]鷄 : 드문 것은 귀하게, 흔한 것은 천하게 여김.

**180** 亡羊[　　　　]牢 : 이미 실패한 뒤에 뉘우쳐도 아무 소용이 없음.

**181** [　　　　]田李下 : 의심받기 쉬운 행동은 피하는 것이 좋음.

**182** [　　　　]龜遇木 : 어려운 형편에 우연히 행운을 얻게 됨.

**183** [　　　　]而穿井 : 평소에 준비 없이 있다가 일을 당하여 허둥지둥 서두름.

**184** [　　　　]山北斗 : 세상 사람들로부터 존경받는 사람.

**185** 盤根[　　　　]節 : 처리하기가 매우 어려운 사건.

**186** 明鏡高[　　　　] : 사리에 밝거나 판결이 공정함.

**187** 風[　　　　]露宿 : 객지에서 많은 고생을 겪음.

### 13 다음 제시된 漢字語의 뜻을 쓰시오. (188~192번)

**188** 饒貸 : [　　　　　　　　]

**189** 矜誇 : [　　　　　　　　]

**190** 朽索 : [　　　　　　　　]

**191** 挽留 : [　　　　　　　　]

**192** 按排 : [　　　　　　　　]

### 14 다음 제시된 漢字語의 轉義를 쓰시오. (193~197번)

**193** 泡幻 : [　　　　　　　　]

**194** 鞭撻 : [　　　　　　　　]

**195** 胸襟 : [　　　　　　　　]

**196** 隙駒 : [　　　　　　　　]

**197** 急煞 : [　　　　　　　　]

### 15 다음 漢字의 略字를 쓰시오. (198~200번)

**198** 勸 – [　　　　]

**199** 彌 – [　　　　]

**200** 拂 – [　　　　]

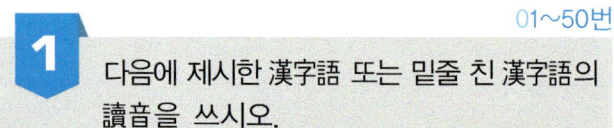

합격문항 : 160문항
시험시간 : 90분
정    답 : 181쪽

**1**  다음에 제시한 漢字語 또는 밑줄 친 漢字語의 讀音을 쓰시오. 01~50번

01 撒布 [        ]  02 喝采 [        ]
03 汗腺 [        ]  04 辦納 [        ]
05 澗畔 [        ]  06 迂闊 [        ]
07 奠雁 [        ]  08 輻射 [        ]
09 稟告 [        ]  10 充塡 [        ]
11 駱駝 [        ]  12 宦海 [        ]
13 胚胎 [        ]  14 崎嶇 [        ]
15 酬酢 [        ]  16 紅塵 [        ]
17 跆拳 [        ]  18 袞裳 [        ]
19 雙璧 [        ]  20 詛呪 [        ]
21 鼠賊 [        ]  22 昂奮 [        ]
23 艱辛 [        ]  24 嘉祥 [        ]
25 恢宏 [        ]  26 銜勒 [        ]

27 벌판을 달리던 호랑이에게 우리 안이 얼마나 窄迫하겠는가? ………… [        ]

28 대부분의 존자들은 선홍색과 청색이 어우러진 袈裟를 입고 있다. ………… [        ]

29 심문을 받을 적에 拷掠이 매우 혹독했다.
 ………………………………… [        ]

30 농사에 堆肥를 쓴 결과 수확량이 늘어났다.
 ………………………………… [        ]

31 자주독립의 旗幟 아래 독립군이 조직되었다.
 ………………………………… [        ]

32 과장된 표현에는 그의 浩蕩한 성격이 그대로 살아 있다. ………………… [        ]

33 이단과 사설에 세인이 眩惑되는 것을 근심하였다. ……………………………… [        ]

34 몸가짐을 단정하고 장중하게 가다듬어 조금도 懈怠함이 없었다. ………… [        ]

35 "아, 생존권의 剝奪됨이 무릇 기하이며……."
 ………………………………… [        ]

36 개인적인 이해관계로 그를 庇護한 것이 문제되어 파직되었다. …………… [        ]

37 서울 안에 집들이 즐비하고 노래와 악기 소리가 沸騰하였다. …………… [        ]

38 그는 첫인상부터 吝嗇하고 완고한 샌님티가 골수까지 박혀 보였다. …… [        ]

39 그는 捕繩을 풀어 보려고 몸을 움죽거려 보았지만 허사였다. …………… [        ]

40 벼슬살이를 할 때는 능란하여 庖丁이 쇠고기를 바르듯이 하였다. ……… [        ]

41 기반이 脆弱하여 기대할 만한 성공은 기약하기 어렵다. ………………… [        ]

42 진행성 마비나 간질의 癡呆 정도 및 예후를 판정할 수도 있다. ………… [        ]

43 "양반 나오시는데 담배와 喧譁를 금하라고 그리 하였소." ……………… [        ]

44 비교적 객관적이고 정확한 그의 문체는 거의 贅辭가 없다는 것이 특징이다.
 ………………………………… [        ]

102

**45** 그는 부귀한 집안에서 생장하였으나 **豪奢**를 숭상하지 않았다. ･･････････[      ]

**46** 민간인 피해가 발생한 것은 미군기의 **絨緞**폭격 때문이었다. ･･････････[      ]

**47** 무례한 자를 보면 **誅戮**하기를 새매가 참새를 쫓는 것같이 하였다. ･･････[      ]

**48** 추인은 다른 의사표시가 없을 때에는 계약 시에 **遡及**하여 그 효력이 생긴다. ･･････････････････････････[      ]

**49** 그의 작품은 반민족적인 상황에 대한 문학적 저항이 **壓卷**이라는 평을 받았다. ･･････････････････････････[      ]

**50** 고분자 화합물이 용매를 흡수하여 차차 체적이 불어나는 현상을 **膨潤**이라고 한다. ･･････････････････････････[      ]

**2** 다음 漢字의 訓과 音을 쓰시오.   51~82번

**51** 罕 [      ]   **52** 黜 [      ]
**53** 瀉 [      ]   **54** 鑽 [      ]
**55** 玩 [      ]   **56** 盆 [      ]
**57** 鵲 [      ]   **58** 穗 [      ]
**59** 搗 [      ]   **60** 彫 [      ]
**61** 昆 [      ]   **62** 梳 [      ]
**63** 袴 [      ]   **64** 遁 [      ]
**65** 曙 [      ]   **66** 偈 [      ]
**67** 衲 [      ]   **68** 孕 [      ]
**69** 鑄 [      ]   **70** 煞 [      ]
**71** 瘠 [      ]   **72** 鷹 [      ]
**73** 劑 [      ]   **74** 戍 [      ]
**75** 冀 [      ]   **76** 呱 [      ]
**77** 敷 [      ]   **78** 糠 [      ]
**79** 棗 [      ]   **80** 麓 [      ]
**81** 套 [      ]   **82** 醢 [      ]

※ 다음 글을 읽고 물음에 답하시오.

**1** **추리**[83]는 감각이나 **기억**[84]처럼 우리가 타고난 것이 아니며, 또 분별처럼 경험만으로 얻어지는 것이 아니라 노력에 의해서 얻어지는 것이라 하겠다. 처음에는 명사를 적절히 **부여**[85]하고 둘째는 여러 명사로 표현되는 원리에서 출발하여 여러 명사의 **상호**[86]관계에서 생기는 주장을 세우며 여러 주장으로 **삼단논법**[87]을 세우며, 당면한 문제에 관한 지식을 **획득**[88]하기에 이르는 옳고 **질서정연**[89]한 방법을 택함으로써 획득한다. 이것이 바로 우리들이 학문이라고 부르는 것이다. 그리고 감각이나 기억이 과거의 지울 수 없는 사실의 지식에 불과하다면 학문은 하나의 사실과 다른 사실의 관련성과 **의존관계**[90]에 대한 지식이라 하겠다. 우리는 학문에 의해서 현재 자기가 할 수 있는 일에서 무언가 다른 일을 다른 때에 하려고 하는 경우 어떻게 할 것인가를 안다. 왜냐하면 어떤 일이 어떤 원인에 의해서, 또 어떤 방법에 의해서 어떤 과정을 거쳐 이루어지는가를 알 수 있을 때 그와 **유사**[91]한 결과를 만들어내려면 무엇을 해야 하는지를 알 수 있기 때문이다. 그러므로 어린이들은 언어의 사용법을 배울 때까지는 추리의 능력을 전혀 갖지 못하지만 그들이 **이성적**[92] 존재로 불리는 것은 **장차**[93] 말의 사용방법을 배울 가능성이 있기 때문이다. 대부분의 사람들은 어느 정도 숫자를 가지고 추리를 할 수 있으나 일상생활에 활용하지는 못한다. 일상생활에서 사람들은 각자 경험의 차이, 기억의 **신축성**[94], 목적 **지향**[95]의 차이에 따라 잘 처신하기도 하고 잘못 처신하기도 한다.

**2** 특히 운이 좋고 나쁨에 따라, 또 인간 상호간의 실수의 유무에 따라 그들의 추리의 잘잘못이 결정된다. 그들은 학문이나 행위의 규칙 같은 것에 대해서는 거리가 너무 멀어서 그것이 무엇인지 모른다. **기하학**[96]을 보고서는 **요술**[97]이라고 생각하고 있고, 기타 학문에 대해서도 기초부터 배워 그것이 어떻게

이룩되고 그렇게 되었는지 터득한 사람이 아니면 알 수가 없다. 그들은 마치 **생식**[98]에 대해 아는 바가 없는 어린애들이 그 어머니로부터 그의 형제 자매가 그 뱃속에서 난 것이 아니라 마당에서 주워온 것이라고 하여도 곧이듣는 것과도 같다.

그러나 학문을 쌓지 않은 사람도 타고난 신려만 가지고 있다면, 잘못 추리했거나 잘못된 추리를 믿는 사람이나 그릇되고 **부조리**[99]한 일반 규칙을 따르는 사람들보다는 나은 형편이며 그들은 보다 건전한 상태에 서게 된다. 왜냐하면 인과관계나 여러 법칙을 모른다고 해서 사람들이 도리에서 멀리 벗어나는 것이 아니기 때문이다. 오히려 잘못된 방법 규칙에 의존하거나 그들이 **열망**[100]하는 일의 원인을 그렇지 않다고 생각하거나 정반대의 원인이라고 생각하는 사람들이 더 멀리 **이탈**[101]하기 쉽다고 하겠다.

결론적으로 인간 정신의 빛은 **총명**[102]한 말에서 나오며 처음 정확한 개념 정의로써 **감지**[103]되고 애매성으로부터 벗어날 수 있다. 추리는 그 발걸음이고 학문의 **증진**[104]은 그 **도정**[105]이며 인류의 이익은 그 목표이다. 반대로 비유나 의미 없는 애매한 언어는 도깨비불과 같은 것으로 그에 의해서 추리하는 것은 헤아릴 수 없는 부조리 속을 **방랑**[106]하는 것이며, 결과적으로는 논쟁이나 소요와 **멸시**[107]밖에 남는 것이 없다.

3 경험이 많으면 신려가 생기고 학문이 많으면 지혜가 생긴다. 우리는 보통 이 두 가지를 〈지혜(Wisedome)〉라는 명칭을 붙이고 있으나, 라틴어에서는 〈Prudentia〉와 'Sapientia'를 구별하여 전자는 경험에서 생기고, 후자는 학문에서 **연유**[108]한다고 보고 있다. 이 두 명사의 차이를 더 명백하게 하기 위하여 다음의 경우를 **상상**[109]하여 보기로 하자. 어떤 사람은 **무기**[110]를 다루는 데 있어 선천적인 **소질**[111]과 뛰어난 기술을 가지고 있다고 하자. 다른 사람은 그 **기술**[112]에 덧붙여서 모든 가능한 **자세**[113]로 적을 **공격**[114]하고 또 방어하는 법을 학문적으로 **습득**[115]하였다고 하자. 전자의 능력은 신려라 하고 후자의 능력은 지혜인데 양쪽이 모두 유용하지만 후자는 **완전무결**[116]하다고 하겠다. 그러나 책의 **권위**[117]만을 믿고, 즉 장님을 **맹목적**[118]으로 따르는 사람은 **검술**[119] **사범**[120]의 그릇된 방법을 믿고 적에게 **도전**[121]하는 자와도 같으므로 그는 살해당하거나 **수모**[122]를 겪을 수밖에 없다.

— 홉스, 「리바이어던」 中 —

**3** 윗글의 밑줄 친 漢字語를 漢字로 쓰시오.  83~122번

| 83 추리 [ ] | 84 기억 [ ] |
| 85 부여 [ ] | 86 상호 [ ] |
| 87 삼단논법 [ ] | 88 획득 [ ] |
| 89 질서정연 [ ] | 90 의존관계 [ ] |
| 91 유사 [ ] | 92 이성적 [ ] |
| 93 장차 [ ] | 94 신축성 [ ] |
| 95 지향 [ ] | 96 기하학 [ ] |
| 97 요술 [ ] | 98 생식 [ ] |
| 99 부조리 [ ] | 100 열망 [ ] |
| 101 이탈 [ ] | 102 총명 [ ] |
| 103 감지 [ ] | 104 증진 [ ] |
| 105 도정 [ ] | 106 방랑 [ ] |
| 107 멸시 [ ] | 108 연유 [ ] |
| 109 상상 [ ] | 110 무기 [ ] |
| 111 소질 [ ] | 112 기술 [ ] |
| 113 자세 [ ] | 114 공격 [ ] |
| 115 습득 [ ] | 116 완전무결 [ ] |
| 117 권위 [ ] | 118 맹목적 [ ] |
| 119 검술 [ ] | 120 사범 [ ] |
| 121 도전 [ ] | 122 수모 [ ] |

**4** 다음은 첫 음절에서 長短 두 가지로 발음되는 漢字語를 짝지은 것이다. 이 중 첫소리가 長音인 것을 가려 그 기호(ㄱ 혹은 ㄴ)를 쓰시오.  123~132번

123 ㄱ 腕章 − ㄴ 腕力 ············ [   ]

124 ㉠環形 - ㉡環境 ............ [ ]
125 ㉠煎茶 - ㉡煎餅 ............ [ ]
126 ㉠亞鉛 - ㉡亞聖 ............ [ ]
127 ㉠刺殺 - ㉡刺戟 ............ [ ]
128 ㉠保健 - ㉡保證 ............ [ ]
129 ㉠說客 - ㉡說樂 ............ [ ]
130 ㉠露積 - ㉡露出 ............ [ ]
131 ㉠勤勞 - ㉡勤苦 ............ [ ]
132 ㉠滿足 - ㉡滿發 ............ [ ]

**5** 133~137번
다음 빈칸에 제시한 漢字와 뜻이 反對 또는 相對되는 漢字를 써넣어 단어를 완성하시오.

133 拮 ↔ [ ]　　134 疏 ↔ [ ]
135 縱 ↔ [ ]　　136 醒 ↔ [ ]
137 弧 ↔ [ ]

**6** 138~142번
다음 漢字語의 뜻이 反對 또는 相對되는 2음절의 漢字語[正字]를 빈칸에 써 넣으시오.

138 唐慌 ↔ [ ]
139 動機 ↔ [ ]
140 靜肅 ↔ [ ]
141 經常 ↔ [ ]
142 憂鬱 ↔ [ ]

**7** 143~152번
다음 빈칸에 알맞은 漢字를 써넣어 四字成語를 完成하시오.

143 不撓不[ ] : 마음먹은 것이 흔들리거나 굽힘이 없음.

144 夏[ ]冬扇 : 아무 소용없는 말이나 재주.
145 肝腦[ ]地 : 나라를 위하여 목숨을 돌보지 않고 애를 씀.
146 宗[ ]社稷 : 왕실과 나라.
147 焦[ ]之急 : 매우 급함.
148 櫛風[ ]雨 : 오랜 세월을 객지에서 방랑하며 온갖 고생을 다 함.
149 驥服[ ]車 : 유능한 사람이 천한 일에 종사함.
150 眼高手[ ] : 이상만 높고 실천이 따르지 못함.
151 前車[ ]轍 : 교훈으로 삼을 앞사람의 실패.
152 歡呼雀[ ] : 기뻐서 크게 소리를 치며 날뜀.

**8** 153~157번
다음 빈칸에 漢字를 써넣어 뜻이 비슷한 짝이 되도록 만드시오.

153 拙 - [ ]　　154 顚 - [ ]
155 [ ] - 俸　　156 [ ] - 通
157 [ ] - 駕

**9** 158~162번
다음 빈칸에 뜻 혹은 訓이 같거나 비슷한 漢字를 써넣어 單語를 완성하시오.

158 可憐 - 惻[ ]
159 刪蔓 - 除[ ]
160 交[ ] - 折衷
161 瞬間 - 片[ ]
162 [ ]萃 - 選擇

**10** 다음 뜻풀이에 알맞은 漢字를 써넣어 漢字語를 완성하시오. (163~167번)

163 [　　　]天荒 : 이전에 아무도 하지 못한 일을 처음으로 해냄.

164 [　　　]中閑 : 바쁜 가운데 잠깐 얻어 낸 틈.

165 [　　　]翼陣 : 학이 날개를 편 듯이 치는 진.

166 [　　　]差損 : 환율의 변동으로 인하여 발생하는 손해.

167 蜃氣[　　　] : 홀연히 나타났다가 사라지는 아름답고 환상적인 일이나 현상.

**11** 다음 漢字의 部首를 쓰시오. (168~177번)

168 鴻 - [　　] 169 蜀 - [　　]
170 眞 - [　　] 171 甫 - [　　]
172 雇 - [　　] 173 叛 - [　　]
174 丞 - [　　] 175 覓 - [　　]
176 巢 - [　　] 177 奭 - [　　]

**12** 다음 漢字語의 뜻을 쓰시오. (178~181번)

178 防柵 : [　　　　　　　]
179 使嗾 : [　　　　　　　]
180 擡頭 : [　　　　　　　]
181 校閱 : [　　　　　　　]

**13** 다음 漢字語의 轉義를 쓰시오. (182~187번)

182 拾芥 : [　　　　　　　]
183 猫額 : [　　　　　　　]
184 碎金 : [　　　　　　　]
185 膾炙 : [　　　　　　　]
186 蹉跌 : [　　　　　　　]
187 棟梁 : [　　　　　　　]

**14** 다음 漢字語의 同音異義語를 쓰되, 제시한 뜻에 알맞은 漢字語를 쓰시오. (188~197번)

188 始蹴 - [　　　] : 시를 적는 두루마리.
189 龐統 - [　　　] : 자세하고 분명하게 앎.
190 姚江 - [　　　] : 기본이 되는 줄거리나 골자.
191 據竊 - [　　　] : 남의 제안이나 요구 따위를 받아들이지 않고 물리침.
192 對峙 - [　　　] : 다른 것으로 바꾸어 놓음.
193 醇美 - [　　　] : 다른 맛이 섞이지 아니한 순수한 맛.
194 腎臟 - [　　　] : 설비나 외관 따위를 새롭게 꾸밈.
195 畢竟 - [　　　] : 친필로 글씨를 쓰는 일.
196 賈竪 - [　　　] : 굳게 지킴.
197 隅塵 - [　　　] : 우편과 전보.

**15** 다음 漢字를 略字로 쓰시오. (198~200번)

198 龜 - [　　　]
199 膽 - [　　　]
200 聯 - [　　　]

### 한자능력검정시험 제09회 예상문제

(사) 한국어문회 주관

합격문항 : 160문항
시험시간 : 90분
정    답 : 183쪽

**1** 다음에 제시한 漢字語 또는 밑줄 친 漢字語의 讀音을 쓰시오. 01~50번

01 咽喉 [        ]
02 懶怠 [        ]
03 麝香 [        ]
04 膀胱 [        ]
05 耕墾 [        ]
06 季嫂 [        ]
07 殯殿 [        ]
08 搔爬 [        ]
09 瘡痍 [        ]
10 蠢動 [        ]
11 哮吼 [        ]
12 簪笏 [        ]
13 遐裔 [        ]
14 陋巷 [        ]
15 鞏膜 [        ]
16 狐媚 [        ]
17 御璽 [        ]
18 廢蟄 [        ]
19 駒隙 [        ]
20 刺繡 [        ]
21 膏藥 [        ]
22 棍棒 [        ]
23 忖度 [        ]
24 顆粒 [        ]
25 管窺 [        ]
26 鼻腔 [        ]

27 후방을 攪亂하여 적의 사기를 꺾었다.
  ................ [        ]

28 남해안을 휩쓴 태풍은 황량한 겁략의 痕迹을 남겼다. .............. [        ]

29 그는 거짓말이 綻露 날까 봐 노심초사하였다.
  ................ [        ]

30 그 불상은 의습의 표현과 배면처리의 수법이 未洽하게 보였다. ......... [        ]

31 벽화는 羨道 좌우 벽과 천장에 걸쳐 그려졌다.
  ................ [        ]

32 사전에 邪慝함을 판단하여 이득에 현혹되지 않았다. ............... [        ]

33 모임은 정체불명의 사람들이 나타나 毁謗을 놓는 바람에 무산되었다. .. [        ]

34 왕은 그들의 억울한 정상을 비호하여 矜恤하게 하였다. ............ [        ]

35 그는 현세에 대한 반항적인 태도와 豪俠한 기상을 보였다. ......... [        ]

36 삼사를 통하여 대신의 擅權을 견제하였다.
  ................ [        ]

37 행동이 정도에 넘치면 '猥濫되다'라고 말한다.
  ................ [        ]

38 그는 經筵에 입시하여 글의 뜻을 명쾌하게 설명하였다. ............ [        ]

39 수차를 제작하여 旱魃 때 많은 도움을 주었다.
  ................ [        ]

40 모든 계층을 包括하는 범국민적인 의식 개혁 운동을 전개하였다. ...... [        ]

41 응급 환자의 脊椎 손상 부위를 고정시켰다.
  ................ [        ]

42 그는 매인 자들의 羈絆을 끊어주고 그들과 함께 달려갔다. ......... [        ]

43 적초에 있지도 않은 말을 捏造하여 왕자를 불측한 지경에 빠뜨렸다. ... [        ]

**44** 신선설화는 『삼국유사』를 비롯하여 여러 **稗史**에 널리 실려 있다. ········ [　　　]

**45** 얼굴 묘사에 있어서 콧날과 눈 주위에 음영을 가하여 **凹凸**을 표현하고 있다.
················ [　　　]

**46** 서화와 **陶瓷**에 마음이 끌리는 것은 불가피한 성정의 탓이다. ·············· [　　　]

**47** 대궐 안 군데군데 전각 처마엔 유난히 오늘 밤에 등촉이 **輝煌**하게 밝았다.
················ [　　　]

**48** 한 아름 되는 대목도 **萌芽**에서 자라난다.
················ [　　　]

**49** 고전이 생활에서 멀어지는 것은 고전을 **剝製** 표본으로 만드는 교육에도 문제가 많다.
················ [　　　]

**50** "영혼이 있어 아신다면 나의 극진한 뜻을 **歆饗**할지어다." ··············· [　　　]

### 2  다음 漢字의 訓과 音을 쓰시오.  51~82번

**51** 燾 [　　　]  **52** 覲 [　　　]
**53** 甦 [　　　]  **54** 孀 [　　　]
**55** 虞 [　　　]  **56** 擣 [　　　]
**57** 稷 [　　　]  **58** 堰 [　　　]
**59** 贅 [　　　]  **60** 馴 [　　　]
**61** 晏 [　　　]  **62** 閘 [　　　]
**63** 逼 [　　　]  **64** 諱 [　　　]
**65** 舵 [　　　]  **66** 埋 [　　　]
**67** 釀 [　　　]  **68** 馨 [　　　]
**69** 傀 [　　　]  **70** 餞 [　　　]
**71** 胥 [　　　]  **72** 嗅 [　　　]
**73** 窈 [　　　]  **74** 勒 [　　　]
**75** 饅 [　　　]  **76** 篡 [　　　]
**77** 鎰 [　　　]  **78** 撮 [　　　]
**79** 詭 [　　　]  **80** 挿 [　　　]
**81** 髓 [　　　]  **82** 遣 [　　　]

※ 다음 글을 읽고 물음에 답하시오.

**1** 나는 서울에 가서 중등교육을 받고, 일본으로 건너가 영문학을 공부했다. 나는 열심히 공부했다. 그것이 나의 **책임**[83]을 다하는 길이라고 믿었던 것이다. 그러나 **망국민**[84]이기 때문에 당하는 괴로움, 그 **수모**[85]는 형언할 수조차 없는 것이었다. 당시 동경은 **공산주의**[86]의 **아성**[87]이었다. 나는 우리의 독립에 혹시나 도움이 될까 하여 한동안 그들을 넘겨다보기도 하였다. 하지만 아무것도 **기대**[88]할 수가 없었다. 나는 차라리 조용한 휴머니스트가 되고자 하기도 했다. 그러나 힘이 없어 일제에 **항거**[89]할 수도 없고, 이 땅의 아들이라 **순종**[90]할 수도 없는 그 가운데, 미칠 듯이 달려드는 고민과 몸부림은 이것을 **허락**[91]하지 않았다. 나는 마침내 항일운동에 **가담**[92]하고 만 것이다. 참으로 뼈저린 일본의 8년이었다.

**2** 오늘날 세계의 젊은이들 가운데는 방황하는 사람들이 적잖은 것 같다. 그들은 이 시대를 매우 어려운 때로 보고 **심각**[93]한 **전환기**[94]니 **상실**[95]의 시대니 하면서 **고독**[96]해하고, 또 이를 **해소**[97]하기 위해서 **난무**[98]를 즐긴다고도 한다. 그리고 이러한 **풍조**[99]는 어느덧 우리나라에도 **상륙**[100]하여 일부 청소년들이 이에 쏠리고 있는 듯하다. 아무리 생각해봐도 이것은 자기 **방치**[101]다. 시대를 핑계 삼지 말아야 한다. 목적지가 없는 사람들, 목적지가 있어도 **사명감**[102]이 없는 사람들, 오직 그들만이 시대를 핑계 삼아 **불순**[103]하고 나약한 자기를 **합리화**[104]하는 것이다.

3. 우리는 이스라엘 **족속**[105]의 이야기를 알고 있다. 그들은 모세의 **인도**[106]로 **애급**[107]의 노예 생활에서 벗어나 가나안 **복지**[108]를 향했다. 그러나 그리로 가는 **도중**[109]에 그들은 어찌했는가? 좀더 참지 못하고 **추악**[110]한 난무 속에 휩쓸리고 말았다. 400년의 **노예**[111] 생활에서 구제되는 날에도 자기를 찾지 못한 것이다. 이제 우리가 그들의 **전철**[112]을 되밟아야 할 것인가?

4. 우리는 명백한 **목표**[113]가 있다. 안으로는 **통일**[114]을 이룩하며 밖으로는 세계에 **웅비**[115]해야 할 우리들이다. 그것이 또한 **제군**[116]의 자기실현이기도 하다. 이렇듯 **명명백백**[117]한 목표가 있는데도 방황해야 할 것인가? 작은 생활 하나 하나에도 경건한 **태도**[118]로 **임**[119]하여 한 발씩 한 발씩 우리의 목표에 **접근**[120]해 가야 할 것이다.

5. 인생, 나는 이것을 잘 모른다. 그러나 무엇인가 **일관**[121]된 것이 있어야 할 것 같다. 방황하는 것이 아니어야 할 것 같다. 더구나 남에게 괴롭힘을 많이 받은 우리의 인생은 이것이 첫째 **자기구제**[122]인 것이다.
— 김광섭, 「일관성에 관하여」 中 —

### 3. 윗글의 밑줄 친 漢字語를 漢字로 쓰시오. (83~122번)

83 책임 [ ]　84 망국민 [ ]
85 수모 [ ]　86 공산주의 [ ]
87 아성 [ ]　88 기대 [ ]
89 항거 [ ]　90 순종 [ ]
91 허락 [ ]　92 가담 [ ]
93 심각 [ ]　94 전환기 [ ]
95 상실 [ ]　96 고독 [ ]
97 해소 [ ]　98 난무 [ ]
99 풍조 [ ]　100 상륙 [ ]
101 방치 [ ]　102 사명감 [ ]
103 불순 [ ]　104 합리화 [ ]
105 족속 [ ]　106 인도 [ ]
107 애급 [ ]　108 복지 [ ]
109 도중 [ ]　110 추악 [ ]
111 노예 [ ]　112 전철 [ ]
113 목표 [ ]　114 통일 [ ]
115 웅비 [ ]　116 제군 [ ]
117 명명백백 [ ]　118 태도 [ ]
119 임 [ ]　120 접근 [ ]
121 일관 [ ]　122 자기구제 [ ]

### 4. 다음에서 첫 音節이 '긴소리[長音]'인 것을 10개만 골라 그 번호를 쓰시오. (123~132번)

보기
① 疏忽　② 泛聽　③ 羞恥　④ 机床　⑤ 嗣續
⑥ 訃告　⑦ 諭示　⑧ 恭睦　⑨ 悛容　⑩ 奢華
⑪ 酵素　⑫ 饒貸　⑬ 懺洗　⑭ 渾淪　⑮ 疱疹
⑯ 匡輔　⑰ 譴罰　⑱ 頸聯　⑲ 愉快　⑳ 邸宅

123 [ ]　124 [ ]
125 [ ]　126 [ ]
127 [ ]　128 [ ]
129 [ ]　130 [ ]
131 [ ]　132 [ ]

### 5. 다음 漢字語의 뜻이 反對 또는 相對되는 漢字[正字]를 빈칸에 써넣어 漢字語를 완성하시오. (133~137번)

133 사면은 일반적으로 국가의 慶[ ]에 즈음하여 행해지는 전통적·의례적인 행사이다.

134 그의 그림은 전통적인 문인들의 교양과 농민의 기질을 융합시켜 雅[ ]을 겸비했다.

135 건곤감리는 사방의 광대무변함과 사시의 盈[ ]를 상징하여 진리의 영원무궁함을 나타낸다.

**136** 하늘에 계신 신령께서 묵묵히 陟[　　　]의 가운데서 도우사 태평 만세 하오리다.(독립신문)

**137** 그는 일에 임하면 독특하게 뜻을 지켜서 向[　　　]에 따라 그 지조를 바꾸지 않았다.

**6** 다음 漢字語와 뜻이 反對 또는 相對되는 漢字[正字]를 빈칸에 써 넣으시오.
138~142번

**138** 乾燥 ↔ 濕[　　]
**139** 普遍 ↔ 特[　　]
**140** 濃厚 ↔ 稀[　　]
**141** 迂回 ↔ 捷[　　]
**142** 謙遜 ↔ 倨[　　]

**7** 다음의 뜻풀이에 알맞은 漢字[正字]를 써넣어 四字成語를 완성하시오.
143~157번

**143** [　　　]車之[　　　] : 남의 실패를 거울삼아 자기를 경계함.

**144** 尢[　　　]有[　　　] : 부귀가 극에 이르면 몰락할 위험이 있음을 경계함.

**145** [　　　]囊取[　　　] : 아주 손쉽게 얻을 수 있음.

**146** [　　　]薪[　　　]膽 : 원수를 갚거나 마음먹은 일을 이루기 위하여 온갖 어려움과 괴로움을 참고 견딤.

**147** [　　　]土[　　　]來 : 한 번 실패하였으나 힘을 회복하여 다시 쳐들어옴.

**148** 徙[　　　][　　　]妻 : 무엇을 잘 잊음.

**149** 膠[　　　][　　　]瑟 : 고지식하여 조금도 융통성이 없음.

**150** 猫[　　　][　　　]鈴 : 실행할 수 없는 헛된 논의.

**151** [　　　]釜[　　　]舟 : 싸움터로 나가면서 살아 돌아오기를 바라지 않고 결전을 각오함.

**152** [　　　]中[　　　]玉 : 귀하고 보배롭게 여기는 존재.

**153** [　　　]衢[　　　]月 : 태평한 세상의 평화로운 풍경.

**154** 歲[　　　]松[　　　] : 어떤 역경 속에서도 지조를 굽히지 않는 사람 또는 그 지조.

**155** [　　　]毛[　　　]疵 : 억지로 남의 작은 허물을 들추어냄.

**156** 方[　　　]圓[　　　] : 일이 어긋나고 맞지 않음.

**157** 咳唾[　　　][　　　] : 시문을 짓는 재주가 뛰어 남.

**8** 다음 漢字의 部首를 쓰시오.
158~167번

**158** 彗 – [　　] **159** 享 – [　　]
**160** 凰 – [　　] **161** 爾 – [　　]
**162** 畢 – [　　] **163** 疑 – [　　]
**164** 繭 – [　　] **165** 衛 – [　　]
**166** 鼎 – [　　] **167** 戴 – [　　]

**9** 다음 漢字와 비슷한 뜻과 訓을 가진 漢字[正字]를 빈칸에 써넣어 漢字語를 완성하시오.
168~172번

**168** 도적의 [　　　]迫이 두려워서 도적에게 재물을 주었다 하여도 깨끗한 보시는 아니다.

**169** 그들은 경제적 곤란으로 인해 의견 衝[　　] 과 불만이 잦아졌다.

**170** 뿌리는 비바람에 식물이 쓰러지지 않도록 단단하게 [　　　] 撐해 주는 역할을 한다.

**171** 명상은 휴식과 마찬가지로 마음을 쉬고 몸을 편히 함으로써 긴장 弛[　　]의 효과를 가져온다.

**172** 과학기술의 시대로 접어든 인류는 지구를 벗어나 먼 우주로 跳[　　]할 수 있게 되었다.

### 10  173~177번
다음 빈칸에 漢字[正字]를 써넣어 뜻이 비슷한 짝이 되도록 만드시오.

**173** 貢獻 － [　　] 與

**174** 詰難 － [　　] 彈

**175** 惻隱 － 可 [　　]

**176** 無視 － [　　] 殺

**177** 捨撤 － [　　] 捨

### 11  178~187번
다음 漢字語의 同音異義語를 쓰되, 제시한 뜻에 알맞은 漢字語[正字]를 쓰시오.

**178** 擾攘 － [　　　] : 휴양하면서 병을 치료함.

**179** 幼稚 － [　　　] : 행사나 사업 따위를 이끌어 들임.

**180** 初霜 － [　　　] : 어떤 사람의 얼굴이나 모습.

**181** 較量 － [　　　] : 다리.

**182** 托鉢 － [　　　] : 여럿 가운데서 특별히 뛰어남.

**183** 電波 － [　　　] : 전하여 널리 퍼짐.

**184** 油脂 － [　　　] : 그대로 지니어 감.

**185** 作爲 － [　　　] : 벼슬과 지위.

**186** 肢體 － [　　　] : 때를 늦추거나 질질 끎.

**187** 姦桀 － [　　　] : 간절히 빎.

### 12  188~192번
다음 제시된 漢字語의 뜻을 쓰시오.

**188** 鄙第 : [　　　]

**189** 蔗境 : [　　　]

**190** 豬勇 : [　　　]

**191** 仰哺 : [　　　]

**192** 欠節 : [　　　]

### 13  193~197번
다음 제시된 漢字語의 轉義를 쓰시오.

**193** 鵠志 : [　　　]

**194** 鵲報 : [　　　]

**195** 首鼠 : [　　　]

**196** 沙汰 : [　　　]

**197** 鉤矩 : [　　　]

### 14  198~200번
다음 漢字語 중 (　) 속의 漢字를 略字로 쓰시오.

**198** (缺)禮 － [　　　]

**199** 樓(臺) － [　　　]

**200** (蠶)絹 － [　　　]

(사) 한국어문회 주관

# 예상문제

합격문항 : 160문항
시험시간 : 90분
정　　답 : 185쪽

**1** 다음에 제시한 漢字語 또는 밑줄 친 漢字語의 讀音을 쓰시오.　01~50번

01 尋撞 [　　] 　02 穢德 [　　]
03 釣餌 [　　] 　04 樞轄 [　　]
05 攄抱 [　　] 　06 怖慄 [　　]
07 羨望 [　　] 　08 茅屋 [　　]
09 粹集 [　　] 　10 烏瓷 [　　]
11 洩漏 [　　] 　12 膏粱 [　　]
13 嗜眠 [　　] 　14 鬱鬱 [　　]
15 捲簾 [　　] 　16 隘路 [　　]
17 蛤殼 [　　] 　18 劫縛 [　　]
19 干潟 [　　] 　20 乖戾 [　　]
21 秤錘 [　　] 　22 闇鈍 [　　]
23 耐乏 [　　] 　24 潰滅 [　　]
25 箸筒 [　　] 　26 采緞 [　　]

27 도적의 소굴이 되어 屠戮을 자행하였다.
　　　　　　　　　　　　　　[　　]
28 "산촌에 눈이 오니 돌길이 무쳐셰라 柴扉를 여지마라." ………………… [　　]
29 공자는 중궁의 訥辯과 미천한 신분을 감싸주었다. ………………… [　　]
30 반박의 여지가 없는 完璧한 논리를 펼쳤다.
　　　　　　　　　　　　　　[　　]
31 훌륭한 임금을 遭遇하고 유석을 친애하였다.

32 그는 인간 심리의 내면에 깃들인 병적이고 모순된 세계를 밀도 있게 解剖하였다.
　　　　　　　　　　　　　　[　　]
33 양심에 呵責을 받을 때는 허줄한 거지를 보아도 오히려 부끄러울 뿐이다.
　　　　　　　　　　　　　　[　　]
34 정읍에 장수하니 곡성에 漲溢한다.
　　　　　　　　　　　　　　[　　]
35 왜적을 防禦하다가 달천에서 전사하였다.
　　　　　　　　　　　　　　[　　]
36 변방 고을을 순시하여 백성을 위안하고 撫摩하였다. ………………… [　　]
37 무속신앙은 신과의 사이에 挾雜이라는 것을 생각할 수 없다. ………… [　　]
38 신의 부재와 인간의 원죄를 다룬 眞摯한 테마로 어필하였다. ………… [　　]
39 "연작이 어찌 鴻鵠의 뜻을 알겠느냐?"
　　　　　　　　　　　　　　[　　]
40 양이와 일맥상통한다고 看做되는 일본에 대해서도 척왜정책을 펼쳤다. ‥ [　　]
41 아무런 시적 扮飾을 가하지 않고 직설적으로 털어놓았다. ………… [　　]
42 권세를 피하기를 마치 陷穽을 피하듯이 하였다.
　　　　　　　　　　　　　　[　　]
43 사건의 진상이 模糊한데도 이에 가담한 혐의로 고문을 당하였다. … [　　]
44 기세가 곤핍하고 挫折되어 머리를 들 힘도 없었다. ………………… [　　]

**45** 민주화운동과 관련된 내용을 <u>拔萃</u>하여 책으로 엮었다. ············· [      ]

**46** 수표 배서인은 <u>遡求</u>에 관한 규정에 따라 책임을 지도록 되어 있다. ······ [      ]

**47** 양반들은 지극히 <u>偏狹</u>한 배타적 태도로써 인습과 명분에 얽매여 있었다.
············· [      ]

**48** 침식을 잊고 사색하기 시작했으나 갈수록 의심은 더해 갔고 <u>懊惱</u>는 풀리지 않았다.
············· [      ]

**49** 국회는 법률 제정, 예산 심의, 국정 조사, <u>彈劾</u> 등을 통하여 행정부를 견제하고 있다.
············· [      ]

**50** 젊은 시절의 방황과 <u>煩悶</u>은 삶의 가치를 배우게 한다. ············· [      ]

### 2  다음 漢字의 訓과 音을 쓰시오.  (51~82번)

| 51 顚 [      ] | 52 丕 [      ] |
| 53 垠 [      ] | 54 庸 [      ] |
| 55 悍 [      ] | 56 蝶 [      ] |
| 57 儡 [      ] | 58 恰 [      ] |
| 59 斧 [      ] | 60 稻 [      ] |
| 61 筵 [      ] | 62 曳 [      ] |
| 63 贖 [      ] | 64 渦 [      ] |
| 65 盞 [      ] | 66 簾 [      ] |
| 67 娶 [      ] | 68 謐 [      ] |
| 69 搖 [      ] | 70 硫 [      ] |
| 71 揖 [      ] | 72 禿 [      ] |
| 73 勃 [      ] | 74 眈 [      ] |
| 75 猪 [      ] | 76 汁 [      ] |
| 77 矩 [      ] | 78 凜 [      ] |
| 79 逅 [      ] | 80 括 [      ] |
| 81 懺 [      ] | 82 憺 [      ] |

### 3  다음 제시문에서 밑줄 친 漢字語를 漢字로 고쳐 쓰시오.  (83~100번)

음악성 : 시어가 잘 다듬어진 형태 속에서 음악적 **자질**[83]을 최대한 발현할 때 시의 아름다움이 실현된다. 앞에서 **제시**[84]한 '청산별곡'이나 노래 속에 나타난 율격, 속담은 대부분 대구, 일상생활에서도 **표어**[85]나 구호는 율격적 표현의 좋은 예이다. 예를 들면 '내 가슴속에 가늘한 내음 / 애끈히 떠도는 내음 / 저녁 해 고요히 지는데 / 산허리에 슬리는 보랏빛 (내음, 마음의 'ㅁ'의 반복적 효과는 부드럽고 연한 음질, 은은한 아름다움)'이다.

**함축성**[86] : 비유, **상징**[87], **역설**[88] 등의 표현을 사용하여 일상적, 과학적 언어로는 표현할 수 없는 정신적 가치가 표현될 때, 시의 아름다움이 실현된다. 말에 가정 또는 암시되거나 숨겨진 의미라 한다. '산에는 꽃이 피네'라는 말은 꽃이 지네를 **전제**[89] 또는 암시하거나 **가정**[90]한다. 시는 이러한 함축을 통해 **미묘**[91]한 감정의 흐름까지를 표현함은 물론 표현의 **압축**[92]과 의미의 다양화를 기한다. 그러기 위해 시는 주로 형상적 표현을 한다.

비유, 상징, 역설 예) 나의 마음은 고요한 물결 / 바람이 불어도 구름이 지나가도 그림자 지는 곳(마음이라는 원관념이 물결이라는 **보조**[93]관념을 통하여 마음의 상태가 어떠하다는 감각적 의미를 얻어 **추상적**[94] **영역**[95]이 구상적 **심상**[96]으로 출현하게 된다. 고요한 물결의 맑고 **투명**[97]함의 결백성과 고요함에서 오는 정지태의 안정된 아름다움 등이 **복합적**[98]으로 일깨워지고 있다.)

**형상성**[99] : 그려내는 것이다. 이미지 등을 활용하여 시인이 전달하는 추상적 차원에서 벗어나 경험적, 감각적 차원으로 구체화될 때 시의 아름다움이 실현된다.

예) 시는 **감촉**[100]이 있고 묵묵해야 한다. 둥근 과일처럼 / 엄지손가락에 닿는 낡은 메달처럼 말없고 / 이끼 낀 창턱의 소맷자락에 닳은 돌처럼 고요하고 / 새는 날듯이 시는 무언해야 한다.(머클리쉬의 시법 중에서)

시는 감각적 언어로 형상적 특징을 지님을 적절히 말하고 있다. 낡은 메달을 엄지손가락의 감촉으로 느끼는 것과 같은 촉각 심상을 통하여 시는 존재해야 함을 천명한다. 씨 데이 루이스가 '말로 만든 그림'이라고 요약하여 시의 심상을 설명한 것은 바로 형상적 특성을 설명한 것이다.

— 「문학의 아름다움과 문학」中 —

83 자질 [         ]   84 제시 [         ]
85 표어 [         ]   86 함축성 [         ]
87 상징 [         ]   88 역설 [         ]
89 전제 [         ]   90 가정 [         ]
91 미묘 [         ]   92 압축 [         ]
93 보조 [         ]   94 추상적 [         ]
95 영역 [         ]   96 심상 [         ]
97 투명 [         ]   98 복합적 [         ]
99 형상성 [         ]   100 감촉 [         ]

**4** 다음 제시문에서 밑줄 친 漢字語를 漢字로 고쳐 쓰시오. (101~122번)

101 민주국가의 헌법은 대부분 중요 조약의 **비준**에 대하여 국회의 동의를 얻도록 하고 있다. [         ]

102 건조한 계절에는 내부의 습도를 일정하게 **유지**해야 한다. [         ]

103 그는 비도덕적인 권력의 압박에는 **타협**하지 않았다. [         ]

104 고려가요는 일반적으로 민중사이에 널리 전해진 **속요**를 뜻한다. [         ]

105 영세한 중소기업의 상당 부분이 대기업에 **잠식**되었다. [         ]

106 민화에는 민중의 미적 감각과 소박한 **정서**가 배어 있다. [         ]

107 북과 피리는 듣는 이들의 감정을 들뜨게 하고 **흥분**시켰다. [         ]

108 모든 문화면에서 부흥운동이 일어나 미술에도 새로운 **고양**이 있었다. [         ]

109 문학이란 결국 시대의 산물인 동시에 현실의 **반영**이다. [         ]

110 신문과 잡지 등에 다수의 논설을 **게재**하여 전 국민이 합심할 것을 호소하였다. [         ]

111 행동의 결과는 자아 **개념**에 밀접한 영향을 끼친다. [         ]

112 대통령은 국민 화합 차원에서 많은 정치범을 **사면**하였다. [         ]

113 그토록 소란하던 적군의 움직임도 저녁부터는 **현저**하게 뜸해졌다. [         ]

114 출품된 것 중에는 기발함과 **참신**함이 돋보이는 작품이 많이 있었다. [         ]

115 태양계에서 지구 바깥쪽의 **궤도**를 도는 행성을 '외행성'이라 한다. [         ]

116 그들은 이미 이런 사태를 명확하게 **예측**하고 있었다. [         ]

117 신종 사업을 젊은 사업가들에게 **소개**하여 새로운 시장을 개척하고자 하였다. [         ]

118 모든 근막은 신체의 각 부분을 독립시키는 동시에 결합하는 **역할**을 한다. [         ]

119 심복으로 하여금 그 무리 속에 들어가 적의 동태를 **염탐**하게 하였다. [         ]

120 그는 대기실에서 자기 순서를 **초조**하게 기다렸다. [         ]

121 경찰과 시위대는 방벽을 사이에 두고 **대치**하였다. [         ]

122 주공은 성왕을 **보필**하여 집정한 7년 동안 주나라 조정의 통치 지위를 강화했다. [         ]

## 5

123~132번

다음에서 첫 音節이 '긴소리[長音]'인 것을 10개만 골라 그 번호를 쓰시오.

보기
① 痼癖  ② 痼症  ③ 彷彿  ④ 彷徨  ⑤ 煮醬
⑥ 煮繭  ⑦ 剪枝  ⑧ 剪裁  ⑨ 靖難  ⑩ 靖國
⑪ 痰喘  ⑫ 曇天  ⑬ 罵倒  ⑭ 梅桃  ⑮ 飛虎
⑯ 庇護  ⑰ 捐金  ⑱ 聯衾  ⑲ 疱疹  ⑳ 鋪陳

123 [          ]    124 [          ]
125 [          ]    126 [          ]
127 [          ]    128 [          ]
129 [          ]    130 [          ]
131 [          ]    132 [          ]

## 6

133~137번

다음 漢字와 뜻이 反對 또는 相對되는 漢字[正字]를 빈칸에 써넣어 漢字語를 완성하시오.

133 寬 [          ]    134 浮 [          ]
135 [          ] 堉    136 [          ] 竪
137 誹 [          ]

## 7

138~142번

다음 漢字語와 뜻이 反對 또는 相對되는 2음절 漢字語[正字]를 빈칸에 써 넣으시오.

138 餞送 ↔ [          ]
139 懶怠 ↔ [          ]
140 敷衍 ↔ [          ]
141 實際 ↔ [          ]
142 羞恥 ↔ [          ]

## 8

143~157번

다음 四字成語의 빈칸을 漢字로 채우시오.

143 籠 [    ][    ] 雲 : 속박당한 몸이 자유를 그리워함.

144 登 [    ][    ] 梯 : 사람을 꾀어서 어려운 처지에 빠지게 함.

145 迷 [    ][    ] 筏 : 삶에 가르침을 주는 책.

146 [    ] 荊 請 [    ] : 자신의 잘못을 인정하고 사죄함.

147 [    ] 善懲 [    ] : 착한 일을 권장하고 악한 일을 징계함.

148 焚 [    ] 坑 [    ] : 학자들의 정치적 비판을 막기 위하여 펼친 가혹한 정치.

149 [    ] 頭 [    ] 糞 : 좋은 저서에 변변치 않은 서문이나 평어.

150 徙 [    ][    ] 妻 : 정신이 나간 사람처럼 소중한 것을 잊어버림.

151 死 [    ] 復 [    ] : 세력을 잃었던 사람이 다시 세력을 잡음.

152 雪 [    ] 花 [    ] : 미인의 용모.

153 笑 [    ][    ] 刀 : 겉으로는 웃고 있으나 마음속에는 해칠 마음을 품고 있음.

154 [    ] 人 [    ] 客 : 시문과 서화를 일삼는 사람.

155 龍 [    ] 鳳 [    ] : 맛이 매우 좋은 음식

156 指 [    ] 爲 [    ] : 윗사람을 농락하여 권세를 마음대로 함.

157 [    ] 鼠 兩 [    ] : 머뭇거리며 진퇴나 거취를 정하지 못하는 상태.

### 9. 다음 漢字의 部首를 쓰시오. (158~167번)

158 羹 - [　　]　159 夷 - [　　]
160 步 - [　　]　161 咸 - [　　]
162 衷 - [　　]　163 卯 - [　　]
164 牽 - [　　]　165 異 - [　　]
166 隻 - [　　]　167 亥 - [　　]

### 10. 다음 빈칸에 뜻이 비슷한 漢字[正字]를 써서 單語를 완성하시오. (168~172번)

168 苟 [　　]　169 但 [　　]
170 旺 [　　]　171 [　　] 閱
172 締 [　　]

### 11. 다음 빈칸에 漢字[正字]를 써넣어 뜻이 비슷한 짝이 되도록 만드시오. (173~177번)

173 閭閻 - [　　] 井
174 疎忽 - 等 [　　]
175 虐待 - [　　] 迫
176 深巷 - 僻 [　　]
177 逍遙 - 散 [　　]

### 12. 다음 漢字語와 同音異義語가 되게 빈칸을 채우시오(長短音이나 硬軟音은 관계없음). (178~187번)

178 灸治 - [　　] : 어금니.
179 弧宴 - [　　] : 매우 훌륭한 연기나 연주.
180 蘭麝 - [　　] : 활, 대포, 총 따위를 마구 쏨.
181 剽虜 - [　　] : 표면에 나타남.
182 鎭痙 - [　　] : 티끌세상.
183 塑像 - [　　] : 아주 상세함.
184 駝酪 - [　　] : 올바른 길에서 벗어나 잘못된 길로 빠지는 일.
185 蛟蛇 - [　　] : 남을 꾀거나 부추겨서 나쁜 짓을 하게 함.
186 渠帥 - [　　] : 어떤 곳에 머물러서 그곳을 지킴.
187 妬忌 - [　　] : 기회를 틈타 큰 이익을 보려고 함.

### 13. 다음 제시된 漢字語의 뜻을 쓰시오. (188~197번)

188 拿捕 : [　　]
189 獻酬 : [　　]
190 紫霞 : [　　]
191 握髮 : [　　]
192 拙荊 : [　　]
193 跋扈 : [　　]
194 湮晦 : [　　]
195 枉斷 : [　　]
196 拾芥 : [　　]
197 如反掌 : [　　]

### 14. 다음 漢字語 中 (　) 속의 漢字를 略字로 쓰시오. (198~200번)

198 (廳)舍 - [　　]
199 (鹽)田 - [　　]
200 (麥)穗 - [　　]

※ 본 답안지는 연습용으로 실제 답안지 양식과 다릅니다. 이점 양해바라며, 실제 답안지 양식은 홈페이지를 참고바랍니다.

■ 사단법인 한국어문회  　　　　　　　　　　　　　　　　　　　　　　　　101

수험번호 □□□-□□-□□□□　　성명 □□□□□
생년월일 □□□□□□　　※ 주민등록번호 앞 6자리 숫자를 기입하십시오.　※ 성명은 한글로 작성
　　　　　　　　　　　　　　　　　　　　　　　　　　　　　　　　　※ 필기구는 검정색 볼펜만 가능

※ 답안지는 컴퓨터로 처리되므로 구기거나 더럽히지 마시고, 정답 칸 안에만 쓰십시오. 글씨가 채점란으로 들어오면 오답처리가 됩니다.

## 공인민간자격 전국한자능력검정시험 1급 답안지(1) (시험시간:90분)

| 번호 | 정답 | 번호 | 정답 | 번호 | 정답 | 번호 | 정답 |
|---|---|---|---|---|---|---|---|
| 1 |  | 24 |  | 47 |  | 70 |  |
| 2 |  | 25 |  | 48 |  | 71 |  |
| 3 |  | 26 |  | 49 |  | 72 |  |
| 4 |  | 27 |  | 50 |  | 73 |  |
| 5 |  | 28 |  | 51 |  | 74 |  |
| 6 |  | 29 |  | 52 |  | 75 |  |
| 7 |  | 30 |  | 53 |  | 76 |  |
| 8 |  | 31 |  | 54 |  | 77 |  |
| 9 |  | 32 |  | 55 |  | 78 |  |
| 10 |  | 33 |  | 56 |  | 79 |  |
| 11 |  | 34 |  | 57 |  | 80 |  |
| 12 |  | 35 |  | 58 |  | 81 |  |
| 13 |  | 36 |  | 59 |  | 82 |  |
| 14 |  | 37 |  | 60 |  | 83 |  |
| 15 |  | 38 |  | 61 |  | 84 |  |
| 16 |  | 39 |  | 62 |  | 85 |  |
| 17 |  | 40 |  | 63 |  | 86 |  |
| 18 |  | 41 |  | 64 |  | 87 |  |
| 19 |  | 42 |  | 65 |  | 88 |  |
| 20 |  | 43 |  | 66 |  | 89 |  |
| 21 |  | 44 |  | 67 |  | 90 |  |
| 22 |  | 45 |  | 68 |  | 91 |  |
| 23 |  | 46 |  | 69 |  | 92 |  |

※ 뒷면으로 이어짐

# 공인민간자격 전국한자능력검정시험 1급 답안지(2)

| 번호 | 정답 | 번호 | 정답 | 번호 | 정답 | 번호 | 정답 |
|---|---|---|---|---|---|---|---|
| 93 | | 120 | | 147 | | 174 | |
| 94 | | 121 | | 148 | | 175 | |
| 95 | | 122 | | 149 | | 176 | |
| 96 | | 123 | | 150 | | 177 | |
| 97 | | 124 | | 151 | | 178 | |
| 98 | | 125 | | 152 | | 179 | |
| 99 | | 126 | | 153 | | 180 | |
| 100 | | 127 | | 154 | | 181 | |
| 101 | | 128 | | 155 | | 182 | |
| 102 | | 129 | | 156 | | 183 | |
| 103 | | 130 | | 157 | | 184 | |
| 104 | | 131 | | 158 | | 185 | |
| 105 | | 132 | | 159 | | 186 | |
| 106 | | 133 | | 160 | | 187 | |
| 107 | | 134 | | 161 | | 188 | |
| 108 | | 135 | | 162 | | 189 | |
| 109 | | 136 | | 163 | | 190 | |
| 110 | | 137 | | 164 | | 191 | |
| 111 | | 138 | | 165 | | 192 | |
| 112 | | 139 | | 166 | | 193 | |
| 113 | | 140 | | 167 | | 194 | |
| 114 | | 141 | | 168 | | 195 | |
| 115 | | 142 | | 169 | | 196 | |
| 116 | | 143 | | 170 | | 197 | |
| 117 | | 144 | | 171 | | 198 | |
| 118 | | 145 | | 172 | | 199 | |
| 119 | | 146 | | 173 | | 200 | |

※ 본 답안지는 연습용으로 실제 답안지 양식과 다릅니다. 이점 양해바라며, 실제 답안지 양식은 홈페이지를 참고바랍니다.

사단법인 한국어문회 　　　　　　　　　　　　　　　　　　　　　　　　　101

수험번호 ☐☐☐-☐☐-☐☐☐☐　　　　성명 ☐☐☐☐☐
생년월일 ☐☐☐☐☐☐　　※ 주민등록번호 앞 6자리 숫자를 기입하십시오.　※ 성명은 한글로 작성
　　　　　　　　　　　　　　　　　　　　　　　　　　　　　　　※ 필기구는 검정색 볼펜만 가능

※ 답안지는 컴퓨터로 처리되므로 구기거나 더럽히지 마시고, 정답 칸 안에만 쓰십시오. 글씨가 채점란으로 들어오면 오답처리가 됩니다.

### 공인민간자격 전국한자능력검정시험 1급 답안지(1) (시험시간:90분)

| 번호 | 정답 | 번호 | 정답 | 번호 | 정답 | 번호 | 정답 |
|---|---|---|---|---|---|---|---|
| 1 |  | 24 |  | 47 |  | 70 |  |
| 2 |  | 25 |  | 48 |  | 71 |  |
| 3 |  | 26 |  | 49 |  | 72 |  |
| 4 |  | 27 |  | 50 |  | 73 |  |
| 5 |  | 28 |  | 51 |  | 74 |  |
| 6 |  | 29 |  | 52 |  | 75 |  |
| 7 |  | 30 |  | 53 |  | 76 |  |
| 8 |  | 31 |  | 54 |  | 77 |  |
| 9 |  | 32 |  | 55 |  | 78 |  |
| 10 |  | 33 |  | 56 |  | 79 |  |
| 11 |  | 34 |  | 57 |  | 80 |  |
| 12 |  | 35 |  | 58 |  | 81 |  |
| 13 |  | 36 |  | 59 |  | 82 |  |
| 14 |  | 37 |  | 60 |  | 83 |  |
| 15 |  | 38 |  | 61 |  | 84 |  |
| 16 |  | 39 |  | 62 |  | 85 |  |
| 17 |  | 40 |  | 63 |  | 86 |  |
| 18 |  | 41 |  | 64 |  | 87 |  |
| 19 |  | 42 |  | 65 |  | 88 |  |
| 20 |  | 43 |  | 66 |  | 89 |  |
| 21 |  | 44 |  | 67 |  | 90 |  |
| 22 |  | 45 |  | 68 |  | 91 |  |
| 23 |  | 46 |  | 69 |  | 92 |  |

※ 뒷면으로 이어짐

# 공인민간자격 전국한자능력검정시험 1급 답안지(2)

| 번호 | 정답 | 번호 | 정답 | 번호 | 정답 | 번호 | 정답 |
|---|---|---|---|---|---|---|---|
| 93 | | 120 | | 147 | | 174 | |
| 94 | | 121 | | 148 | | 175 | |
| 95 | | 122 | | 149 | | 176 | |
| 96 | | 123 | | 150 | | 177 | |
| 97 | | 124 | | 151 | | 178 | |
| 98 | | 125 | | 152 | | 179 | |
| 99 | | 126 | | 153 | | 180 | |
| 100 | | 127 | | 154 | | 181 | |
| 101 | | 128 | | 155 | | 182 | |
| 102 | | 129 | | 156 | | 183 | |
| 103 | | 130 | | 157 | | 184 | |
| 104 | | 131 | | 158 | | 185 | |
| 105 | | 132 | | 159 | | 186 | |
| 106 | | 133 | | 160 | | 187 | |
| 107 | | 134 | | 161 | | 188 | |
| 108 | | 135 | | 162 | | 189 | |
| 109 | | 136 | | 163 | | 190 | |
| 110 | | 137 | | 164 | | 191 | |
| 111 | | 138 | | 165 | | 192 | |
| 112 | | 139 | | 166 | | 193 | |
| 113 | | 140 | | 167 | | 194 | |
| 114 | | 141 | | 168 | | 195 | |
| 115 | | 142 | | 169 | | 196 | |
| 116 | | 143 | | 170 | | 197 | |
| 117 | | 144 | | 171 | | 198 | |
| 118 | | 145 | | 172 | | 199 | |
| 119 | | 146 | | 173 | | 200 | |

※ 본 답안지는 연습용으로 실제 답안지 양식과 다릅니다. 이점 양해바라며, 실제 답안지 양식은 홈페이지를 참고바랍니다.

■ 사단법인 한국어문회  | 1 0 1 |

| 수험번호 | □□□-□□-□□□□ | 성명 □□□□□ |
| 생년월일 | □□□□□□ | ※ 주민등록번호 앞 6자리 숫자를 기입하십시오. | ※ 성명은 한글로 작성 |
| | | | ※ 필기구는 검정색 볼펜만 가능 |

※ 답안지는 컴퓨터로 처리되므로 구기거나 더럽히지 마시고, 정답 칸 안에만 쓰십시오. 글씨가 채점란으로 들어오면 오답처리가 됩니다.

## 공인민간자격 전국한자능력검정시험 1급 답안지(1) (시험시간:90분)

| 번호 | 정답 | 번호 | 정답 | 번호 | 정답 | 번호 | 정답 |
|---|---|---|---|---|---|---|---|
| 1 | | 24 | | 47 | | 70 | |
| 2 | | 25 | | 48 | | 71 | |
| 3 | | 26 | | 49 | | 72 | |
| 4 | | 27 | | 50 | | 73 | |
| 5 | | 28 | | 51 | | 74 | |
| 6 | | 29 | | 52 | | 75 | |
| 7 | | 30 | | 53 | | 76 | |
| 8 | | 31 | | 54 | | 77 | |
| 9 | | 32 | | 55 | | 78 | |
| 10 | | 33 | | 56 | | 79 | |
| 11 | | 34 | | 57 | | 80 | |
| 12 | | 35 | | 58 | | 81 | |
| 13 | | 36 | | 59 | | 82 | |
| 14 | | 37 | | 60 | | 83 | |
| 15 | | 38 | | 61 | | 84 | |
| 16 | | 39 | | 62 | | 85 | |
| 17 | | 40 | | 63 | | 86 | |
| 18 | | 41 | | 64 | | 87 | |
| 19 | | 42 | | 65 | | 88 | |
| 20 | | 43 | | 66 | | 89 | |
| 21 | | 44 | | 67 | | 90 | |
| 22 | | 45 | | 68 | | 91 | |
| 23 | | 46 | | 69 | | 92 | |

※ 뒷면으로 이어짐

# 공인민간자격 전국한자능력검정시험 1급 답안지(2)

| 번호 | 정답 | 번호 | 정답 | 번호 | 정답 | 번호 | 정답 |
|---|---|---|---|---|---|---|---|
| 93 | | 120 | | 147 | | 174 | |
| 94 | | 121 | | 148 | | 175 | |
| 95 | | 122 | | 149 | | 176 | |
| 96 | | 123 | | 150 | | 177 | |
| 97 | | 124 | | 151 | | 178 | |
| 98 | | 125 | | 152 | | 179 | |
| 99 | | 126 | | 153 | | 180 | |
| 100 | | 127 | | 154 | | 181 | |
| 101 | | 128 | | 155 | | 182 | |
| 102 | | 129 | | 156 | | 183 | |
| 103 | | 130 | | 157 | | 184 | |
| 104 | | 131 | | 158 | | 185 | |
| 105 | | 132 | | 159 | | 186 | |
| 106 | | 133 | | 160 | | 187 | |
| 107 | | 134 | | 161 | | 188 | |
| 108 | | 135 | | 162 | | 189 | |
| 109 | | 136 | | 163 | | 190 | |
| 110 | | 137 | | 164 | | 191 | |
| 111 | | 138 | | 165 | | 192 | |
| 112 | | 139 | | 166 | | 193 | |
| 113 | | 140 | | 167 | | 194 | |
| 114 | | 141 | | 168 | | 195 | |
| 115 | | 142 | | 169 | | 196 | |
| 116 | | 143 | | 170 | | 197 | |
| 117 | | 144 | | 171 | | 198 | |
| 118 | | 145 | | 172 | | 199 | |
| 119 | | 146 | | 173 | | 200 | |

※ 본 답안지는 연습용으로 실제 답안지 양식과 다릅니다. 이점 양해바라며, 실제 답안지 양식은 홈페이지를 참고바랍니다.

사단법인 한국어문회 　　　　　　　　　　　　　　　　　　　　　　　1 0 1

| 수험번호 | □□□-□□-□□□□ | 성명 □□□□□ |
| 생년월일 | □□□□□□ ※ 주민등록번호 앞 6자리 숫자를 기입하십시오. | ※ 성명은 한글로 작성<br>※ 필기구는 검정색 볼펜만 가능 |

※ 답안지는 컴퓨터로 처리되므로 구기거나 더럽히지 마시고, 정답 칸 안에만 쓰십시오. 글씨가 채점란으로 들어오면 오답처리가 됩니다.

## 공인민간자격 전국한자능력검정시험 1급 답안지(1) (시험시간:90분)

| 번호 | 답안란 정답 | 번호 | 답안란 정답 | 번호 | 답안란 정답 | 번호 | 답안란 정답 |
|---|---|---|---|---|---|---|---|
| 1 |  | 24 |  | 47 |  | 70 |  |
| 2 |  | 25 |  | 48 |  | 71 |  |
| 3 |  | 26 |  | 49 |  | 72 |  |
| 4 |  | 27 |  | 50 |  | 73 |  |
| 5 |  | 28 |  | 51 |  | 74 |  |
| 6 |  | 29 |  | 52 |  | 75 |  |
| 7 |  | 30 |  | 53 |  | 76 |  |
| 8 |  | 31 |  | 54 |  | 77 |  |
| 9 |  | 32 |  | 55 |  | 78 |  |
| 10 |  | 33 |  | 56 |  | 79 |  |
| 11 |  | 34 |  | 57 |  | 80 |  |
| 12 |  | 35 |  | 58 |  | 81 |  |
| 13 |  | 36 |  | 59 |  | 82 |  |
| 14 |  | 37 |  | 60 |  | 83 |  |
| 15 |  | 38 |  | 61 |  | 84 |  |
| 16 |  | 39 |  | 62 |  | 85 |  |
| 17 |  | 40 |  | 63 |  | 86 |  |
| 18 |  | 41 |  | 64 |  | 87 |  |
| 19 |  | 42 |  | 65 |  | 88 |  |
| 20 |  | 43 |  | 66 |  | 89 |  |
| 21 |  | 44 |  | 67 |  | 90 |  |
| 22 |  | 45 |  | 68 |  | 91 |  |
| 23 |  | 46 |  | 69 |  | 92 |  |

※ 뒷면으로 이어짐

■ 사단법인 한국어문회　　　　　　　　　　　　　　　　　　　　　　　　　　　　　1 0 2

※ 답안지는 컴퓨터로 처리되므로 구기거나 더럽히지 마시고, 정답 칸 안에만 쓰십시오. 글씨가 채점란으로 들어오면 오답처리가 됩니다.

## 공인민간자격 전국한자능력검정시험 1급 답안지(2)

| 번호 | 정답 | 번호 | 정답 | 번호 | 정답 | 번호 | 정답 |
|---|---|---|---|---|---|---|---|
| 93 |  | 120 |  | 147 |  | 174 |  |
| 94 |  | 121 |  | 148 |  | 175 |  |
| 95 |  | 122 |  | 149 |  | 176 |  |
| 96 |  | 123 |  | 150 |  | 177 |  |
| 97 |  | 124 |  | 151 |  | 178 |  |
| 98 |  | 125 |  | 152 |  | 179 |  |
| 99 |  | 126 |  | 153 |  | 180 |  |
| 100 |  | 127 |  | 154 |  | 181 |  |
| 101 |  | 128 |  | 155 |  | 182 |  |
| 102 |  | 129 |  | 156 |  | 183 |  |
| 103 |  | 130 |  | 157 |  | 184 |  |
| 104 |  | 131 |  | 158 |  | 185 |  |
| 105 |  | 132 |  | 159 |  | 186 |  |
| 106 |  | 133 |  | 160 |  | 187 |  |
| 107 |  | 134 |  | 161 |  | 188 |  |
| 108 |  | 135 |  | 162 |  | 189 |  |
| 109 |  | 136 |  | 163 |  | 190 |  |
| 110 |  | 137 |  | 164 |  | 191 |  |
| 111 |  | 138 |  | 165 |  | 192 |  |
| 112 |  | 139 |  | 166 |  | 193 |  |
| 113 |  | 140 |  | 167 |  | 194 |  |
| 114 |  | 141 |  | 168 |  | 195 |  |
| 115 |  | 142 |  | 169 |  | 196 |  |
| 116 |  | 143 |  | 170 |  | 197 |  |
| 117 |  | 144 |  | 171 |  | 198 |  |
| 118 |  | 145 |  | 172 |  | 199 |  |
| 119 |  | 146 |  | 173 |  | 200 |  |

※ 본 답안지는 연습용으로 실제 답안지 양식과 다릅니다. 이점 양해바라며, 실제 답안지 양식은 홈페이지를 참고바랍니다.

사단법인 한국어문회 　　　　　　　　　　　　　　　　　　　　　　　　101

수험번호 □□□-□□-□□□□　　　성명 □□□□□
생년월일 □□□□□□　※ 주민등록번호 앞 6자리 숫자를 기입하십시오.　※ 성명은 한글로 작성
　　　　　　　　　　　　　　　　　　　　　　　　　　※ 필기구는 검정색 볼펜만 가능

※ 답안지는 컴퓨터로 처리되므로 구기거나 더럽히지 마시고, 정답 칸 안에만 쓰십시오. 글씨가 채점란으로 들어오면 오답처리가 됩니다.

### 공인민간자격 전국한자능력검정시험 1급 답안지(1) (시험시간:90분)

| 번호 | 정답 | 번호 | 정답 | 번호 | 정답 | 번호 | 정답 |
|---|---|---|---|---|---|---|---|
| 1 | | 24 | | 47 | | 70 | |
| 2 | | 25 | | 48 | | 71 | |
| 3 | | 26 | | 49 | | 72 | |
| 4 | | 27 | | 50 | | 73 | |
| 5 | | 28 | | 51 | | 74 | |
| 6 | | 29 | | 52 | | 75 | |
| 7 | | 30 | | 53 | | 76 | |
| 8 | | 31 | | 54 | | 77 | |
| 9 | | 32 | | 55 | | 78 | |
| 10 | | 33 | | 56 | | 79 | |
| 11 | | 34 | | 57 | | 80 | |
| 12 | | 35 | | 58 | | 81 | |
| 13 | | 36 | | 59 | | 82 | |
| 14 | | 37 | | 60 | | 83 | |
| 15 | | 38 | | 61 | | 84 | |
| 16 | | 39 | | 62 | | 85 | |
| 17 | | 40 | | 63 | | 86 | |
| 18 | | 41 | | 64 | | 87 | |
| 19 | | 42 | | 65 | | 88 | |
| 20 | | 43 | | 66 | | 89 | |
| 21 | | 44 | | 67 | | 90 | |
| 22 | | 45 | | 68 | | 91 | |
| 23 | | 46 | | 69 | | 92 | |

※ 뒷면으로 이어짐

■ 사단법인 한국어문회　　　　　　　　　　　　　　　　　　　　　　　　102

※ 답안지는 컴퓨터로 처리되므로 구기거나 더럽히지 마시고, 정답 칸 안에만 쓰십시오. 글씨가 채점란으로 들어오면 오답처리가 됩니다.

## 공인민간자격 전국한자능력검정시험 1급 답안지(2)

| 번호 | 정답 | 번호 | 정답 | 번호 | 정답 | 번호 | 정답 |
|---|---|---|---|---|---|---|---|
| 93 | | 120 | | 147 | | 174 | |
| 94 | | 121 | | 148 | | 175 | |
| 95 | | 122 | | 149 | | 176 | |
| 96 | | 123 | | 150 | | 177 | |
| 97 | | 124 | | 151 | | 178 | |
| 98 | | 125 | | 152 | | 179 | |
| 99 | | 126 | | 153 | | 180 | |
| 100 | | 127 | | 154 | | 181 | |
| 101 | | 128 | | 155 | | 182 | |
| 102 | | 129 | | 156 | | 183 | |
| 103 | | 130 | | 157 | | 184 | |
| 104 | | 131 | | 158 | | 185 | |
| 105 | | 132 | | 159 | | 186 | |
| 106 | | 133 | | 160 | | 187 | |
| 107 | | 134 | | 161 | | 188 | |
| 108 | | 135 | | 162 | | 189 | |
| 109 | | 136 | | 163 | | 190 | |
| 110 | | 137 | | 164 | | 191 | |
| 111 | | 138 | | 165 | | 192 | |
| 112 | | 139 | | 166 | | 193 | |
| 113 | | 140 | | 167 | | 194 | |
| 114 | | 141 | | 168 | | 195 | |
| 115 | | 142 | | 169 | | 196 | |
| 116 | | 143 | | 170 | | 197 | |
| 117 | | 144 | | 171 | | 198 | |
| 118 | | 145 | | 172 | | 199 | |
| 119 | | 146 | | 173 | | 200 | |

※ 본 답안지는 연습용으로 실제 답안지 양식과 다릅니다. 이점 양해바라며, 실제 답안지 양식은 홈페이지를 참고바랍니다.

사단법인 한국어문회 　　　　　　　　　　　　　　　　　　　　　　　101

수험번호 □□□-□□-□□□□　　성명 □□□□
생년월일 □□□□□□　※ 주민등록번호 앞 6자리 숫자를 기입하십시오.　※ 성명은 한글로 작성
　　　　　　　　　　　　　　　　　　　　　　　　　　　　　※ 필기구는 검정색 볼펜만 가능

※ 답안지는 컴퓨터로 처리되므로 구기거나 더럽히지 마시고, 정답 칸 안에만 쓰십시오. 글씨가 채점란으로 들어오면 오답처리가 됩니다.

## 공인민간자격 전국한자능력검정시험 1급 답안지(1) (시험시간:90분)

| 번호 | 정답 | 번호 | 정답 | 번호 | 정답 | 번호 | 정답 |
|---|---|---|---|---|---|---|---|
| 1 |  | 24 |  | 47 |  | 70 |  |
| 2 |  | 25 |  | 48 |  | 71 |  |
| 3 |  | 26 |  | 49 |  | 72 |  |
| 4 |  | 27 |  | 50 |  | 73 |  |
| 5 |  | 28 |  | 51 |  | 74 |  |
| 6 |  | 29 |  | 52 |  | 75 |  |
| 7 |  | 30 |  | 53 |  | 76 |  |
| 8 |  | 31 |  | 54 |  | 77 |  |
| 9 |  | 32 |  | 55 |  | 78 |  |
| 10 |  | 33 |  | 56 |  | 79 |  |
| 11 |  | 34 |  | 57 |  | 80 |  |
| 12 |  | 35 |  | 58 |  | 81 |  |
| 13 |  | 36 |  | 59 |  | 82 |  |
| 14 |  | 37 |  | 60 |  | 83 |  |
| 15 |  | 38 |  | 61 |  | 84 |  |
| 16 |  | 39 |  | 62 |  | 85 |  |
| 17 |  | 40 |  | 63 |  | 86 |  |
| 18 |  | 41 |  | 64 |  | 87 |  |
| 19 |  | 42 |  | 65 |  | 88 |  |
| 20 |  | 43 |  | 66 |  | 89 |  |
| 21 |  | 44 |  | 67 |  | 90 |  |
| 22 |  | 45 |  | 68 |  | 91 |  |
| 23 |  | 46 |  | 69 |  | 92 |  |

※ 뒷면으로 이어짐

# 공인민간자격 전국한자능력검정시험 1급 답안지(2)

| 번호 | 정답 | 번호 | 정답 | 번호 | 정답 | 번호 | 정답 |
|---|---|---|---|---|---|---|---|
| 93 |  | 120 |  | 147 |  | 174 |  |
| 94 |  | 121 |  | 148 |  | 175 |  |
| 95 |  | 122 |  | 149 |  | 176 |  |
| 96 |  | 123 |  | 150 |  | 177 |  |
| 97 |  | 124 |  | 151 |  | 178 |  |
| 98 |  | 125 |  | 152 |  | 179 |  |
| 99 |  | 126 |  | 153 |  | 180 |  |
| 100 |  | 127 |  | 154 |  | 181 |  |
| 101 |  | 128 |  | 155 |  | 182 |  |
| 102 |  | 129 |  | 156 |  | 183 |  |
| 103 |  | 130 |  | 157 |  | 184 |  |
| 104 |  | 131 |  | 158 |  | 185 |  |
| 105 |  | 132 |  | 159 |  | 186 |  |
| 106 |  | 133 |  | 160 |  | 187 |  |
| 107 |  | 134 |  | 161 |  | 188 |  |
| 108 |  | 135 |  | 162 |  | 189 |  |
| 109 |  | 136 |  | 163 |  | 190 |  |
| 110 |  | 137 |  | 164 |  | 191 |  |
| 111 |  | 138 |  | 165 |  | 192 |  |
| 112 |  | 139 |  | 166 |  | 193 |  |
| 113 |  | 140 |  | 167 |  | 194 |  |
| 114 |  | 141 |  | 168 |  | 195 |  |
| 115 |  | 142 |  | 169 |  | 196 |  |
| 116 |  | 143 |  | 170 |  | 197 |  |
| 117 |  | 144 |  | 171 |  | 198 |  |
| 118 |  | 145 |  | 172 |  | 199 |  |
| 119 |  | 146 |  | 173 |  | 200 |  |

※ 본 답안지는 연습용으로 실제 답안지 양식과 다릅니다. 이점 양해바라며, 실제 답안지 양식은 홈페이지를 참고바랍니다.

### 사단법인 한국어문회 　　　　　　　　　　　　　　　　　　　　　　　101

수험번호 □□□-□□-□□□□　　　성명 □□□□□
생년월일 □□□□□□　　※ 주민등록번호 앞 6자리 숫자를 기입하십시오.　※ 성명은 한글로 작성
　　　　　　　　　　　　　　　　　　　　　　　　　　　　　　　　　※ 필기구는 검정색 볼펜만 가능

※ 답안지는 컴퓨터로 처리되므로 구기거나 더럽히지 마시고, 정답 칸 안에만 쓰십시오. 글씨가 채점란으로 들어오면 오답처리가 됩니다.

## 공인민간자격 전국한자능력검정시험 1급 답안지(1) (시험시간:90분)

| 번호 | 정답 | 번호 | 정답 | 번호 | 정답 | 번호 | 정답 |
|---|---|---|---|---|---|---|---|
| 1 |  | 24 |  | 47 |  | 70 |  |
| 2 |  | 25 |  | 48 |  | 71 |  |
| 3 |  | 26 |  | 49 |  | 72 |  |
| 4 |  | 27 |  | 50 |  | 73 |  |
| 5 |  | 28 |  | 51 |  | 74 |  |
| 6 |  | 29 |  | 52 |  | 75 |  |
| 7 |  | 30 |  | 53 |  | 76 |  |
| 8 |  | 31 |  | 54 |  | 77 |  |
| 9 |  | 32 |  | 55 |  | 78 |  |
| 10 |  | 33 |  | 56 |  | 79 |  |
| 11 |  | 34 |  | 57 |  | 80 |  |
| 12 |  | 35 |  | 58 |  | 81 |  |
| 13 |  | 36 |  | 59 |  | 82 |  |
| 14 |  | 37 |  | 60 |  | 83 |  |
| 15 |  | 38 |  | 61 |  | 84 |  |
| 16 |  | 39 |  | 62 |  | 85 |  |
| 17 |  | 40 |  | 63 |  | 86 |  |
| 18 |  | 41 |  | 64 |  | 87 |  |
| 19 |  | 42 |  | 65 |  | 88 |  |
| 20 |  | 43 |  | 66 |  | 89 |  |
| 21 |  | 44 |  | 67 |  | 90 |  |
| 22 |  | 45 |  | 68 |  | 91 |  |
| 23 |  | 46 |  | 69 |  | 92 |  |

※ 뒷면으로 이어짐

# 공인민간자격 전국한자능력검정시험 1급 답안지(2)

| 번호 | 정답 | 번호 | 정답 | 번호 | 정답 | 번호 | 정답 |
|---|---|---|---|---|---|---|---|
| 93 |  | 120 |  | 147 |  | 174 |  |
| 94 |  | 121 |  | 148 |  | 175 |  |
| 95 |  | 122 |  | 149 |  | 176 |  |
| 96 |  | 123 |  | 150 |  | 177 |  |
| 97 |  | 124 |  | 151 |  | 178 |  |
| 98 |  | 125 |  | 152 |  | 179 |  |
| 99 |  | 126 |  | 153 |  | 180 |  |
| 100 |  | 127 |  | 154 |  | 181 |  |
| 101 |  | 128 |  | 155 |  | 182 |  |
| 102 |  | 129 |  | 156 |  | 183 |  |
| 103 |  | 130 |  | 157 |  | 184 |  |
| 104 |  | 131 |  | 158 |  | 185 |  |
| 105 |  | 132 |  | 159 |  | 186 |  |
| 106 |  | 133 |  | 160 |  | 187 |  |
| 107 |  | 134 |  | 161 |  | 188 |  |
| 108 |  | 135 |  | 162 |  | 189 |  |
| 109 |  | 136 |  | 163 |  | 190 |  |
| 110 |  | 137 |  | 164 |  | 191 |  |
| 111 |  | 138 |  | 165 |  | 192 |  |
| 112 |  | 139 |  | 166 |  | 193 |  |
| 113 |  | 140 |  | 167 |  | 194 |  |
| 114 |  | 141 |  | 168 |  | 195 |  |
| 115 |  | 142 |  | 169 |  | 196 |  |
| 116 |  | 143 |  | 170 |  | 197 |  |
| 117 |  | 144 |  | 171 |  | 198 |  |
| 118 |  | 145 |  | 172 |  | 199 |  |
| 119 |  | 146 |  | 173 |  | 200 |  |

※ 본 답안지는 연습용으로 실제 답안지 양식과 다릅니다. 이점 양해바라며, 실제 답안지 양식은 홈페이지를 참고바랍니다.

사단법인 한국어문회 　　　　　　　　　　　　　　　　　　　　　　　　　　　101

수험번호 □□□-□□-□□□□　　　　성명 □□□□□
생년월일 □□□□□□　　※ 주민등록번호 앞 6자리 숫자를 기입하십시오.　※ 성명은 한글로 작성
　　　　　　　　　　　　　　　　　　　　　　　　　　　　　　　　　　※ 필기구는 검정색 볼펜만 가능

※ 답안지는 컴퓨터로 처리되므로 구기거나 더럽히지 마시고, 정답 칸 안에만 쓰십시오. 글씨가 채점란으로 들어오면 오답처리가 됩니다.

## 공인민간자격 전국한자능력검정시험 1급 답안지(1) (시험시간:90분)

| 번호 | 답안란 정답 | 번호 | 답안란 정답 | 번호 | 답안란 정답 | 번호 | 답안란 정답 |
|---|---|---|---|---|---|---|---|
| 1 |  | 24 |  | 47 |  | 70 |  |
| 2 |  | 25 |  | 48 |  | 71 |  |
| 3 |  | 26 |  | 49 |  | 72 |  |
| 4 |  | 27 |  | 50 |  | 73 |  |
| 5 |  | 28 |  | 51 |  | 74 |  |
| 6 |  | 29 |  | 52 |  | 75 |  |
| 7 |  | 30 |  | 53 |  | 76 |  |
| 8 |  | 31 |  | 54 |  | 77 |  |
| 9 |  | 32 |  | 55 |  | 78 |  |
| 10 |  | 33 |  | 56 |  | 79 |  |
| 11 |  | 34 |  | 57 |  | 80 |  |
| 12 |  | 35 |  | 58 |  | 81 |  |
| 13 |  | 36 |  | 59 |  | 82 |  |
| 14 |  | 37 |  | 60 |  | 83 |  |
| 15 |  | 38 |  | 61 |  | 84 |  |
| 16 |  | 39 |  | 62 |  | 85 |  |
| 17 |  | 40 |  | 63 |  | 86 |  |
| 18 |  | 41 |  | 64 |  | 87 |  |
| 19 |  | 42 |  | 65 |  | 88 |  |
| 20 |  | 43 |  | 66 |  | 89 |  |
| 21 |  | 44 |  | 67 |  | 90 |  |
| 22 |  | 45 |  | 68 |  | 91 |  |
| 23 |  | 46 |  | 69 |  | 92 |  |

※ 뒷면으로 이어짐

## 공인민간자격 전국한자능력검정시험 1급 답안지(2)

| 번호 | 정답 | 번호 | 정답 | 번호 | 정답 | 번호 | 정답 |
|---|---|---|---|---|---|---|---|
| 93 |  | 120 |  | 147 |  | 174 |  |
| 94 |  | 121 |  | 148 |  | 175 |  |
| 95 |  | 122 |  | 149 |  | 176 |  |
| 96 |  | 123 |  | 150 |  | 177 |  |
| 97 |  | 124 |  | 151 |  | 178 |  |
| 98 |  | 125 |  | 152 |  | 179 |  |
| 99 |  | 126 |  | 153 |  | 180 |  |
| 100 |  | 127 |  | 154 |  | 181 |  |
| 101 |  | 128 |  | 155 |  | 182 |  |
| 102 |  | 129 |  | 156 |  | 183 |  |
| 103 |  | 130 |  | 157 |  | 184 |  |
| 104 |  | 131 |  | 158 |  | 185 |  |
| 105 |  | 132 |  | 159 |  | 186 |  |
| 106 |  | 133 |  | 160 |  | 187 |  |
| 107 |  | 134 |  | 161 |  | 188 |  |
| 108 |  | 135 |  | 162 |  | 189 |  |
| 109 |  | 136 |  | 163 |  | 190 |  |
| 110 |  | 137 |  | 164 |  | 191 |  |
| 111 |  | 138 |  | 165 |  | 192 |  |
| 112 |  | 139 |  | 166 |  | 193 |  |
| 113 |  | 140 |  | 167 |  | 194 |  |
| 114 |  | 141 |  | 168 |  | 195 |  |
| 115 |  | 142 |  | 169 |  | 196 |  |
| 116 |  | 143 |  | 170 |  | 197 |  |
| 117 |  | 144 |  | 171 |  | 198 |  |
| 118 |  | 145 |  | 172 |  | 199 |  |
| 119 |  | 146 |  | 173 |  | 200 |  |

※ 본 답안지는 연습용으로 실제 답안지 양식과 다릅니다. 이점 양해바라며, 실제 답안지 양식은 홈페이지를 참고바랍니다.

사단법인 한국어문회     1 0 1

수험번호 ☐☐☐-☐☐-☐☐☐☐    성명 ☐☐☐☐☐

생년월일 ☐☐☐☐☐☐ ※ 주민등록번호 앞 6자리 숫자를 기입하십시오. ※ 성명은 한글로 작성
※ 필기구는 검정색 볼펜만 가능

※ 답안지는 컴퓨터로 처리되므로 구기거나 더럽히지 마시고, 정답 칸 안에만 쓰십시오. 글씨가 채점란으로 들어오면 오답처리가 됩니다.

## 공인민간자격 전국한자능력검정시험 1급 답안지(1) (시험시간:90분)

| 번호 | 정답 | 번호 | 정답 | 번호 | 정답 | 번호 | 정답 |
|---|---|---|---|---|---|---|---|
| 1 |  | 24 |  | 47 |  | 70 |  |
| 2 |  | 25 |  | 48 |  | 71 |  |
| 3 |  | 26 |  | 49 |  | 72 |  |
| 4 |  | 27 |  | 50 |  | 73 |  |
| 5 |  | 28 |  | 51 |  | 74 |  |
| 6 |  | 29 |  | 52 |  | 75 |  |
| 7 |  | 30 |  | 53 |  | 76 |  |
| 8 |  | 31 |  | 54 |  | 77 |  |
| 9 |  | 32 |  | 55 |  | 78 |  |
| 10 |  | 33 |  | 56 |  | 79 |  |
| 11 |  | 34 |  | 57 |  | 80 |  |
| 12 |  | 35 |  | 58 |  | 81 |  |
| 13 |  | 36 |  | 59 |  | 82 |  |
| 14 |  | 37 |  | 60 |  | 83 |  |
| 15 |  | 38 |  | 61 |  | 84 |  |
| 16 |  | 39 |  | 62 |  | 85 |  |
| 17 |  | 40 |  | 63 |  | 86 |  |
| 18 |  | 41 |  | 64 |  | 87 |  |
| 19 |  | 42 |  | 65 |  | 88 |  |
| 20 |  | 43 |  | 66 |  | 89 |  |
| 21 |  | 44 |  | 67 |  | 90 |  |
| 22 |  | 45 |  | 68 |  | 91 |  |
| 23 |  | 46 |  | 69 |  | 92 |  |

※ 뒷면으로 이어짐

## 공인민간자격 전국한자능력검정시험 1급 답안지(2)

| 번호 | 정답 | 번호 | 정답 | 번호 | 정답 | 번호 | 정답 |
|---|---|---|---|---|---|---|---|
| 93 |  | 120 |  | 147 |  | 174 |  |
| 94 |  | 121 |  | 148 |  | 175 |  |
| 95 |  | 122 |  | 149 |  | 176 |  |
| 96 |  | 123 |  | 150 |  | 177 |  |
| 97 |  | 124 |  | 151 |  | 178 |  |
| 98 |  | 125 |  | 152 |  | 179 |  |
| 99 |  | 126 |  | 153 |  | 180 |  |
| 100 |  | 127 |  | 154 |  | 181 |  |
| 101 |  | 128 |  | 155 |  | 182 |  |
| 102 |  | 129 |  | 156 |  | 183 |  |
| 103 |  | 130 |  | 157 |  | 184 |  |
| 104 |  | 131 |  | 158 |  | 185 |  |
| 105 |  | 132 |  | 159 |  | 186 |  |
| 106 |  | 133 |  | 160 |  | 187 |  |
| 107 |  | 134 |  | 161 |  | 188 |  |
| 108 |  | 135 |  | 162 |  | 189 |  |
| 109 |  | 136 |  | 163 |  | 190 |  |
| 110 |  | 137 |  | 164 |  | 191 |  |
| 111 |  | 138 |  | 165 |  | 192 |  |
| 112 |  | 139 |  | 166 |  | 193 |  |
| 113 |  | 140 |  | 167 |  | 194 |  |
| 114 |  | 141 |  | 168 |  | 195 |  |
| 115 |  | 142 |  | 169 |  | 196 |  |
| 116 |  | 143 |  | 170 |  | 197 |  |
| 117 |  | 144 |  | 171 |  | 198 |  |
| 118 |  | 145 |  | 172 |  | 199 |  |
| 119 |  | 146 |  | 173 |  | 200 |  |

※ 본 답안지는 연습용으로 실제 답안지 양식과 다릅니다. 이점 양해바라며, 실제 답안지 양식은 홈페이지를 참고바랍니다.

사단법인 한국어문회 　　　　　　　　　　　　　　　　　　　　　　　101

수험번호 □□□-□□-□□□□　　　성명 □□□□□
생년월일 □□□□□□　※ 주민등록번호 앞 6자리 숫자를 기입하십시오.　※ 성명은 한글로 작성
　　　　　　　　　　　　　　　　　　　　　　　　　　　　　　　※ 필기구는 검정색 볼펜만 가능

※ 답안지는 컴퓨터로 처리되므로 구기거나 더럽히지 마시고, 정답 칸 안에만 쓰십시오. 글씨가 채점란으로 들어오면 오답처리가 됩니다.

## 공인민간자격 전국한자능력검정시험 1급 답안지(1) (시험시간:90분)

| 번호 | 정답 | 번호 | 정답 | 번호 | 정답 | 번호 | 정답 |
|---|---|---|---|---|---|---|---|
| 1 |  | 24 |  | 47 |  | 70 |  |
| 2 |  | 25 |  | 48 |  | 71 |  |
| 3 |  | 26 |  | 49 |  | 72 |  |
| 4 |  | 27 |  | 50 |  | 73 |  |
| 5 |  | 28 |  | 51 |  | 74 |  |
| 6 |  | 29 |  | 52 |  | 75 |  |
| 7 |  | 30 |  | 53 |  | 76 |  |
| 8 |  | 31 |  | 54 |  | 77 |  |
| 9 |  | 32 |  | 55 |  | 78 |  |
| 10 |  | 33 |  | 56 |  | 79 |  |
| 11 |  | 34 |  | 57 |  | 80 |  |
| 12 |  | 35 |  | 58 |  | 81 |  |
| 13 |  | 36 |  | 59 |  | 82 |  |
| 14 |  | 37 |  | 60 |  | 83 |  |
| 15 |  | 38 |  | 61 |  | 84 |  |
| 16 |  | 39 |  | 62 |  | 85 |  |
| 17 |  | 40 |  | 63 |  | 86 |  |
| 18 |  | 41 |  | 64 |  | 87 |  |
| 19 |  | 42 |  | 65 |  | 88 |  |
| 20 |  | 43 |  | 66 |  | 89 |  |
| 21 |  | 44 |  | 67 |  | 90 |  |
| 22 |  | 45 |  | 68 |  | 91 |  |
| 23 |  | 46 |  | 69 |  | 92 |  |

※ 뒷면으로 이어짐

# 공인민간자격 전국한자능력검정시험 1급 답안지(2)

| 번호 | 정답 | 번호 | 정답 | 번호 | 정답 | 번호 | 정답 |
|---|---|---|---|---|---|---|---|
| 93 | | 120 | | 147 | | 174 | |
| 94 | | 121 | | 148 | | 175 | |
| 95 | | 122 | | 149 | | 176 | |
| 96 | | 123 | | 150 | | 177 | |
| 97 | | 124 | | 151 | | 178 | |
| 98 | | 125 | | 152 | | 179 | |
| 99 | | 126 | | 153 | | 180 | |
| 100 | | 127 | | 154 | | 181 | |
| 101 | | 128 | | 155 | | 182 | |
| 102 | | 129 | | 156 | | 183 | |
| 103 | | 130 | | 157 | | 184 | |
| 104 | | 131 | | 158 | | 185 | |
| 105 | | 132 | | 159 | | 186 | |
| 106 | | 133 | | 160 | | 187 | |
| 107 | | 134 | | 161 | | 188 | |
| 108 | | 135 | | 162 | | 189 | |
| 109 | | 136 | | 163 | | 190 | |
| 110 | | 137 | | 164 | | 191 | |
| 111 | | 138 | | 165 | | 192 | |
| 112 | | 139 | | 166 | | 193 | |
| 113 | | 140 | | 167 | | 194 | |
| 114 | | 141 | | 168 | | 195 | |
| 115 | | 142 | | 169 | | 196 | |
| 116 | | 143 | | 170 | | 197 | |
| 117 | | 144 | | 171 | | 198 | |
| 118 | | 145 | | 172 | | 199 | |
| 119 | | 146 | | 173 | | 200 | |

※ 답안지는 컴퓨터로 처리되므로 구기거나 더럽히지 마시고, 정답 칸 안에만 쓰십시오. 글씨가 채점란으로 들어오면 오답처리가 됩니다.

한자능력검정시험

# 1급

## 기출·예상문제

(1회 ~ 5회)

• 정답과 해설은 187 ~ 196쪽에 있습니다.

(사) 한국어문회 주관

# 제01회 기출·예상문제

(사) 한국어문회 주관

합격문항 : 160문항
시험시간 : 90분
정　　답 : 187쪽

**1**　다음에 제시한 漢字語 또는 밑줄 친 漢字語의 讀音을 쓰시오.　01~20번

01　건강이 회복되어서인지 생기가 潑剌하다.
　　…………………………………[　　　　]

02　그의 자취방은 陋醜하고도 비좁았다.
　　…………………………………[　　　　]

03　교섭은 더 이상 진전을 보이지 않고 膠着된 상태에 있다.　…………………[　　　　]

04　그 점포는 특산품 판매와 농민과 소비자 간의 직거래 교류도 斡旋하고 있다.
　　…………………………………[　　　　]

05　그는 얼굴을 숙이고 부끄러운 낯으로 엎드려 懺悔하였다.　………………[　　　　]

06　양반을 諷刺하고 조롱하는 탈춤 공연을 선보였다.　……………………[　　　　]

07　가뭄과 홍수에 농토는 초토화되어 전 국민이 飢饉에 시달렸다.　…………[　　　　]

08　현실에 입각하여 저절로 깊은 인간애와 신랄한 揶揄가 스며나왔다.　……[　　　　]

09　굶어본 적이 없던 그로서는 배겨 내기 힘든 荊棘의 하루였다.　……………[　　　　]

10　그는 가는 곳마다 치적을 올렸으나 간신들의 질시로 심한 誹謗을 받았다.
　　…………………………………[　　　　]

11　그동안의 진행 과정을 敷衍하여 설명하였다.
　　…………………………………[　　　　]

12　그 학자는 역학과 예학을 깊이 탐구하여 深奧한 경지에 이르렀다.　………[　　　　]

13　폭격으로 무너진 건물의 廢墟 위에는 잡초만 무성했다.　………………[　　　　]

14　하천 퇴적물이 항만 안에 쌓이기 때문에 浚渫 작업이 필요하다.　…………[　　　　]

15　다양한 방식의 상호작용을 통해 더욱 敦篤한 관계로 발전해 나아갔다.　…[　　　　]

16　앓고 난 뒤라 그의 얼굴은 몰라보게 瘦瘠해 있었다.　……………………[　　　　]

17　사장은 맡은 업무를 제대로 처리하지 못한 사원을 譴責했다.　………………[　　　　]

18　그녀는 남의 집에 우거하는 것에 대하여 壅塞함을 감내하지 못하였다.　…[　　　　]

19　그는 평화를 위해서라면 어떤 犧牲도 감수하겠다는 의지를 보였다.　……[　　　　]

20　몰래카메라 수법은 직접 숨어서 찍는 경우와 유무선 카메라 등을 이용한 盜撮 등이 있다.
　　…………………………………[　　　　]

**2**　다음 漢字語의 讀音을 쓰시오.　21~50번

21　菩薩[　　　　]　22　孕胎[　　　　]

| 23 紅柿 [    ] | 24 囑託 [    ] |
| 25 痕迹 [    ] | 26 寤寐 [    ] |
| 27 懲毖 [    ] | 28 奈落 [    ] |
| 29 剪截 [    ] | 30 幻軀 [    ] |
| 31 釋迦 [    ] | 32 膀胱 [    ] |
| 33 咽喉 [    ] | 34 麪類 [    ] |
| 35 伸冤 [    ] | 36 薔薇 [    ] |
| 37 糢糊 [    ] | 38 苛酷 [    ] |
| 39 耽溺 [    ] | 40 旱魃 [    ] |
| 41 嫉妬 [    ] | 42 忖度 [    ] |
| 43 翁壻 [    ] | 44 崎嶇 [    ] |
| 45 緋緞 [    ] | 46 泡沫 [    ] |
| 47 閭閻 [    ] | 48 訥辯 [    ] |
| 49 潰瘍 [    ] | 50 諡號 [    ] |

| 67 徊 [    ] | 68 悼 [    ] |
| 69 皿 [    ] | 70 憾 [    ] |
| 71 尨 [    ] | 72 繩 [    ] |
| 73 婆 [    ] | 74 朔 [    ] |
| 75 緖 [    ] | 76 答 [    ] |
| 77 餠 [    ] | 78 醴 [    ] |
| 79 套 [    ] | 80 丕 [    ] |
| 81 塵 [    ] | 82 陞 [    ] |

**3** 다음 漢字의 訓과 音을 쓰시오. *51~82번*

| 51 芧 [    ] | 52 麋 [    ] |
| 53 殞 [    ] | 54 瘤 [    ] |
| 55 繕 [    ] | 56 稟 [    ] |
| 57 悌 [    ] | 58 爪 [    ] |
| 59 嗾 [    ] | 60 娶 [    ] |
| 61 灸 [    ] | 62 懦 [    ] |
| 63 燃 [    ] | 64 捐 [    ] |
| 65 猿 [    ] | 66 哺 [    ] |

**4** 다음 제시문에서 밑줄 친 漢字語를 漢字로 고쳐 쓰시오. *83~99번*

▶ 그는 화면을 통해 시청자를 똑바로 **응시**[83]하며 해학이 넘치는 **재담**[84]을 **구사**[85]하고 **세련**[86]된 몸짓으로 시청자들을 **매료**[87]시켰다. 이것은 몸짓 언어를 비롯한 **시각적**[88] 효과가 상대방에게 얼마나 **영향력**[89]이 있는지를 잘 보여 주는 사례라고 할 수 있다.

▶ 관리가격의 **폐단**[90]으로 생기는 피해는 **비단**[91] **해당**[92] 품목의 가격인상에 **국한**[93]되지 않고, 이를 원료로 하는 상품의 가격 인상을 자극함은 물론 인플레를 **선도**[94]함으로써 국민경제발전을 **저해**[95]한다.

▶ 휴전**협정**[96]을 맺는 척하여 적군을 **철수**[97]하게 하고, 군대를 **매복**[98]시켜 두었다가 철수하는 적군의 **후위**[99]를 치라고 부추겼던 것이다.

| 83 응시 [    ] | 84 재담 [    ] |
| 85 구사 [    ] | 86 세련 [    ] |
| 87 매료 [    ] | 88 시각적 [    ] |
| 89 영향력 [    ] | 90 폐단 [    ] |

**1급**

91 비단 [            ] 92 해당 [            ]

93 국한 [            ] 94 선도 [            ]

95 저해 [            ] 96 협정 [            ]

97 철수 [            ] 98 매복 [            ]

99 후위 [            ]

**5** 다음 밑줄 친 漢字語를 漢字로 쓰시오. 100~122번

그의 시는 **영물**[100]이나 **서경**[101]에서도 대개 **은일**[102]의 **감회**[103]를 풍기는 것이 많아 한담, **청아**[104]함을 느끼게 한다.

100 영물 [            ] 101 서경 [            ]

102 은일 [            ] 103 감회 [            ]

104 청아 [            ]

군대를 **징발**[105]하여 적에 대비하는 한편, **척후**[106]를 보내 **적정**[107]을 **염탐**[108]하였다.

105 징발 [            ] 106 척후 [            ]

107 적정 [            ] 108 염탐 [            ]

그는 하숙집 생활이 **삭막**[109]할 것이라 가늠하며 **혼곤**[110]한 잠 속으로 빠져 들었다.

109 삭막 [            ] 110 혼곤 [            ]

칭기즈칸은 말을 타고 이동하면서 주변의 문화권을 **위협**[111]하며 세계를 **제패**[112]하기도 하였다.

111 위협 [            ] 112 제패 [            ]

모든 의병과 국군을 **격려**[113]하고 사기를 **고무**[114]하면서 무과를 통해 인재를 발탁하였다.

113 격려 [            ] 114 고무 [            ]

최근 경기 **불황**[115]으로 **연쇄적**[116]으로 **도산**[117]되는 **기업**[118]들이 늘고 있다.

115 불황 [            ] 116 연쇄적 [            ]

117 도산 [            ] 118 기업 [            ]

해부학과 생리학이 발달하면서 사람의 몸을 **구조**[119]와 **기능**[120]으로 구성된 기계로 생각하게 되었다. 게다가 **마취**[121]와 소독이 발명되자 몸이라는 기계는 해체와 **조립**[122]이 가능해졌다.

119 구조 [            ] 120 기능 [            ]

121 마취 [            ] 122 조립 [            ]

**6** 다음에서 첫 음절이 '긴소리[長音]'인 것을 10개만 골라 그 번호를 쓰시오. 123~132번

보기 ① 謫仙 ② 過剩 ③ 喝采 ④ 邸宅 ⑤ 崩壞
⑥ 惶悚 ⑦ 整頓 ⑧ 燦爛 ⑨ 凄涼 ⑩ 滿面
⑪ 拔萃 ⑫ 沸騰 ⑬ 諧謔 ⑭ 浩蕩 ⑮ 竣工
⑯ 錐囊 ⑰ 銳鋒 ⑱ 模糊 ⑲ 緩慢 ⑳ 珊瑚

123 [            ] 124 [            ]

125 [           ]    126 [           ]
127 [           ]    128 [           ]
129 [           ]    130 [           ]
131 [           ]    132 [           ]

**7** 다음 빈칸에 뜻 혹은 訓이 같거나 비슷한 漢字를 써넣어 單語를 완성하시오.    133~142번

133 [        ] – 久    134 拿 – [        ]
135 [        ] – 慾    136 獻 – [        ]
137 [        ] – 榜    138 纖 – [        ]
139 [        ] – 遜    140 俊 – [        ]
141 [        ] – 蔬    142 呻 – [        ]

**8** 다음 제시한 漢字語와 뜻이 反對 또는 相對되는 漢字語를 빈칸에 쓰시오.    143~152번

143 [           ] ↔ 左遷
144 [           ] ↔ 臨時
145 [           ] ↔ 陳腐
146 [           ] ↔ 膨脹
147 [           ] ↔ 混沌
148 [           ] ↔ 懶怠
149 [           ] ↔ 凌蔑
150 [           ] ↔ 悲哀
151 [           ] ↔ 奢侈
152 [           ] ↔ 稀薄

**9** 다음 빈칸에 알맞은 漢字를 써넣어 四字成語를 完成하시오.    153~167번

153 [        ] 佑神 [        ]
 : 하늘이 돕고 신령이 도움.

154 [        ] 袍 [        ] 笠
 : 초라한 차림새.

155 [        ] 岐 [        ] 羊
 : 두루 섭렵하기만 하고 끝내 성취하지 못함.

156 惻 [        ] 之 [        ]
 : 불쌍히 여기는 마음.

157 [        ] 滴穿 [        ]
 : 작은 노력이라도 계속하면 큰일을 이룰 수 있음.

158 渾 [        ] 一 [        ]
 : 완전히 하나로 일치함.

159 望 [        ] [        ] 渴
 : 매실을 생각하고 갈증을 해소함.

160 [        ] 瀾萬 [        ]
 : 곡절과 시련이 많고 변화가 심함.

161 膏粱 [        ] [        ]
 : 기름진 고기와 좋은 곡식으로 만든 맛있는 음식.

162 三 [        ] [        ] 廬
 : 인재를 맞아들이기 위하여 참을성 있게 노력함.

163 尊 [        ] 貴 [        ]
 : 지위나 신분의 귀함과 천함.

164 百 [        ] 煩 [        ]
 : 사람이 겪게 되는 온갖 번뇌.

**165** [　　　]奪[　　　]職
: 죄를 지은 자의 벼슬과 품계를 빼앗음.

**166** 蓬[　　][　　　]髮
: 머리털이 쑥대강이같이 마구 흐트러짐.

**167** [　　　]鼻[　　　]喚
: 비참한 지경에 빠져 울부짖는 참상.

### 10 다음 漢字의 部首를 쓰시오. (168~177번)

**168** 興 : [　　] **169** 矛 : [　　]
**170** 束 : [　　] **171** 牢 : [　　]
**172** 差 : [　　] **173** 印 : [　　]
**174** 臭 : [　　] **175** 兀 : [　　]
**176** 黍 : [　　] **177** 置 : [　　]

### 11 다음 漢字語의 同音異義語를 쓰되, 제시한 뜻에 알맞은 漢字語를 쓰시오. (178~187번)

**178** 油脂 − [　　　] : 그대로 보존하거나 변함없이 계속하여 지탱함.

**179** 咀嚼 − [　　　] : 책이나 작품 따위를 지음.

**180** 甘受 − [　　　] : 수명이 줆.

**181** 斜陽 − [　　　] : 겸손하여 받지 않음.

**182** 鍼筒 − [　　　] : 마음이 몹시 괴롭거나 슬픔.

**183** 陷穽 − [　　　] : 군사용 배.

**184** 花郞 − [　　　] : 미술품을 진열하여 전람하도록 만든 방.

**185** 召命 − [　　　] : 까닭이나 이유를 밝혀 설명함.

**186** 鬪士 − [　　　] : 그림이나 글씨를 다른 얇은 종이를 밑에 받쳐 놓고 그대로 그리어 베낌.

**187** 模擬 − [　　　] : 일을 꾀하고 의논함.

### 12 다음 漢字를 略字로 쓰시오. (188~190번)

**188** 擔 : [　　　] **189** 遲 : [　　　]
**190** 壹 : [　　　]

### 13 다음 漢字語의 뜻을 쓰시오. (191~200번)

**191** 杞憂 : [　　　　　　　]
**192** 家乘 : [　　　　　　　]
**193** 秋毫 : [　　　　　　　]
**194** 眷率 : [　　　　　　　]
**195** 壓卷 : [　　　　　　　]
**196** 股肱 : [　　　　　　　]
**197** 駙馬 : [　　　　　　　]
**198** 如反掌 : [　　　　　　　]
**199** 茶飯事 : [　　　　　　　]
**200** 別乾坤 : [　　　　　　　]

# 제02회 기출·예상문제

(사) 한국어문회 주관

합격문항 : 160문항
시험시간 : 90분
정　　답 : 189쪽

**1** 다음 제시문에서 밑줄 친 漢字語의 讀音을 쓰시오. 01~20번

01 교지 끝에 수결을 치고, 연월일 위에 <u>璽寶</u>를 찍었다. …………………………… [　　]

02 혈혈단신이 의지할 곳도 없이 초가삼간에 겨우 몸을 <u>容膝</u>하고 있었다. ‥ [　　]

03 공이 고령이 되어 벼슬을 사양하자 임금이 굳이 만류하고 <u>几杖</u>을 하사하였다.
　………………………………………… [　　]

04 300명의 스님들이 부르는 <u>梵唄</u> 소리가 하늘을 진동하였다. ………………… [　　]

05 침략자의 오랜 <u>羈絆</u>에서 해방되어 새 나라 새 정부를 건설하였다. ………… [　　]

06 그는 성실하지 못한 태도를 고치고 제법 <u>眞摯</u>해져 있었다. ………………… [　　]

07 땀이 다시 몸속으로 들어갈 수 없듯이 <u>詔勅</u>은 한 번 발해진 이상 취소할 수 없었다.
　………………………………………… [　　]

08 그의 지혜로움은 <u>邪慝</u>함을 사전에 판단하여 이득에 현혹되지 않았다. …… [　　]

09 신병을 <u>憑藉</u>로 암자에서 몇 주를 지냈다.
　………………………………………… [　　]

10 윤달에는 액이 끼지 않는다고 하여 <u>移徙</u>를 하는 집이 많다. ………………… [　　]

11 그녀는 <u>剛愎</u>한 성미와 매사에 참견하는 수다스러움으로 외면을 당했다. …… [　　]

12 40년 만에 이루어진 극적인 <u>邂逅</u>는 서로 살아 있었기 때문에 가능했다. …… [　　]

13 나에게 그만한 돈을 <u>辦償</u>할 이는 우리 어머니 밖에 없었다. ………………… [　　]

14 서민들의 빈약한 가옥이 밀집하여 <u>喧騷</u>와 애환이 얽힌 마을을 이루었다. ‥ [　　]

15 유수단면을 횡단하는 <u>堰堤</u>를 쌓고 그 사이에 수문을 설치하였다. ………… [　　]

16 사람들은 그의 교만성과 낡은 지주 근성을 <u>詰難</u>하였다. …………………… [　　]

17 야생 안개꽃들은 고향의 벌판에 흐드러지게 피던 메밀꽃과 <u>恰似</u>했다. …… [　　]

18 "그동안 감환으로 기체 <u>靡寧</u>하시더니 쾌차하신 듯이 보입니다." ………… [　　]

19 끝없이 <u>涕泣</u>하는 시냇물을 빌어 임을 향해 쉬지 않고 울며 지내는 작자의 마음에 비유하였다.
　………………………………………… [　　]

20 선현들의 글 중에서 실생활에 절실한 것들을 <u>拔萃</u>하여 책으로 엮었다. …… [　　]

**2** 다음 漢字語의 讀音을 쓰시오. 21~50번

21 纏縛 [　　]　22 抽籤 [　　]
23 托鉢 [　　]　24 胄裔 [　　]
25 頰筋 [　　]　26 宕巾 [　　]
27 疳症 [　　]　28 卦爻 [　　]
29 銜勒 [　　]　30 曉靄 [　　]

| | | |
|---|---|---|
| 31 泌尿 [　　] | 32 微恙 [　　] | 80 炙 [　　,　　] |
| 33 廏舍 [　　] | 34 碎屑 [　　] | 81 茸 [　　,　　] |
| 35 做錯 [　　] | 36 眩暈 [　　] | 82 涅 [　　,　　] |
| 37 攄抱 [　　] | 38 蹉跌 [　　] | |
| 39 杏林 [　　] | 40 縊殺 [　　] | |
| 41 殲撲 [　　] | 42 顧眄 [　　] | |
| 43 馥郁 [　　] | 44 贅壻 [　　] | |
| 45 宸襟 [　　] | 46 猜憚 [　　] | |
| 47 亢羅 [　　] | 48 砧聲 [　　] | |
| 49 慓悍 [　　] | 50 嗤侮 [　　] | |

**3** 다음 漢字의 訓과 음을 쓰시오.  51~75번

| | |
|---|---|
| 51 楞 [　　] | 52 准 [　　] |
| 53 棗 [　　] | 54 卉 [　　] |
| 55 扼 [　　] | 56 遞 [　　] |
| 57 髙 [　　] | 58 僭 [　　] |
| 59 戴 [　　] | 60 獵 [　　] |
| 61 震 [　　] | 62 軌 [　　] |
| 63 融 [　　] | 64 軸 [　　] |
| 65 欽 [　　] | 66 鋪 [　　] |
| 67 凝 [　　] | 68 窟 [　　] |
| 69 諦 [　　] | 70 衷 [　　] |
| 71 狐 [　　] | 72 刮 [　　] |
| 73 擲 [　　] | 74 諮 [　　] |
| 75 廚 [　　] | |

**4** 다음 漢字의 讀音을 2가지씩 쓰시오.  76~82번

76 佚 [　　,　　]
77 馮 [　　,　　]
78 汨 [　　,　　]
79 畝 [　　,　　]

**5** 다음 글에서 밑줄 친 漢字語를 漢字로 쓰시오.  83~102번

83 편집부장은 기사 내용을 **첨삭**하였다.
　　　　　　　　　　　　[　　　]

84 객지에서 **자취** 생활을 하고 있다.
　　　　　　　　　　　　[　　　]

85 산책하면서 **울적**한 마음을 달랬다.
　　　　　　　　　　　　[　　　]

86 선수들은 가파른 눈밭을 아슬아슬하게 **활강**하였다. ……………………[　　　]

87 그는 정열과 **낭만**이 넘치던 학창시절을 떠올렸다. ……………………[　　　]

88 남의 일에 지나치게 **간섭**하는 것은 좋지 않다.
　　　　　　　　　　　　[　　　]

89 장관은 이번 사태에 대하여 **유감**의 뜻을 표하였다. ……………………[　　　]

90 이번 사건의 **귀추**를 지켜보기로 하였다.
　　　　　　　　　　　　[　　　]

91 작가 특유의 **섬세**한 필치를 엿볼 수 있는 작품이다. ……………………[　　　]

92 보험회사는 **약관**에 따라 보험금을 지급하였다.
　　　　　　　　　　　　[　　　]

93 해외 **교포**들은 고국의 발전상을 자랑스럽게 여겼다. ……………………[　　　]

94 이 책은 곳곳에 **삽화**까지 그려 넣어 이해를 도왔다. ……………………[　　　]

95 정부는 국민에게 **신뢰**를 얻어야 한다.
　　　　　　　　　　　　[　　　]

96 정기총회에서 그를 만장일치로 신임 회장에 **추대**했다. ……………………… [          ]

97 불황으로 옷이나 구두 등을 **수선**해 사용하려는 사람들이 늘고 있다. … [          ]

98 상대방에게 **노골적**으로 불만을 드러냈다. ……………………………… [          ]

99 타들어 가는 벼 포기에 **기갈**을 풀겠다고 한 표주박의 물도 헤프게 쓰지 않았다. ……………………………………… [          ]

100 우뚝한 바위는 마치 수만의 굳센 병졸이 **옹위**하는 형세와 같았다. …… [          ]

101 글짓기 공모에 **투고**된 작품들은 예년보다 수준이 높았다. ……………… [          ]

102 그는 **박봉**을 털어서 곤란한 처지에 있는 사람들을 도왔다. ……………… [          ]

**6** 다음 밑줄 친 漢字語를 漢字로 쓰시오.   103~122번

**재판**103이 부당하였다는 이유로 금고형을 받은 3명을 **특사**104하였다.

103 재판 [          ]   104 특사 [          ]

중원고구려비는 이 시기 고구려의 남하와 한강 유역 **장악**105의 **증거**106라고 할 수 있다.

105 장악 [          ]   106 증거 [          ]

**폭격**107 결과와 적의 동태를 **정찰**108하였다.

107 폭격 [          ]   108 정찰 [          ]

갑작스러운 **중도**109 **포기**110에 대원들은 당황하였다.

109 중도 [          ]   110 포기 [          ]

정부에 **예속**111된 **기구**112를 축소하기로 하였다.

111 예속 [          ]   112 기구 [          ]

경기 **침체**113로 중소기업들의 **연쇄**114적 도산이 우려된다.

113 침체 [          ]   114 연쇄 [          ]

아랍군은 겨울의 **혹한**115에 못 견뎌 **철수**116할 수밖에 없었다.

115 혹한 [          ]   116 철수 [          ]

전통적 **소재**117를 아름다운 언어의 **조탁**118으로 현대적 감각과 조화시켰다.

117 소재 [          ]   118 조탁 [          ]

**구전심수**119로 도통을 전하고 글로 남기지 않는 것이 **불문율**120처럼 되었다.

119 구전심수 [          ]   120 불문율 [          ]

바다는 수백억의 인구를 **부양**121할 수 있는 **잠재력**122을 지니고 있다.

121 부양 [          ]   122 잠재력 [          ]

## 7. 다음에서 첫 음절이 '긴소리[長音]'인 것을 10개만 골라 그 번호를 쓰시오. (123~132번)

보기
① 疼痛  ② 凄切  ③ 爽快  ④ 芙蓉  ⑤ 蝸角
⑥ 腫氣  ⑦ 觀見  ⑧ 伴奏  ⑨ 樓閣  ⑩ 帆船
⑪ 遼遠  ⑫ 釣臺  ⑬ 攘夷  ⑭ 珊瑚  ⑮ 麝香
⑯ 陪審  ⑰ 耽讀  ⑱ 貶下  ⑲ 偕老  ⑳ 歆饗

123 [          ]   124 [          ]
125 [          ]   126 [          ]
127 [          ]   128 [          ]
129 [          ]   130 [          ]
131 [          ]   132 [          ]

## 8. 다음 빈칸에 뜻 혹은 訓이 같거나 비슷한 漢字를 써넣어 單語를 완성하시오. (133~142번)

133 [      ] - 僕    134 詭 - [      ]
135 [      ] - 訪    136 愉 - [      ]
137 逍 - [      ]    138 [      ] - 魁
139 逼 - [      ]    140 [      ] - 傭
141 堆 - [      ]    142 [      ] - 諱

## 9. 다음 제시한 漢字語와 뜻이 反對 또는 相對되는 漢字語를 빈칸에 쓰시오. (143~152번)

143 解弛 ↔ [          ]
144 稚拙 ↔ [          ]
145 敏捷 ↔ [          ]
146 榮轉 ↔ [          ]
147 發掘 ↔ [          ]
148 借用 ↔ [          ]
149 陳腐 ↔ [          ]
150 犧牲 ↔ [          ]
151 挫折 ↔ [          ]
152 統合 ↔ [          ]

## 10. 다음 빈칸에 알맞은 漢字를 써넣어 四字成語를 完成하시오. (153~167번)

153 歡 [      ] 雀 [      ]
: 기뻐서 크게 소리를 치며 날뜀.

154 [      ] [      ] 口辯
: 물이 거침없이 흐르듯 잘하는 말.

155 彌 [      ] 之 [      ]
: 눈가림만 하는 일시적인 계책.

156 不撓 [      ] [      ]
: 마음이 흔들리거나 굽힘이 없음.

157 [      ] [      ] 北斗
: 세상 사람들로부터 존경받는 사람.

158 含哺 [      ] [      ]
: 먹을 것이 풍족하여 즐겁게 지냄.

159 首鼠 [      ] [      ]
: 거취를 결정하지 못하고 망설임.

160 傲 [      ] [      ] 節
: 국화(菊花).

161 獅 [      ] [      ] 迅
: 부처의 위엄.

162 [      ] [      ] 魄散
: 몹시 놀라 넋을 잃음.

**163** 海[　　　]好[　　　]
: 사람에게 야심이 있으면 새도 그것을 알고 가까이 하지 않음.

**164** [　　　][　　　]誣民
: 세상을 어지럽히고 백성을 미혹하게 하여 속임.

**165** 雪[　　　][　　　]爪
: 인생의 자취가 눈 녹듯이 사라져 무상함.

**166** [　　　][　　　]搔癢
: 성에 차지 않거나 철저하지 못한 안타까움.

**167** [　　　][　　　]奪胎
: 형식을 바꾸어서 그 짜임새와 수법이 먼저 것보다 잘되게 함.

### 11 다음 漢字의 部首를 쓰시오. (168~177번)

**168** 麓 : [　　]　**169** 匡 : [　　]
**170** 鼎 : [　　]　**171** 奠 : [　　]
**172** 傘 : [　　]　**173** 爾 : [　　]
**174** 斡 : [　　]　**175** 乏 : [　　]
**176** 馨 : [　　]　**177** 蚤 : [　　]

### 12 다음 漢字語의 同音異義語를 쓰되, 제시한 뜻에 알맞은 漢字語를 쓰시오. (178~187번)

**178** 偏執 － [　　　] : 신문, 책, 영화 따위를 짜 만드는 일.

**179** 楨祥 － [　　　] : 변동이나 탈이 없이 제대로인 상태.

**180** 酬酌 － [　　　] : 우수한 작품.

**181** 房舍 － [　　　] : 중심에서 사방으로 내뻗침.

**182** 悲鳴 － [　　　] : 묘비에 새긴 글.

**183** 主調 － [　　　] : 쇠를 녹여서 물건을 만듦.

**184** 神將 － [　　　] : 콩팥.

**185** 鰥夫 － [　　　] : 병이나 상처가 난 자리.

**186** 帽紗 － [　　　] : 사물을 형체 그대로 그림.

**187** 蓮府 － [　　　] : 물건값이나 빚 따위의 일정한 금액을 해마다 나누어 내는 일.

### 13 다음 漢字語의 뜻을 쓰시오. (188~197번)

**188** 攀緣 : [　　　　　]
**189** 簒位 : [　　　　　]
**190** 腕釧 : [　　　　　]
**191** 盤渦 : [　　　　　]
**192** 擅橫 : [　　　　　]
**193** 繭綿 : [　　　　　]
**194** 瑕疵 : [　　　　　]
**195** 羨道 : [　　　　　]
**196** 檣竿 : [　　　　　]
**197** 搾油 : [　　　　　]

### 14 다음 漢字를 略字로 쓰시오. (198~200번)

**198** 劑 : [　　]　**199** 竊 : [　　]
**200** 個 : [　　]

# 제03회 기출·예상문제

(사) 한국어문회 주관

합격문항 : 160문항
시험시간 : 90분
정    답 : 191쪽

## 1  다음 문장에서 밑줄 친 漢字語의 讀音을 쓰시오. 01~20번

01 작가는 귀양 가는 착잡함 속에서도 선비의 襟度를 드러냈다. ┄┄┄┄┄┄ [        ]

02 등이 붓고 가슴과 옆구리가 脹滿한 증상을 보였다. ┄┄┄┄┄┄ [        ]

03 그곳은 단일 伽藍으로는 국보와 보물이 가득한 곳이다. ┄┄┄┄┄┄ [        ]

04 훌륭한 스승을 곁에 두고 驕奢를 물리쳐 멀리하고자 하였다. ┄┄┄┄┄┄ [        ]

05 그는 일의 잘못이 나에게 있다며 심히 詰難하였다. ┄┄┄┄┄┄ [        ]

06 응급조치로 죽음을 직면한 刹那에 다시 살아나게 되었다. ┄┄┄┄┄┄ [        ]

07 그는 기물 損壞와 업무 방해 혐의로 입건되었다. ┄┄┄┄┄┄ [        ]

08 도적들과 함께 포청에서 推鞫을 받을 것이다. ┄┄┄┄┄┄ [        ]

09 기술 집약적인 尖端 산업을 육성하고 있다. ┄┄┄┄┄┄ [        ]

10 춘추에 석전을 봉행하며 초하루와 보름에 焚香하고 있다. ┄┄┄┄┄┄ [        ]

11 우리 공군기의 邀擊을 받고 적기가 되돌아갔다는 뉴스가 보도되었다. ┄ [        ]

12 특전단은 적의 주요 시설을 爆破하는 작전을 주로 수행했다. ┄┄┄┄┄┄ [        ]

13 금전으로 지급하는 토지 사용료를 '賭錢'이라 하였다. ┄┄┄┄┄┄ [        ]

14 민족문화의 우수성을 煽揚하여 문화발전에 기여한다. ┄┄┄┄┄┄ [        ]

15 반야는 梵語로 '쁘라즈냐', 즉 '지혜'를 뜻한다. ┄┄┄┄┄┄ [        ]

16 그의 뛰어난 격구와 弄杖 솜씨는 임금의 마음을 사로잡았다. ┄┄┄┄┄┄ [        ]

17 계절에 따라 알밤 줍기 및 鬪鷄 놀이 등의 행사를 개최한다. ┄┄┄┄┄┄ [        ]

18 초기의 갓 장식으로는 麥穗가 사용되었다. ┄┄┄┄┄┄ [        ]

19 전종목을 席捲하고 신기록을 수립하였다. ┄┄┄┄┄┄ [        ]

20 유수단면을 횡단하는 堰堤를 쌓고 그 사이에 수문을 설치하였다. ┄┄┄┄┄┄ [        ]

## 2  다음 漢字語의 讀音을 쓰시오. 21~50번

21 喫酒 [        ]   22 出笯 [        ]
23 胸項 [        ]   24 醉飽 [        ]
25 黜罰 [        ]   26 喘息 [        ]
27 膏汗 [        ]   28 輓歌 [        ]
29 腹腔 [        ]   30 檄召 [        ]
31 鞏膜 [        ]   32 背膊 [        ]
33 彫塑 [        ]   34 聾然 [        ]
35 潛跡 [        ]   36 躁急 [        ]

37 僭稱 [　　　　] 38 滌濫 [　　　　]
39 漂蕩 [　　　　] 40 瓦盞 [　　　　]
41 謫遷 [　　　　] 42 懈惰 [　　　　]
43 慘憺 [　　　　] 44 黍稷 [　　　　]
45 篆文 [　　　　] 46 隕星 [　　　　]
47 使嗾 [　　　　] 48 獅子吼 [　　　　]
49 乾達婆 [　　　　] 50 擬音語 [　　　　]

**3** 다음 漢字의 訓과 音을 쓰시오.　　51~82번

51 諡 [　　　　] 52 琉 [　　　　]
53 遮 [　　　　] 54 櫃 [　　　　]
55 嗔 [　　　　] 56 箔 [　　　　]
57 曙 [　　　　] 58 絨 [　　　　]
59 迂 [　　　　] 60 蠟 [　　　　]
61 棚 [　　　　] 62 茅 [　　　　]
63 擒 [　　　　] 64 渠 [　　　　]
65 臂 [　　　　] 66 驥 [　　　　]
67 荊 [　　　　] 68 幟 [　　　　]
69 樽 [　　　　] 70 黎 [　　　　]
71 澗 [　　　　] 72 袴 [　　　　]
73 稟 [　　　　] 74 禿 [　　　　]
75 綻 [　　　　] 76 駕 [　　　　]
77 撞 [　　　　] 78 鷲 [　　　　]
79 扁 [　　　　] 80 蛋 [　　　　]
81 嗅 [　　　　] 82 楸 [　　　　]

**4** 다음 漢字語 중 첫 음절이 長音으로 발음되는 것의 번호를 쓰시오.　　83~87번

83 ① 均衡　② 驕奢　③ 詰難　④ 浪漫
　　　　　　　　　　　　　　　[　　　　]

84 ① 暴露　② 推鞫　③ 降等　④ 尖端
　　　　　　　　　　　　　　　[　　　　]

85 ① 鬪鷄　② 强盜　③ 堰堤　④ 敷石
　　　　　　　　　　　　　　　[　　　　]

86 ① 膏汗　② 乾達　③ 彫塑　④ 燒紙
　　　　　　　　　　　　　　　[　　　　]

87 ① 鄭澈　② 斬新　③ 潛跡　④ 躁急
　　　　　　　　　　　　　　　[　　　　]

**5** 다음은 첫 음절에서 長短 두 가지로 발음되는 漢字語를 짝지은 것이다. 이 중 첫 소리가 長音인 것을 가려 그 기호(㉮ 혹은 ㉯)를 쓰시오.　　88~92번

88 ㉮ 畫幅 – ㉯ 畫順 ………… [　　　　]
89 ㉮ 暫間 – ㉯ 暫時 ………… [　　　　]
90 ㉮ 降臨 – ㉯ 降伏 ………… [　　　　]
91 ㉮ 符籍 – ㉯ 符節 ………… [　　　　]
92 ㉮ 撫摩 – ㉯ 撫愛 ………… [　　　　]

**6** 다음 문장에서 밑줄 친 漢字語를 漢字[正字]로 쓰시오.　　93~132번

93 그의 문장은 간결하면서도 명쾌하며 당당한 **기세**도 느껴진다. ………… [　　　　]

94 그곳은 환승이 가능한 역으로 유동 **승객**이 가장 많다. ………… [　　　　]

95 지나친 **배려**로 인해 위화감을 조성하는 면도 있다. ………… [　　　　]

96 우리 시대의 참되면서도 **의미** 있는 투쟁들로 기억하고 있다. ………… [　　　　]

97 어른보다 뒤에 하게 하여 **사양**의 미덕을 가르쳤다. ………… [　　　　]

98 모든 생물은 **환경**의 영향을 받으며 환경에 적응하며 살아간다. ………… [          ]

99 '인체공학'이라는 말은 '인간공학'의 잘못된 **번역**에서 온 표현이다. …… [          ]

100 그는 실추된 **명예**를 되찾기 위해 방랑에 나섰다. ……………………… [          ]

101 왕발은 등왕각의 보수를 기념하여 열린 **연회**에 참석하였다. ………… [          ]

102 적의 공세에 속수무책으로 지휘 **계통**을 상실해버렸다. ……………… [          ]

103 민요는 오래 전부터 백성들 사이에서 **구비** 전승된 노래이다. ………… [          ]

104 투항한 적장에 대해서는 **후대**한다는 말을 듣고 결심하였다. ………… [          ]

105 중소기업의 **창업**을 국가적으로 지원하였다. ……………………………… [          ]

106 협상을 통해 보수 세력과 **연계**를 맺는데 성공하였다. ………………… [          ]

107 정책의제의 단계에서는 먼저 제기된 문제를 **인지**하여야 한다. ……… [          ]

108 민족문화의 **창달**에 이바지하기 위하여 법률을 제정하였다. ………… [          ]

109 선조들의 삶과 전통이 담긴 다양한 민속**자료**를 전시하였다. ………… [          ]

110 태조께서 여러 차례 벼슬을 **제수**하였으나 나아가지 않았다. ………… [          ]

111 아동의 증언이 실질적 증거로 **채택**되는 경우가 증가하고 있다. ……… [          ]

112 세계 대회의 성공적 **개최**를 위해서는 국민적 관심이 필요하다. ……… [          ]

113 소비심리가 **회복**됨에 따라 소비의 증가가 이루어지고 있다. ………… [          ]

114 그의 작품은 가족사를 통한 시대사의 **재구**로 요약될 수 있다. ……… [          ]

115 비교적 수준이 낮은 도서나 필요 없는 문서를 폐기 **처분**하였다. …… [          ]

116 "짓는 게 죄업인데, 이래 가지고 **극락**에 갈 수 있겠소?" …………… [          ]

117 판옥선은 우선 다층 전함이라는 점이 가장 큰 **특징**이다. …………… [          ]

118 사람들이 많이 몰리는데 비해 시설이나 규모는 매우 **열악**하다. …… [          ]

119 점검 결과 적절한 개선 **조치**를 강구하라는 지시가 있었다. ………… [          ]

120 인재의 **발굴** 육성과 교육 환경 개선 및 장학 사업을 추진하였다. …… [          ]

121 왕은 적격자라고 생각하는 사람에게 **낙점**을 내려 결정하였다. ……… [          ]

122 양심에 따라 자기 소신을 표현할 수 있도록 특권을 **부여**하였다. …… [          ]

123 객차가 연쇄 **추돌**하면서 탈선하였다. ……………………………… [          ]

124 파업 노동자들이 **시위**에 가담하면서 상황은 확산되었다. …………… [          ]

125 효성으로 부모를 섬기고, 친목으로 **종척**을 대하였다. ………………… [          ]

126 지반이 약한 곳은 **기초**를 튼튼히 하고 공사해야 한다. ……………… [          ]

127 역사적 인물의 전기를 여러 **문헌**에서 뽑아 편집하였다. ……………… [          ]

128 **자전**이 마마와 홍역을 앓자 임금이 그 곁을 지켰다. ………………… [          ]

129 교통사고로 인해 출근과 등굣길에 **지각** 사태를 빚었다. ……………… [          ]

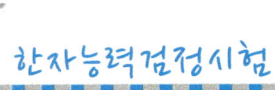

130 심청은 몸값으로 **공양미** 삼백 석을 받았다. ............ [        ]

131 교통 소통 상황을 **관제실**에서 실시간으로 파악하였다. ............ [        ]

132 국방부장관은 민주화운동 진압군의 **자위권** 발동을 결정했다. ......... [        ]

### 7  다음 漢字와 비슷한 뜻을 가진 漢字[正字]를 써넣어 漢字語를 완성하시오.  (133~142번)

133 전야를 [        ]蕪하게 관리한 자를 내쳤다.

134 어둠을 틈타 적을 殲[        ]하였다.

135 좌우를 이리저리 돌아보며 [        ]謟하는 일이 없었다.

136 땅이 녹는 듯 얼어 있어 [        ]陟이 어려웠다.

137 각계의 전문가를 [        ]聘하여 의견을 들었다.

138 간사한 무리의 猜[        ]로 배제되었다.

139 사회에 蔓[        ]해 있는 부패 문제를 해결하기로 하였다.

140 해방이 되자, 緘[        ]된 입이 열렸다.

141 일 년 내내 온난하고 [        ]潤한 기후.

142 산골 벽촌에서도 환호하며 踊[        ]하지 않은 자가 없었다.

### 8  다음 각 漢字와 뜻이 반대, 또는 상대되는 漢字[正字]를 넣어 單語가 되게 하시오.  (143~147번)

143 그는 외물의 榮[        ]에 대해서 관심이 없었다.

144 고무줄을 넣어 [        ]縮이 자유롭게 하였다.

145 빈부의 차별이 없고 貴[        ]의 차별도 없다.

146 생물들은 呼[        ]을 통해 필요한 에너지를 얻는다.

147 '아무런 사심과 꾸밈이 없이 너르고 당당한 경지를 지향한다'는 뜻에서 '俛[        ]亭'이라 이름을 붙였다.

### 9  다음 漢字語는 뜻이 反對 또는 相對되는 漢字語로 짝을 이룬 것이다. 빈칸을 漢字로 채워 넣으시오.  (148~152번)

148 貧[    ] ↔ 富裕    149 飢[    ] ↔ 飽食

150 洗練 ↔ 稚[    ]    151 硬直 ↔ [    ]軟

152 [    ]和 ↔ 緊縮

### 10  다음 빈곳에 알맞은 漢字를 써넣어 四字成語를 完成하시오.  (153~162번)

153 [    ]霞痼疾    154 十匙一[    ]

155 投[    ]從戎    156 [    ]而穿井

157 網[    ]吞舟    158 見蚊[    ]劍

159 [    ]毛斧柯    160 [    ]盆望天

161 [    ]靴搔癢    162 擧案[    ]眉

### 11  다음 漢字의 部首를 쓰시오.  (163~172번)

163 后 : [        ]    164 疎 : [        ]

165 舅 : [        ]    166 叉 : [        ]

**1급**

167 素 : [　　　] 168 夙 : [　　　]

169 飄 : [　　　] 170 鼎 : [　　　]

171 曹 : [　　　] 172 銜 : [　　　]

**12** 다음 漢字語의 轉義를 쓰시오. *173~177번*

보기　干城 : 나라를 지키는 믿음직한 군대나 인물

173 駙馬 : [　　　　　　　]

174 塗炭 : [　　　　　　　]

175 壓卷 : [　　　　　　　]

176 關鍵 : [　　　　　　　]

177 桎梏 : [　　　　　　　]

**13** 다음 한자어의 뜻을 10음절 이내로 간단히 쓰시오. *178~182번*

178 唾液 : [　　　　　　　]

179 隊伍 : [　　　　　　　]

180 路肩 : [　　　　　　　]

181 袖納 : [　　　　　　　]

182 妙齡 : [　　　　　　　]

**14** 다음 漢字語의 同音異義語를 쓰되, 제시한 뜻에 알맞은 漢字語를 쓰시오. *183~192번*

183 泡匠 - [　　　] : 물건을 싸거나 꾸림.

184 板撈 - [　　　] : 상품이 팔리는 방면이나 길.

185 幽壑 - [　　　] : 외국에 머물면서 공부함.

186 榮轉 - [　　　] : 신이나 죽은 사람의 영혼을 모셔 놓은 자리의 앞.

187 罵倒 - [　　　] : 물건을 팔아넘김.

188 陷穽 - [　　　] : 전함, 잠수함, 어뢰정 등 군함의 총칭.

189 慢驚 - [　　　] : 해질 무렵의 경치.

190 璧池 - [　　　] : 도시에서 멀리 떨어져 으슥하고 한적한 곳.

191 昏睡 - [　　　] : 혼인에 드는 물품.

192 檢藥 - [　　　] : 돈이나 물건, 자원 따위를 아껴 씀.

**15** 다음 글자의 略字를 쓰시오. *193~195번*

193 驛 : [　　　] 194 號 : [　　　]

195 蓋 : [　　　]

**16** 다음 뜻풀이에 알맞은 漢字를 써넣어 成語를 완성하시오. *196~200번*

196 彌 [　　　] 策 : 눈가림만 하는 일시적인 계책.

197 勸 [　　　] 價 : 적당하다고 생각하는 표준을 표시한 값.

198 烽火 [　　　] : 봉화를 올리던 둑.

199 動 [　　　] 重 : 움직이고 있는 물체가 다른 물체에 주는 무게.

200 門 [　　　] 家 : 대대로 내려오는 그 집안의 사회적 신분이나 지위가 높은 집.

# 제 04회 기출·예상문제

(사) 한국어문회 주관

합격문항 : 160문항
시험시간 : 90분
정    답 : 193쪽

**1** 다음에 제시한 漢字語 또는 밑줄 친 漢字語의 讀音을 쓰시오. 01~20번

01 국가의 흥망성쇠가 어찌 堪輿의 방술에 말미암을 수 있겠는가? ············ [      ]

02 작가가 임의로 창조하거나 杜撰한 내용을 역사적인 사실로 받아들여서는 아니 된다.
················································ [      ]

03 좌우에서 보살피는 신하들은 膏粱과 향기로운 술로 군주의 식성을 흡족하게 하였다.
················································ [      ]

04 그는 넋을 잃고 백사장에 앉아 파도의 泡沫을 바라보았다. ························ [      ]

05 그는 난리 속에서도 스승을 잊지 않아 그 정성이 寤寐간에 발로되었다. ··· [      ]

06 "나라를 침범하여 창생을 도탄 속에 屠戮하는 자들을 베지 않고 누구를 벌줄 것인가?"
················································ [      ]

07 지극한 도는 말로 전할 수 없으니, 생각이나 말을 책으로 남긴들 단지 糟粕일 뿐이다.
················································ [      ]

08 기력이 약하여 訥澁하게 이어가는 말씀이었지만 청중들은 강의에 귀를 기울였다.
················································ [      ]

09 비는 계절적으로 비교적 균등하게 분포하여 旱魃의 피해는 거의 없었다.
················································ [      ]

10 본래 양반은 아니지마는 선비의 찌꺼기가 남아 있어서 鄙陋한 짓은 못하였다.
················································ [      ]

11 침입한 왜구를 격파하고 그들이 擄掠하였던 소와 말을 빼앗았다. ··········· [      ]

12 규율을 위반하고 게으름 피우는 사람을 笞杖하여 모욕감을 주었다. ········ [      ]

13 그는 각계의 민족대표들과 함께 3·1운동을 주도하고 囹圄의 몸이 되기도 하였다.
················································ [      ]

14 아직도 천하를 근심하고 왜적의 跋扈에 비분강개하던 그의 목소리가 귓가에 쟁쟁하다.
················································ [      ]

15 두 손에 용화수 가지를 받쳐 들고 서 있는 菩薩의 모습을 표현하였다. ··· [      ]

16 마침 여역을 피해있었기 때문에 弔賻의 의례를 닦지 못하였다. ············· [      ]

17 태국은 중국이나 한국 등의 한자 문화권 국가에서 '暹羅'라고 알려졌다. ··· [      ]

18 벽화의 範疇에는 붓으로 묘사한 그림과 부조에 채색한 것이 포함된다. ··· [      ]

**19** 그의 의열함은 해와 별처럼 빛이 났으나 사적이 <u>湮滅</u>되어 현양되지 못하였다.
································ [      ]

**20** "산촌에 눈이 오니 돌길이 무쳐셰라. <u>柴扉</u>를 여지마라 날 츠즈리 뉘 이스리."
································ [      ]

### 2 다음 漢字語의 讀音을 쓰시오.
21~50번

21 梵衲 [      ]  22 刺股 [      ]
23 僉知 [      ]  24 島嶼 [      ]
25 櫻脣 [      ]  26 禿翁 [      ]
27 乖悖 [      ]  28 墾鑿 [      ]
29 叱罵 [      ]  30 夜叉 [      ]
31 勘校 [      ]  32 附驥 [      ]
33 擒縱 [      ]  34 朔晦 [      ]
35 斥黜 [      ]  36 涅槃 [      ]
37 鍼烙 [      ]  38 潰瘍 [      ]
39 容喙 [      ]  40 袞裳 [      ]
41 恪虔 [      ]  42 瀰貊 [      ]
43 桀紂 [      ]  44 鞏膜 [      ]
45 悚慄 [      ]  46 舅甥 [      ]
47 彌勒 [      ]  48 顆粒 [      ]
49 痰唾 [      ]  50 煩屑 [      ]

### 3 다음 漢字의 訓과 音을 쓰시오.
51~82번

51 拉 [      ]  52 頰 [      ]
53 亮 [      ]  54 尨 [      ]
55 稜 [      ]  56 炸 [      ]
57 芒 [      ]  58 篆 [      ]
59 蚊 [      ]  60 昧 [      ]
61 萎 [      ]  62 聊 [      ]
63 函 [      ]  64 遁 [      ]
65 褒 [      ]  66 辜 [      ]
67 耗 [      ]  68 斃 [      ]
69 隘 [      ]  70 隙 [      ]
71 頹 [      ]  72 凱 [      ]
73 斂 [      ]  74 賭 [      ]
75 吝 [      ]  76 剝 [      ]
77 罹 [      ]  78 酪 [      ]
79 疼 [      ]  80 萌 [      ]
81 跌 [      ]  82 瞞 [      ]

### 4 다음에서 첫 음절이 '긴소리[長音]'인 것을 10개만 골라 그 번호를 쓰시오.
83~92번

보기
① 遭遇  ② 遮斷  ③ 刺戟  ④ 枚數  ⑤ 匈奴
⑥ 弄談  ⑦ 伽藍  ⑧ 種目  ⑨ 唐突  ⑩ 拔群
⑪ 敷設  ⑫ 趣勢  ⑬ 衡平  ⑭ 聽衆  ⑮ 殺到
⑯ 沸騰  ⑰ 郵便  ⑱ 患者  ⑲ 懲戒  ⑳ 腕章

83 [           ]    84 [           ]

85 [           ]    86 [           ]

87 [           ]    88 [           ]

89 [           ]    90 [           ]

91 [           ]    92 [           ]

112 哀 − [           ]    113 [           ] − 紐

114 揀 − [           ]    115 [           ] − 闢

### 5  다음 漢字의 部首를 쓰시오.  (93~102번)

93 矩 : [           ]    94 斡 : [           ]

95 辨 : [           ]    96 奠 : [           ]

97 殼 : [           ]    98 棗 : [           ]

99 窯 : [           ]    100 馨 : [           ]

101 釐 : [           ]    102 戍 : [           ]

### 8  다음 제시한 漢字語와 뜻이 反對 또는 相對되는 漢字語를 쓰시오.  (116~125번)

116 [           ] ↔ 硬直    117 [           ] ↔ 懶怠

118 [           ] ↔ 順坦    119 [           ] ↔ 稀薄

120 [           ] ↔ 卑怯    121 [           ] ↔ 銳利

122 [           ] ↔ 繁忙    123 [           ] ↔ 供給

124 [           ] ↔ 榮轉    125 [           ] ↔ 稚拙

### 6  다음 漢字를 略字로 쓰시오.  (103~105번)

103 嘗 : [           ]    104 灣 : [           ]

105 夢 : [           ]

### 9  다음 빈칸에 알맞은 漢字를 써넣어 四字成語를 完成하시오.  (126~140번)

126 糊 [           ] 之 [           ]
 : 겨우 먹고 살아가는 방책.

127 畵 [           ] [           ] 睛
 : 가장 중요한 부분을 완성함.

128 [           ] 而 穿 [           ]
 : 자기가 급해야 서둘러서 일을 함.

129 [           ] 萊 之 [           ]
 : 변함없이 효도함.

### 7  다음 빈칸에 뜻 혹은 訓이 같거나 비슷한 漢字를 써넣어 單語를 완성하시오.  (106~115번)

106 祥 − [           ]    107 [           ] − 績

108 囑 − [           ]    109 [           ] − 擦

110 慟 − [           ]    111 [           ] − 慢

130 [           ] 立 無 [           ]
 : 고립되어 구원을 받을 데가 없음.

131 先 [           ] 後 [           ]
 : 먼저 처형한 뒤에 아뢰던 일.

**132** [　　　] 卵之 [　　　]
: 몹시 아슬아슬한 위기.

**133** 四 [　　　] 楚 [　　　]
: 외롭고 곤란한 지경에 빠진 형편.

**134** 金 [　　　] 湯 [　　　]
: 방어 시설이 잘되어 있는 성.

**135** 毫 [　　　] 斧 [　　　]
: 화근은 크기 전에 없애야 함.

**136** [　　　] 瀾 [　　　] 疊
: 여러 가지 곤란이나 시련이 많음.

**137** [　　　] 寇 莫 [　　　]
: 궁지에 몰린 도적을 쫓지 말라.

**138** [　　　] 芳 百 [　　　]
: 꽃다운 이름이 후세에 길이 전함.

**139** 狗 [　　　] [　　　] 貂
: 훌륭한 것 뒤에 보잘것없는 것이 뒤따름.

**140** [　　　] 漏 呑 [　　　]
: 법령이 관대하여 큰 죄를 짓고도 피할 수 있게 됨.

**10** 다음 제시문에서 밑줄 친 漢字語를 漢字로 고쳐 쓰시오. 141~180번

▶ **파벌**141 싸움. **변증**142되지 않은 **편벽**143된 **변론**144. **모멸**145을 느끼고 **권총**146으로 자살한 **비적**147의 두목. **시신**148을 **동굴**149에 **유기**150한 **졸도**151들.

▶ **난숙**152한 경지에 이르러 그린 **규방**153의 아기씨인데 여배우154의 **매혹**155적인 **자태**156처럼 느껴지고, 그림에 낙관도 없어 **구매**157할 사람이 **기피**158한다.

▶ **벽계**159에 **목욕**160하고 3간 모옥에서 **청량**161한 바람 맞으니 세상 속진은 오불관언이라.

▶ **당뇨**162로 **신장**163이 나빠졌다. 매일 뜰에서 **도약**164 운동을 하고 매주 검진을 받는데 **차도**165는 없다.

▶ **오염**166된 하천을 덮은 **복개**167 도로. 그 위의 **고가**168 도로. 그 도로를 원래의 개울로 **복원**169한 것은 국민의 **잠재**170力을 능력 있는 리더가 잘 활용해 일군 것.

▶ **침범**171해 온 **조폭**172들의 무리를 **구축**173하고 부당하게 **해고**174되었던 점원들을 망라하여 새 시장을 이루니 여기 다시 형성된 우리 **상권**175. 이제 **초미**176의 과제는 **배상**177 협의.

▶ 말에 있어서는 매우 가까운 사이인 나[吾], 너[汝], 누구[誰]는 현실 사회에서는 매우 **소원**178할 뿐만 아니라, 반목, 질시, **갈등**179 등으로 얽히고 설켜 복잡한 양상을 **노정**180함은 무슨 까닭일까?

**141** 파벌 [　　　] **142** 변증 [　　　]

**143** 편벽 [　　　] **144** 변론 [　　　]

**145** 모멸 [　　　] **146** 권총 [　　　]

**147** 비적 [　　　] **148** 시신 [　　　]

**149** 동굴 [　　　] **150** 유기 [　　　]

**151** 졸도 [　　　] **152** 난숙 [　　　]

153 규방 [           ]  154 배우 [           ]
155 매혹 [           ]  156 자태 [           ]
157 구매 [           ]  158 기피 [           ]
159 벽계 [           ]  160 목욕 [           ]
161 청량 [           ]  162 당뇨 [           ]
163 신장 [           ]  164 도약 [           ]
165 차도 [           ]  166 오염 [           ]
167 복개 [           ]  168 고가 [           ]
169 복원 [           ]  170 잠재 [           ]
171 침범 [           ]  172 조폭 [           ]
173 구축 [           ]  174 해고 [           ]
175 상권 [           ]  176 초미 [           ]
177 배상 [           ]  178 소원 [           ]
179 갈등 [           ]  180 노정 [           ]

**11** 다음 漢字語의 同音異義語를 쓰되, 제시한 뜻에 알맞은 漢字語를 쓰시오. (181~190번)

▶ 사제　181 [           ] : 신부(神父).
　　　　182 [           ] : 내 집.
▶ 교착　183 [           ] : 단단히 달라붙음.
　　　　184 [           ] : 복잡하게 뒤섞임.
▶ 사주　185 [           ] : 모래섬.
　　　　186 [           ] : 신하에게 술을 내림.
▶ 사양　187 [           ] : 겸손하여 양보함.
　　　　188 [           ] : 점점 몰락해 감.
▶ 주사　189 [           ] : 못된 술버릇.
　　　　190 [           ] : 몸에 약을 바늘로 찔러 넣음.

**12** 다음 漢字語의 뜻을 쓰시오. (191~200번)

191 肇秋 : [                    ]
192 逋欠 : [                    ]
193 凹彫 : [                    ]
194 遐裔 : [                    ]
195 日暈 : [                    ]
196 鉢囊 : [                    ]
197 嗤笑 : [                    ]
198 揖遜 : [                    ]
199 砧石 : [                    ]
200 庇護 : [                    ]

# 제05회 기출·예상문제

(사) 한국어문회 주관

합격문항: 160문항
시험시간: 90분
정　답: 195쪽

**1** 다음 문장에서 밑줄 친 漢字語의 讀音을 쓰시오. 　　01~20번

01 비에 젖은 얼굴이 <u>蜜蠟</u> 인형처럼 창백했다. [　　]

02 "지난날의 죄만 해도 적지 않거늘 또 <u>毁謗</u>을 놓다니…." [　　]

03 하천들이 즐비하고 강수량도 적당하여 <u>灌漑</u> 농업에 적합하다. [　　]

04 그들의 패악만큼 <u>勘當</u>도 그에 못지않았다. [　　]

05 소방대원은 사명감과 <u>公僕</u> 의식이 투철한 사람들이다. [　　]

06 정권의 무능함과 정치인들의 부패상을 <u>濾過</u> 없이 폭로하였다. [　　]

07 인근 하천의 <u>氾濫</u>으로 주변 도로가 침수되었다. [　　]

08 부패와 부정이 만연하여 <u>賄賂</u>가 공공연하게 행해졌다. [　　]

09 문제를 해결하기 위하여 여러 가지 정책대안을 <u>摸索</u>하였다. [　　]

10 재물을 탐하는 <u>吝嗇</u>한 부유층에 비판을 가하고 조롱하였다. [　　]

11 바람이 스칠 때마다 <u>寂寥</u>를 깨고 풍경이 영롱하게 울렸다. [　　]

12 새로운 세상이 열린다는 의미의 <u>開闢</u>을 주장하였다. [　　]

13 그는 DNA가 2중 <u>螺旋</u> 모양이라는 것을 발견하였다. [　　]

14 당시에는 전아하면서 격조 높은 서풍이 <u>風靡</u>하였다. [　　]

15 재정적 궁핍으로 경제적 <u>破綻</u>에 직면할 수 있다. [　　]

16 내전으로 사회는 분열되고 극심한 인권 <u>蹂躪</u>이 자행되었다. [　　]

17 세력 다툼에 환멸을 느끼고 낙향하여 <u>蟄居</u> 생활을 하였다. [　　]

18 자신을 장중하게 견지하여 <u>懶怠</u>한 기색을 드러내지 않았다. [　　]

19 부당성을 상소하고 그들의 매국행위를 <u>論駁</u>하였다. [　　]

20 "누구의 <u>吩咐</u>라 거역하며 누구의 어명이라 거역하리오." [　　]

**2** 다음 漢字語의 讀音을 쓰시오. 　　21~50번

21 脾臟 [　　]　22 訃告 [　　]
23 紅焰 [　　]　24 憔悴 [　　]
25 上顎 [　　]　26 姪壻 [　　]
27 褒賞 [　　]　28 膝下 [　　]
29 筆鋒 [　　]　30 悖逆 [　　]
31 鷄糞 [　　]　32 花瓶 [　　]

33 退嬰 [          ]   34 遡及 [          ]
35 噴水 [          ]   36 惻隱 [          ]
37 囹圄 [          ]   38 浚渫 [          ]
39 酬酌 [          ]   40 憑藉 [          ]
41 梵唄 [          ]   42 戎兵 [          ]
43 漏洩 [          ]   44 譬喩 [          ]
45 忌憚 [          ]   46 濃艷 [          ]
47 脆弱 [          ]   48 瘀血 [          ]
49 泄瀉 [          ]   50 缺乏 [          ]

**3** 다음 漢字의 訓과 音을 쓰시오.  51~82번

51 頒 [          ]   52 誣 [          ]
53 翔 [          ]   54 秤 [          ]
55 爪 [          ]   56 喧 [          ]
57 欣 [          ]   58 籬 [          ]
59 鶯 [          ]   60 詰 [          ]
61 寞 [          ]   62 哺 [          ]
63 嫉 [          ]   64 恤 [          ]
65 瘠 [          ]   66 眺 [          ]
67 彙 [          ]   68 雀 [          ]
69 碎 [          ]   70 隅 [          ]
71 猾 [          ]   72 靭 [          ]
73 鞭 [          ]   74 剖 [          ]
75 飄 [          ]   76 呪 [          ]
77 撫 [          ]   78 鄙 [          ]
79 贐 [          ]   80 啞 [          ]
81 擬 [          ]   82 肋 [          ]

**4** 다음 漢字語 중 첫 음절이 長音으로 발음 되는 것의 번호를 쓰시오.  83~92번

83 ① 膨脹  ② 注意  ③ 涉獵  ④ 獲得
   .................................. [          ]
84 ① 餓鬼  ② 舌禍  ③ 鼓舞  ④ 複雜
   .................................. [          ]
85 ① 遭遇  ② 省察  ③ 豫賣  ④ 宣傳
   .................................. [          ]
86 ① 癡呆  ② 攝政  ③ 喉頭  ④ 諮問
   .................................. [          ]
87 ① 條約  ② 閏年  ③ 飜覆  ④ 設計
   .................................. [          ]
88 ① 兄嫂  ② 紹介  ③ 鰥居  ④ 倒産
   .................................. [          ]
89 ① 脂肪  ② 寶石  ③ 搾取  ④ 携帶
   .................................. [          ]
90 ① 肖像  ② 閃光  ③ 餞別  ④ 膀胱
   .................................. [          ]
91 ① 涌出  ② 株式  ③ 亨通  ④ 禪房
   .................................. [          ]
92 ① 割賦  ② 竣工  ③ 腹腔  ④ 恍惚
   .................................. [          ]

**5** 다음 문장에서 밑줄 친 漢字語를 漢字[正字]로 쓰시오.  93~132번

93 탐관의 수탈은 무고한 농민들을 **학대**하기에 이르렀다. .................. [          ]
94 다양한 상품 개발은 **고객**에게 선택의 폭을 넓혀주었다. .................. [          ]

95 본래 내용은 방대하였으나 **편집** 과정에서 일부가 누락되었다. ……………[          ]

96 그는 반대 세력과 **갈등**을 해소하기 위해 많은 노력을 하였다. …………[          ]

97 아이의 얼굴에서 세상의 **번뇌**는 찾을 수 없었다. ……………………………[          ]

98 정국은 강경 노선에서 **온건** 노선으로 급선회하였다. ………………………[          ]

99 소나타 한 곡과 첼로 협주곡을 그녀에게 **헌정**하였다. ……………………[          ]

100 주도권 **장악**을 위한 세력 다툼을 오랫동안 벌여 왔다. …………………[          ]

101 조합원들이 근로 조건 개선을 요구하며 **농성**하였다. ……………………[          ]

102 옷이 못에 걸려 찢어져 **수선**을 부탁하였다. …………………………………[          ]

103 한판 싸움으로 **자웅**을 결해야 된다는 비장한 각오를 세웠다. ……………[          ]

104 눈을 감고 곧 벌어질 **처참**한 상황을 외면하려고 하였다. ………………[          ]

105 국세의 체납처분에 의하여 체납자의 재산을 **압류**하였다. ………………[          ]

106 자금을 조달하기 위하여 **차관** 도입을 적극 추진하였다. …………………[          ]

107 공원 **부지**에 있던 송림을 그대로 보존하였다. ……………………………[          ]

108 제작 기법에 **구애** 없이 질박한 조화의 아름다움을 나타냈다. ……………[          ]

109 그는 변호사를 개업하여 불우한 동포의 인권 **옹호**에 힘썼다. ……………[          ]

110 절단된 **협곡**을 따라 천지의 물이 북쪽으로 흘러나가고 있다. ……………[          ]

111 산간벽지의 무의촌 지역주민을 위한 무료 **진료**를 실시했다. ……………[          ]

112 최근 의류 및 **섬유** 제품들이 다양한 신소재로 만들어지고 있다. ………[          ]

113 특수부대는 헬기 착륙 및 **함정** 상륙을 유도하였다. ……………………[          ]

114 농경생활에서 **양잠**이 보급되자 모피 대신 명주를 생산하였다. ………[          ]

115 각양각색의 **간첩**을 밀파하여 적진의 정보 획득에 노력하였다. ………[          ]

116 현지 **교포**들의 열렬한 환영에 우리는 감사의 뜻을 전했다. ……………[          ]

117 그는 부하들에게 범행을 **교사**한 혐의로 검거되었다. ……………………[          ]

118 사건을 **왜곡** 보도한 신문사에 들어가 항의 시위를 벌였다. ………………[          ]

119 구청에서는 불법 **주차**에 대한 단속을 강화하였다. ………………………[          ]

120 정부의 **혹독**한 탄압 속에서도 민중을 광범위하게 집결하였다. ………[          ]

121 외국에서 벌이는 **축구** 경기가 위성을 통해 중계되었다. ………………[          ]

122 계약 기간이 종료됨에 따라 자연히 **전세** 계약이 해지되었다. ……………[          ]

123 정책을 추진하는 과정에서 **저해** 요인이 없지는 않았다. …………………[          ]

124 햇살이 은은하게 비치는 숲속에 **요정**들이 춤추는 듯하였다. ……………[          ]

125 국화밭을 따라 걷다보니 색에 **매혹**되고 향기에 취하였다. ………………… [         ]

126 석기시대 인류의 유적으로 알려진 자연 **동굴**을 발견하였다. ……………… [         ]

127 검찰은 **예금** 계좌 등을 역추적해 횡령액 규모를 밝혔다. …………… [         ]

128 단순하게 처리한 화면은 소박한 **삽화** 작품을 보는 듯하였다. ………………… [         ]

129 전투에서 공을 세워 대령에서 **준장**으로 진급되었다. ……………………… [         ]

130 화재에서 피해자들은 대개 유독가스에 **질식**되어 사망한다. ……………… [         ]

131 무장을 갖추지 못한 읍락민들은 보급품의 **운반**을 맡았다. ……………… [         ]

132 대기의 **순환**은 공간과 시간에 따라서 그 규모로서 구분된다. …………… [         ]

### 6  133~142번
다음 漢字와 비슷한 뜻을 가진 漢字[正字]를 써넣어 漢字語를 완성하시오.

133 까닭 모를 쓸쓸함과 깊은 憐[         ]이 어려 있다.

134 분쟁으로 두 나라의 관계가 梗[         ]되었다.

135 병원에는 부상자들의 呻[         ]으로 가득하였다.

136 관청의 물품출납을 胥[         ]에게 맡기기도 하였다.

137 잇단 붕괴 사고에 국민들은 [         ]愕하였다.

138 폭설로 인하여 교통이 [         ]痺되었다.

139 강아지나 고양이와 같은 [         ]侶 동물을 기른다.

140 수술법의 발달이 의학의 발달을 [         ]引하였다.

141 지난날을 돌이켜 보면서 懺[         ]의 눈물을 흘렸다.

142 10년 만에 새로운 跳[         ]의 발판을 마련하였다.

### 7  143~147번
다음 漢字와 뜻이 反對 또는 相對되는 漢字[正字]를 써넣어 漢字語를 완성하시오.

143 매월 晦[         ] 때마다 순번을 돌아가면서 교대하였다.

144 자신의 矛[         ]된 삶과 죄책감을 숨김없이 드러냈다.

145 사건의 모든 經[         ]가 세상에 폭로되었다.

146 세속을 좇아 남에게 俯[         ]하지 않았다.

147 관복에 한 쌍의 호랑이를 수놓은 [         ]背를 붙였다.

### 8  148~152번
다음 漢字語의 反義語 또는 相對語를 2음절로 된 漢字[正字]로 쓰시오.

148 鈍濁 ↔ [         ]   149 靜肅 ↔ [         ]

150 解弛 ↔ [         ]   151 重厚 ↔ [         ]

152 演繹 ↔ [         ]

## 9. 다음 漢字語의 同音異義語를 漢字[正字]로 쓰되, 제시된 뜻에 맞는 것으로 하시오. (153~162번)

153 焦思 – [　　　] : 초병의 막사.
154 樞軸 – [　　　] : 쫓아 버림.
155 神僧 – [　　　] : 간신히 이김.
156 炯眼 – [　　　] : 공부하는 책상.
157 壯麗 – [　　　] : 권하여 북돋아 줌.
158 再拜 – [　　　] : 식물을 심어서 기름.
159 盛饌 – [　　　] : 성찬식 때 쓰는 음식.
160 讒臣 – [　　　] : 취향이 매우 새로움.
161 舟形 – [　　　] : 쇠붙이를 녹여 부어서 만드는 물건의 틀.
162 謝辭 – [　　　] : 임금이 죄인에게 독약을 내려 스스로 죽게 함.

## 10. 다음 [　] 안에 알맞은 漢字[正字]를 써넣어 四字成語를 완성하시오. (163~177번)

163 不俱[　　]天　164 換骨奪[　　]
165 [　　]儒焚書　166 歲寒松[　　]
167 見蚊[　　]劍　168 十匙一[　　]
169 隔[　　]搔癢　170 [　　]霜孤節
171 徙家[　　]妻　172 [　　]角殺牛
173 道聽[　　]說　174 臥薪[　　]膽
175 生口不[　　]　176 無依無[　　]
177 一[　　]卽發

## 11. 다음 漢字의 部首를 쓰시오. (178~187번)

178 辣 : [　　]　179 嘉 : [　　]
180 衙 : [　　]　181 牡 : [　　]
182 耆 : [　　]　183 塵 : [　　]
184 攀 : [　　]　185 匿 : [　　]
186 奢 : [　　]　187 蛋 : [　　]

## 12. 다음 漢字의 略字를 쓰시오. (188~190번)

188 巒 : [　　]　189 霸 : [　　]
190 劑 : [　　]

## 13. 다음 漢字語의 뜻을 쓰되, 뜻이 본래의 뜻에서 轉義된 것(198~200)은 바뀐 뜻을 쓰시오. (191~200번)

191 怒濤 : [　　　　　]
192 深奧 : [　　　　　]
193 米壽 : [　　　　　]
194 困憊 : [　　　　　]
195 御殿 : [　　　　　]
196 蒙塵 : [　　　　　]
197 耐暑 : [　　　　　]
198 露顯 : [　　　　　]
199 媚笑 : [　　　　　]
200 桎梏 : [　　　　　]

(사) 한국어문회 주관

한자능력검정시험

# 1급

# 정답 및 해설

- 예상문제 정답 및 해설(1회 ~ 10회)
- 기출·예상문제 정답 및 해설(1회 ~ 5회)

# 정답 및 해설

## 01회 1급 예상문제 (67쪽~71쪽)

| | | | | | | | | | |
|---|---|---|---|---|---|---|---|---|---|
| 01 | 준설 | 02 | 발탁 | 03 | 파라 | 04 | 방연 |
| 05 | 치루 | 06 | 정밀 | 07 | 앵순 | 08 | 전립 |
| 09 | 조강 | 10 | 모즙 | 11 | 산생 | 12 | 패검 |
| 13 | 끽긴 | 14 | 첨서 | 15 | 설사 | 16 | 자염 |
| 17 | 괄발 | 18 | 견비 | 19 | 액완 | 20 | 해천 |
| 21 | 완람 | 22 | 와준 | 23 | 격조 | 24 | 아혹 |
| 25 | 풍자 | 26 | 선양 | 27 | 포말 | 28 | 농단 |
| 29 | 흔적 | 30 | 유괴 | 31 | 호리 | 32 | 순후 |
| 33 | 징비 | 34 | 진애 | 35 | 어선 | 36 | 황겁 |
| 37 | 온오 | 38 | 한발 | 39 | 호탕 | 40 | 포창 |
| 41 | 초산 | 42 | 회자 | 43 | 첨배 | 44 | 당착 |
| 45 | 참소 | 46 | 갹출 | 47 | 은둔 | 48 | 침식 |
| 49 | 명료 | 50 | 저작 | 51 | 노할 발 | 52 | 자랑할 현 |
| 53 | 가마 련 | 54 | 이을 소 | 55 | 곁눈질할 면 | 56 | 모자랄 핍 |
| 57 | 밝힐 천 | 58 | 뒤섞일 답 | 59 | 꾸짖을 핵 | 60 | 부고 부 |
| 61 | 순박할 박 | 62 | 국 갱 | 63 | 두드릴 고 | 64 | 꼴 추 |
| 65 | 기와가마 요 | 66 | 비웃을 치 | 67 | 도울 방 | 68 | 터질 탄 |
| 69 | 묻힐 인 | 70 | 돌 알 | 71 | 헐 양 | 72 | 에돌 우 |
| 73 | 부술 쇄 | 74 | 가슴 격 | 75 | 목책 채 | 76 | 맺을 뉴 |
| 77 | 아지랑이 애 | 78 | 교활할 활 | 79 | 저울추 추 | 80 | 무리 휘 |
| 81 | 푸를 취 / 물총새 취 | | 82 | 썩을 후 | 83 | 屬性 |
| 84 | 規範的 | 85 | 衝動的 | 86 | 指向的 | 87 | 體系 |
| 88 | 基準 | 89 | 效率 | 90 | 産物 | 91 | 禮儀凡節 |
| 92 | 祭器 | 93 | 恭敬心 | 94 | 宗敎的 | 95 | 儀禮 |
| 96 | 指稱 | 97 | 哲學的 | 98 | 添加 | 99 | 一般化 |
| 100 | 抽象性 | 101 | 脈絡 | 102 | 側面 | 103 | 漸次 |
| 104 | 構造 | 105 | 複雜化 | 106 | 準據 | 107 | 防止 |
| 108 | 符合 | 109 | 順應 | 110 | 節度 | 111 | 槪念 |
| 112 | 合理的 | 113 | 修辭 | 114 | 虛禮虛飾 | 115 | 堅持 |
| 116 | 絶對權力 | 117 | 自律的 | 118 | 性向 | 119 | 適切 |
| 120 | 忠恕 | 121 | 有機的 | 122 | 普遍的 | | |
| 123~132 | ①, ⑤, ⑦, ⑧, ⑩, ⑫, ⑭, ⑯, ⑲, ⑳ | | | | | | |
| 133 | 變 | 134 | 閣 | 135 | 詳 | 136 | 潔 |
| 137 | 邪 | 138 | 營 | 139 | 震 | 140 | 鼻 |
| 141 | 桃源 | 142 | 彌縫 | 143 | 純 / 無 | 144 | 醉 / 夢 |
| 145 | 翁 / 鷗 | 146 | 首 / 端 | 147 | 冤 / 窟 | 148 | 斬 / 啓 |
| 149 | 숌 / 鼓 | 150 | 言 / 敏 | 151 | 磨 / 針 | 152 | 管 / 中 |
| 153 | 雲 / 差 | 154 | 飛 / 躍 | 155 | 矯 / 正 | 156 | 盲 / 龜 |
| 157 | 換 / 奪 | 158 | 日 | 159 | 舌 | 160 | 大 |
| 161 | 力 | 162 | 言 | 163 | 黑 | 164 | 鬼 |
| 165 | 辛 | 166 | 鹿 | 167 | 耳 | 168 | 濃 |
| 169 | 朔 | 170 | 借 | 171 | 怠 | 172 | 裏 |
| 173 | 嚴格 | 174 | 需要 | 175 | 共鳴 | 176 | 記憶 |
| 177 | 持續 | 178 | 全盛 | 179 | 軟弱 | 180 | 唯美 |
| 181 | 整數 | 182 | 典雅 | 183 | 傳播 | 184 | 景色 |
| 185 | 主宰 | 186 | 改刊 | 187 | 肖像 | 188 | 누이의 아들 |
| 189 | 타향살이 | 190 | 왕세자의 아내 / 왕의 후궁 가운데 가장 높은 사람 | | | | |
| 191 | 나루터 | | | | | | |
| 192 | 샛별 | 193 | 벼슬아치가 벼슬을 내놓고 물러남 | | | | |
| 194 | 가려 뽑음 | 195 | 꺾꽂이 | 196 | 달 속의 두꺼비 / 달 | | |
| 197 | 송곳이 든 주머니 / 재능이 뛰어난 사람 | | | | | | |
| 198 | 恋 | 199 | 誉 | 200 | 逓 | | |

### 해설

**03** 爬羅(파라) : 손톱으로 긁거나 후비어 파 모조리 모음.
→ 여기에서 '羅'자는 '그물질하다, 모으다'를 뜻한다.

**04** 尨然(방연)하다 : 두툼하고 크다.
→ 여기에서 '然'자는 '상태를 나타내는 접미사'이다.

**08** 氈笠(전립) : 병자호란 이후 무관이나 사대부가 쓰던, 돼지 털을 깔아 덮은 모자. 군뢰복다기.
→ 여기에서 '氈'자는 '모전(毛氈)'을 뜻한다.

**10** 茅葺(모즙) : 이엉으로 지붕을 인 것.
→ 여기에서 '葺'자는 '지붕을 이다'를 뜻한다.

**11** 刪省(산생) : 필요 없는 글자나 글귀를 지워 버림.
→ '산삭(刪削)'과 같은 말이다.

**14** 僉署(첨서) : 한 문서에 여러 사람이 잇따라 서명함. 연서(連署).
→ 여기에서 '署'자는 '쓰다, 서명하다'를 뜻한다.

**17** 括髮(괄발) : 상례(喪禮)에서, 초상을 당한 사람이 처음으로 상복을 입기 전에 풀었던 머리를 묶어 맴.

**19** 扼腕(액완) : 격노하여 팔짓을 함. 액완(搤腕).
→ 여기에서 '扼'자는 '(팔을 걷어올리며) 주먹을 꽉 쥐다'를 뜻한다.

**22** 瓦樽(와준) : 진흙으로 빚어 만든 술 그릇.
→ 여기에서 '瓦'자는 '질그릇'을 뜻한다.

**25** 諷刺(풍자) : 남의 결점을 다른 것에 빗대어 비웃으면서 비판함.
→ 여기에서 '刺'자는 '나무라다, 헐뜯다, 꾸짖다, 비난하다'를 뜻한다.

**26** 煽揚(선양) : 부추기어 일으킴.
→ 여기에서 '煽'자는 '부추기다'를 뜻한다.

**28** 壟斷(농단) : ① 깎아 세운 듯한 높은 언덕. ② 이익이나 권리를 독차지함. 농단(隴斷).
→ 『孟子』, 「公孫丑」편에 "어떤 사람이 시장에서 높은 곳에 올라가 사방을 둘러보고 물건을 사 모아 비싸게 팔아 상업상의 이익을 독점하였다."라고 한 데에서 유래한 말이다.

**44** 撞着(당착) : ① 말이나 행동 따위의 앞뒤가 맞지 않음. ② 서로 맞부딪침.
→ 여기에서 '撞'자는 '부딪치다'를 뜻한다.

**46** 醵出(갹출) : (같은 목적을 위하여 여러 사람이 돈을) 나누어 냄. 추렴.
→ '醵'자는 쓰임에 따라 '거' 또는 '각 / 갹'으로 읽고 적는다.

**50** 咀嚼(저작) : 음식을 입에 넣고 씹음.
→ '咀嚼'은 서로 뜻이 비슷한 한자로 결합된 한자어이다.

**120** 忠恕(충서) : 자기에게 충실하여 정성을 다하며, 그것을 바탕으로 다른 사람을 용서함.
→ 『論語』, 「里仁」편에서 曾子가 "선생님의 도는 충서일 뿐이다(夫子之道 忠恕而已矣)."라고 말한 데에서 유래한 말이다.

**140** 鼻祖(비조) : 시조(始祖).
→ 여기에서 '鼻'자는 '처음'을 뜻한다. 『正字通』에서 "인간이 아이를 배면 코가 먼저 형태를 받는다. 그러므로 始祖를 일컬어 鼻祖라고 한다."라고 하였다.

**142** 姑息策(고식책) : 우선 당장 편한 것만을 택하는 꾀나 방법. 고식지계(姑息之計).
→ 여기에서 '姑息'은 '잠시 숨을 쉰다.'는 뜻으로, '우선 당장에는 탈이 없고 편안하게 지냄'을 비유하여 이르는 말이다.
→ '姑息'에서 '姑'자는 '잠시, 잠깐'을 뜻한다.

**154** 鳶飛魚躍(연비어약) : '솔개는 날아서 하늘에 이르고 물고기는 뛰어 연못에 놀도다(鳶飛戾天 魚躍于淵).'라는 『詩經』, 「大雅」, 〈旱麓〉에 나오는 말. '천지 만물은 자연에 따라 저절로 그 즐거움을 얻는다.'는 뜻에서, '도(道)가 천지에 가득 차 있음' 또는 '군자의 덕화가 널리 미친 상태를 이르는 말'로 쓰인다.

**192** 曉星(효성) : 일상적으로 '金星'을 이르는데, '매우 드문 존재'를 비유하여 이르기도 한다.

**194** 汰揀(태간) : 가려 뽑음.
→ 여기에서 '汰'자와 '揀'자는 '가려 뽑다'를 뜻한다.

## 02회 1급 예상문제

72쪽~76쪽

| 01 | 조판 | 02 | 논박 | 03 | 견잠 | 04 | 야장 |
|---|---|---|---|---|---|---|---|
| 05 | 번서 | 06 | 모형 | 07 | 진안 | 08 | 연구 |
| 09 | 광구 | 10 | 파사 | 11 | 정예 | 12 | 영서 |
| 13 | 위축 | 14 | 시신 | 15 | 왜구 | 16 | 일기 |
| 17 | 빈울/빈위 | 18 | 눌삽 | 19 | 끽다 | 20 | 난여 |
| 21 | 분탕 | 22 | 애루 | 23 | 일벌 | 24 | 낙역 |
| 25 | 개절 | 26 | 사굴 | 27 | 능멸 | 28 | 구학 |
| 29 | 야유 | 30 | 은닉 | 31 | 침전 | 32 | 전모 |
| 33 | 협착 | 34 | 잉여 | 35 | 빙자 | 36 | 궤양 |
| 37 | 원앙 | 38 | 참최 | 39 | 소요 | 40 | 신랄 |
| 41 | 이첩 | 42 | 송구 | 43 | 마찰 | 44 | 시투 |
| 45 | 윤곽 | 46 | 요람 | 47 | 적요 | 48 | 팽창 |
| 49 | 요격 | 50 | 잉태 | 51 | 검을 려 | 52 | 흰흙 악 |
| 53 | 사기그릇 자 | 54 | 갚을 수 | 55 | 펼 서 | 56 | 모질 학 |
| 57 | 아득할 묘 | 58 | 솟을 용 | 59 | 좀먹을 식 | 60 | 거를 려 |
| 61 | 굴레 륵 | 62 | 솥 정 | 63 | 구덩이 참 | 64 | 후손 예/가 예 |
| 65 | 빠를 첩/이길 첩 | 66 | 허물 자 | | | | |
| 67 | 시원할 상 | 68 | 뺨 협 | 69 | 입술 순 | 70 | 높은집 방 |
| 71 | 박수 격 | 72 | 빼앗을 찬 | 73 | 버틸 탱 | 74 | 가게 전 |
| 75 | 아름다울 휴 | 76 | 호탕할 탕 | 77 | 고깔 변 | 78 | 다음날 익 |
| 79 | 기장 서 | 80 | 성낼 진 | 81 | 네거리 구 | 82 | 짐작할 짐 |
| 83 | 研究者 | 84 | 平凡 | 85 | 見解 | 86 | 言及 |
| 87 | 確信 | 88 | 獨創的 | 89 | 福祉 | 90 | 普及 |
| 91 | 適合 | 92 | 經濟的 | 93 | 普遍的 | 94 | 公利 |
| 95 | 手段 | 96 | 支配 | 97 | 有用性 | 98 | 交換 |
| 99 | 比率 | 100 | 單純 | 101 | 等價物 | 102 | 還元 |
| 103 | 假定 | 104 | 供給 | 105 | 撤廢 | 106 | 鵬程 |
| 107 | 提起 | 108 | 土臺 | 109 | 落膽 | 110 | 推戴 |
| 111 | 修繕 | 112 | 閉鎖 | 113 | 沮害 | 114 | 統制 |
| 115 | 留保 | 116 | 探知 | 117 | 投與 | 118 | 領域 |
| 119 | 趣旨 | 120 | 關鍵 | 121 | 破壞 | 122 | 均衡 |
| 123~132 | ②, ③, ⑤, ⑧, ⑨, ⑫, ⑬, ⑮, ⑱, ⑲ | | | | | | |
| 133 | 庶 | 134 | 背 | 135 | 淡 | 136 | 壽 |
| 137 | 肥 | 138 | 左遷 | 139 | 精讀 | 140 | 需要 |
| 141 | 全體 | 142 | 柔和/軟弱 | 143 | 瓜/田 | 144 | 驚/天 |
| 145 | 高/枕 | 146 | 支/離 | 147 | 差/使 | 148 | 空/谷 |
| 149 | 自/適 | 150 | 錦/衣 | 151 | 和/光 | 152 | 滄/海 |
| 153 | 杜/漸 | 154 | 無/齒 | 155 | 添/花 | 156 | 千/慮 |
| 157 | 牛/彈 | 158 | 頁 | 159 | 心 | 160 | 中 |
| 161 | 升 | 162 | 日 | 163 | 羊 | 164 | 丿 |
| 165 | 支 | 166 | 冂 | 167 | 土 | 168 | 規 |
| 169 | 變 | 170 | 着/屬 | 171 | 貌 | 172 | 封 |
| 173 | 眉 | 174 | 星 | 175 | 勵 | 176 | 唆 |
| 177 | 底 | 178 | 長策 | 179 | 祈雨 | 180 | 陳腐 |
| 181 | 妖妄 | 182 | 廉問 | 183 | 畿湖 | 184 | 爛商 |
| 185 | 首班 | 186 | 讚揚 | 187 | 編輯 | 188 | 돛대 |
| 189 | 서까래 | 190 | 얄미움 | 191 | 데릴사위 | 192 | 먹줄 |
| 193 | 우열을 가리기 어려운 둘(을 비유하여 이르는 말) | | | | | | |
| 194 | 자기 집(을 낮추어 이르는 말) | | | | | | |
| 195 | 자유를 가질 수 없는 고통의 상태 | | | | | | |
| 196 | 세상일의 변천이 심함 | | | | | | |
| 197 | 큰 소용은 없으나 버리기에는 아까운 것 | | | | | | |
| 198 | 献 | 199 | 触 | 200 | 拠 | | |

### 해설

**04** 冶匠(야장) : 쇠를 달구어 연장 따위를 만드는 일을 업으로 삼는 기술직 노동자.
→ 여기에서 '冶'자는 '대장장이'를 뜻한다.

**10** 婆娑(파사)하다 : ① 춤추는 소매의 날림이 가볍다. ② 몸이 가냘프다. ③ 세력이나 형세 따위가 쇠하여

약하다. ④ 걸음이 힘없고 늘쩡늘쩡하다. ⑤ 앉아 있는 자세가 편안하다.

**12** 靈犀(영서) : '무소뿔의 흰 줄무늬는 뿌리에서 끝까지 통하여 예민하게 감응한다.'는 뜻에서, '두 사람의 마음과 마음이 암묵 중에서도 잘 통함'을 비유하여 이르는 말.
→ '靈犀'는 '영서일점통(靈犀一點通)'을 줄여서 이르는 말이다.

**16** 逸驥(일기) : 뛰어난 말.
→ 여기에서 '逸'자는 '뛰어나다'를 뜻한다.

**17** 彬蔚(빈울 / 빈위)하다 : 문채(文彩)가 찬란하다.
→ 여기에서 '彬'자와 '蔚'자는 '기운이나 세력이 한창 왕성하다'를 뜻한다. 또한 '蔚'자는 본음이 '울'이나 여기에서는 '위'로 읽고 적기도 한다.

**18** 訥澁(눌삽)하다 : 말을 더듬어 듣기에 답답하다.
→ 여기에서 '澁'자는 '말을 더듬다'를 뜻한다.

**20** 鸞輿(난여) : 임금이 타고 다니던 가마.
→ 임금이 타는 '연(輦)'을 이르는 말로, '난조(鸞鳥)라는 새의 울음소리를 모방한 방울이 달렸다.'고 하여 이르는 말이다.

**23** 佚罰(일벌) : 잘못을 저질러 죄를 지음.
→ 여기에서 '佚'자는 '잘못, 허물'을 뜻한다.

**24** 絡繹(낙역)하다 : 왕래가 끊임이 없다.
→ 여기에서 '繹'자는 '연달아 하다'를 뜻한다.

**25** 凱切(개절)하다 : 아주 알맞고 적절하다.
→ 여기에서 '凱'자는 '온화하다'를 뜻하고, '切'자는 '적절하다'를 뜻한다.

**28** 溝壑(구학) : 구렁. '움쑥하게 파인 땅'이라는 뜻에서, '빠지면 헤어나기 어려운 환경'을 이르는 말.

**38** 斬衰(참최) : 거친 베로 짓되 아랫단을 꿰매지 않고 접는 상복으로, 아버지나 할아버지의 상(喪)에 입는 오복(五服)의 하나.
→ 여기에서 '斬'자는 '가장자리를 가지런하게 베지 않은 상복'을 뜻하고, '衰'자는 '상복'을 뜻한다.

**47** 寂寥(적요) : 적적하고 고요함.
→ '寥'자는 본음이 '료'이나 여기에서는 '요'로 읽고 적는다.

**99** 比率(비율) : 둘 이상의 수나 양 따위를 비교하여 그 관계를 서로 수치로 나타낸 것.
→ 여기에서 '率'자는 본음이 '률'이나 모음 뒤에서는 '율'로 읽고 적는다. 또한 '率'자는 뜻에 따라 '률' 또는 '솔'로 읽고 적는 것에 주의해야 한다.

**106** 鵬程(붕정) : '붕새가 날아가는 길'이라는 뜻으로, '가야 할 멀고 먼 길'을 비유하여 이르는 말.
→ '붕새'는 '하루에 구만 리를 날아간다.'는 매우 큰 상상의 새이다.

**123** 撫愛(무애) : 어루만지며 사랑함.
→ '撫'자는 '무마(撫摩)'를 제외한 모든 한자어의 첫음절에서는 장음으로 발음한다.

**124** 沸騰(비등) : ① 액체가 끓어오름. ② '여론이나 관심 따위가 물이 끓듯 일어남'을 비유하여 이르는 말.
→ '沸'자는 뜻에 따라 '불' 또는 '비'로 읽고 적으나 '비'로 읽을 때에만 장음으로 발음한다.

**125** 啞鈴(아령) : 운동 기구의 한 가지.
→ '啞'자는 '啞鈴'만 장음으로 발음하고, 이를 제외한 한자어의 첫음절에서는 단음으로 발음한다.

**127** 站路(참로) : 역참을 지나는 길.
→ '站'자는 '참운(站運)'을 제외한 모든 한자어의 첫음절에서는 장음으로 발음한다.

**148** 空谷足音(공곡족음) : 공곡공음(空谷跫音).

**153** 杜漸防萌(두점방맹) : '漸'자는 '사물의 처음'을 뜻하고, '萌'자는 '싹'을 뜻한다.

**184** 爛商(난상) : '商'자는 '상의(商議 / 相議)하다'를 뜻한다.

**191** 贅壻(췌서) : 데릴사위. 예전에, 중국에서 신부의 친정에 재화(財貨)를 주는 대신에 노역을 하던 사위.
→ 여기에서 '贅'자는 '데릴사위'를 뜻하고, '壻'자는 '사위'를 뜻한다. '壻'자와 '婿'자는 쓰임이 같은 이체자이다.

## 03회 1급 예상문제

77쪽~81쪽

| 번호 | 답 | 번호 | 답 | 번호 | 답 | 번호 | 답 |
|---|---|---|---|---|---|---|---|
| 01 | 경추 | 02 | 용야 | 03 | 삽설 | 04 | 권련 |
| 05 | 사화 | 06 | 쇄설 | 07 | 잠흘 | 08 | 측민 |
| 09 | 척서 | 10 | 군핍 | 11 | 뇌옥 | 12 | 독필 |
| 13 | 담징 | 14 | 이앙 | 15 | 임파 | 16 | 노예 |
| 17 | 나말 | 18 | 규곽 | 19 | 여항 | 20 | 위괴 |
| 21 | 단사 | 22 | 조추 | 23 | 뇌괴 | 24 | 착암 |
| 25 | 애매 | 26 | 기각 | 27 | 의아 | 28 | 옹체 |
| 29 | 아첨 | 30 | 참람 | 31 | 노도 | 32 | 괴뢰 |
| 33 | 포폄 | 34 | 도태 | 35 | 소요 | 36 | 희생 |
| 37 | 표절 | 38 | 방조 | 39 | 발호 | 40 | 영어 |
| 41 | 석갈 | 42 | 사주 | 43 | 부의 | 44 | 계륵 |
| 45 | 묘령 | 46 | 생질 | 47 | 분합 | 48 | 해학 |
| 49 | 경악 | 50 | 황홀 | 51 | 숨을 칩 | 52 | 더울 난 |
| 53 | 꾸밀 날 / 이길 날 | 54 | 발 박 | 55 | 대궐섬돌 폐 | | |
| 56 | 마을 아 | 57 | 자주 빈 | 58 | 농막집 려 | 59 | 후릴 괴 |
| 60 | 팔뚝 박 | 61 | 황달 달 | 62 | 방울 탁 | 63 | 적을 사 |
| 64 | 자라 별 | 65 | 투구 두 / 도솔천 도 | 66 | 밤 소 | | |
| 67 | 옮길 사 | 68 | 밥 찬 | 69 | 도울 익 | 70 | 난간 함 |
| 71 | 뇌물 뢰 | 72 | 수컷 모 | 73 | 칙서 칙 | 74 | 아낄 색 |
| 75 | 샘낼 투 | 76 | 겁낼 겁 | 77 | 모을 수 | 78 | 밝을 황 |
| 79 | 평탄할 탄 | 80 | 좁을 애 | 81 | 꾸짖을 매 | 82 | 남을 잉 |
| 83 | 部類 | 84 | 權威 | 85 | 所藏 | 86 | 通讀 |
| 87 | 敬畏心 | 88 | 若干 | 89 | 破損 | 90 | 境遇 |
| 91 | 媒介 | 92 | 構成 | 93 | 屬性 | 94 | 關係 |
| 95 | 律格 | 96 | 交替 | 97 | 循環 | 98 | 現象 |
| 99 | 心臟 | 100 | 鼓動 | 101 | 規則性 | 102 | 呼吸 |
| 103 | 間接 | 104 | 影響 | 105 | 機能 | 106 | 快感 |
| 107 | 疲勞 | 108 | 回復 | 109 | 慰安 | 110 | 創作 |
| 111 | 高麗 | 112 | 武臣 | 113 | 侵入 | 114 | 內憂外患 |
| 115 | 推定 | 116 | 橫暴 | 117 | 權門勢族 | 118 | 收奪 |
| 119 | 莫甚 | 120 | 流浪 | 121 | 時期 | 122 | 安心立命 |
| 123~132 | ③, ⑤, ⑥, ⑧, ⑨, ⑪, ⑬, ⑮, ⑰, ⑱ | | | | | | |
| 133 | 縱 | 134 | 辱 | 135 | 增 | 136 | 姑 |
| 137 | 打 | 138 | 隆起 | 139 | 秩序 | 140 | 扶桑 |
| 141 | 穩健 | 142 | 陳腐 | 143 | 石 / 俱 | 144 | 窮 / 迫 |
| 145 | 拾 / 遺 | 146 | 興 / 夜 | 147 | 龍 / 悔 | 148 | 泥 / 鴻 |
| 149 | 背 / 毛 | 150 | 頂 / 放 | 151 | 乾 / 坤 | 152 | 握 / 吐 |
| 153 | 光 / 塵 | 154 | 懸 / 辯 | 155 | 冬 / 爐 | 156 | 天 / 縫 |
| 157 | 麥 / 辨 | 158 | 田 | 159 | 网(网) | 160 | 虫 |
| 161 | 戈 | 162 | 鬯 | 163 | 口 | 164 | 玄 |
| 165 | 黑 | 166 | 隹 | 167 | 大 | 168 | 忌 |
| 169 | 弄 | 170 | 招 | 171 | 救 | 172 | 旋 |
| 173 | 俊良 | 174 | 權輿 / 濫觴 | 175 | 殺到 | 176 | 共鳴 |
| 177 | 卒壽 | 178 | 抽獎 | 179 | 累代 | 180 | 端緖 |
| 181 | 厚謝 | 182 | 寄宿 | 183 | 懇乞 | 184 | 栽培 |
| 185 | 肺肝 | 186 | 踏査 | 187 | 廉問 | 188 | 살풀이 |
| 189 | 몹시 속박하여 자유를 가질 수 없는 고통의 상태 | | | | | | |
| 190 | 방이나 장소가 비좁음 | | | | | | |
| 191 | 작은 구멍이나 빈틈 / 틈새 | | | | | | |
| 192 | 얼른 슬쩍 봄 | | | | | | |
| 193 | 활을 문에 걸다 / 사내아이의 출생 | | | | | | |
| 194 | 깎아 세운 듯한 높은 언덕 / 이익이나 권리를 독차지함 | | | | | | |
| 195 | 한없이 큰 포부 | | | | | | |
| 196 | 사회적 현상이나 사조 따위가 널리 사회에 퍼짐 | | | | | | |
| 197 | 허물을 고쳐 말과 행동이 뚜렷이 달라짐 | | | | | | |
| 198 | 煮 | 199 | 灯 | 200 | 劑 | | |

### 해설

02 鎔冶(용야) : 쇠붙이를 녹여서 물건을 만듦.
→ '冶(풀무 야)'자는 '治(다스릴 치)'자와 모양이 비슷하여 혼동하기 쉬운 글자이다.

04 眷戀(권련) : 간절히 생각하며 그리워함.
→ 여기에서 '眷'자는 '그리워하다'를 뜻한다.

09 滌暑(척서) : '더위의 기운을 씻어버리다.'는 뜻에서, '더울 때에, 찬 것을 먹거나 목욕을 하거나 서늘한 바람을 쐬거나 하여 몸을 시원하게 함'을 이르는 말.

13 曇徵(담징) : 고구려의 승려·화가(579 ~ 631).

16 奴隷(노예) : 모든 권리와 생산 수단을 빼앗기고, 물건처럼 사고 팔리며 남의 소유물로 되어 부림을 당하던 노예제 사회의 피지배 계급의 사람.
→ '隷'자는 본음이 '례'이나 여기에서는 '예'로 읽고 적는다.

17 羅襪(나말) : 얇은 비단 버선.
→ 여기에서 '羅'자는 '비단'을 뜻한다.

21 簞食(단사) : 대나무로 만든 밥그릇에 담은 밥.
→ '食'자는 '밥'을 뜻할 때에는 '사'로 읽고, '먹다'를 뜻할 때에는 '식'으로 읽는다.

23 磊塊(뇌괴) : '첩첩 쌓인 많은 돌'이라는 뜻에서, '마음에 쌓인 걱정이나 불만'을 이르는 말.

26 枳殼(기각) : 약재의 한 가지로, 썰어 말린 탱자.
→ '枳'자는 쓰임에 따라 '지' 또는 '기'로 발음한다.

30 僭濫(참람)하다 : 분수에 넘쳐 너무 지나치다.
→ 여기에서 '濫'자는 '외람하다(猥濫 : 행동이나 생각이 분수에 지나치다)'를 뜻한다.

38 幇助(방조) : 형법에서, 남의 범죄 수행에 편의를 주는 모든 행위. 방조(幫助).

39 跋扈(발호) : 권세나 세력 따위를 제멋대로 휘둘러 날뜀.
→ 여기에서 '跋'자는 '난폭하다'를 뜻하고, '扈'자는 '횡행하다(橫行 : 아무 거리낌 없이 제멋대로 행동하다)'를 뜻한다.

41 釋褐(석갈) : '갈의(褐衣 : 평민이 입는 갈색 옷)를 벗는다.'는 뜻에서, '문과에 급제하여 처음으로 벼슬하던 일'을 이르는 말.

44 鷄肋(계륵) : ① '닭의 갈비'라는 뜻에서, '그다지 쓸모가 없으나 버리기에는 아까운 것'을 이르는 말.
② 몸이 몹시 약한 사람.
→ '鷄肋'은 『後漢書』,〈楊修傳〉에서 "위(魏)나라 조조(曹操)가 촉(蜀)나라 유비(劉備)와 한중(漢中) 땅을 놓고 싸우면서 진퇴를 놓고 고민에 빠져 있을 때의 일"에서 유래한 말이다.

45 妙齡(묘령) : 스무 살 안팎의 여자 나이.
→ '妙'자는 '묘하다, 말할 수 없이 빼어나고 훌륭하다'를 뜻하나 여기에서는 '젊다, 연소(年少)하다'를 뜻한다.

116 橫暴(횡포) : 제멋대로 굴며 몹시 난폭함.
→ '暴'자는 뜻에 따라 '포' 또는 '폭'으로 읽는다.

137 投打(투타) : 야구에서, 투구(投球)와 타격(打擊)을 아울러 이르는 말.

142 斬新(참신)하다 : 대단히 새롭고 산뜻하다.
→ '참신(嶄新)'으로 쓰기도 하는데, 여기에서 '斬'자는 '매우'를 뜻한다.

147 亢龍有悔(항룡유회) : '하늘에 오른 용은 뉘우침이 있다.'는 뜻으로 '부귀가 극에 이르면 몰락할 위험이 있음'을 경계해 이르는 말.
→ 여기에서 '亢龍'은 '하늘의 막바지까지 오른 용'을 뜻한다.

156 天衣無縫(천의무봉) : '천사의 옷은 꿰맨 흔적이 없다.'는 뜻에서, '완전무결하여 흠이 없음' 또는 '세상사에 물들지 아니한 순진함'을 이르기도 한다.

187 廉問(염문) : 무엇을 탐지하기 위해 몰래 물어봄.
→ 여기에서 '廉'자는 '살피다, 살펴보다'를 뜻한다.

190 容膝(용슬) : '무릎을 들여놓을 만하다'는 뜻에서, '이 세상에 겨우 몸을 붙이고 살아감[容身]'을 뜻하기도 한다.

193 懸弧(현호) : 옛날에 사내아이가 태어나면 뽕나무로 만든 활을 문의 왼쪽에 걸어놓은 데에서, '사내아이가 태어남'을 이르는 말.

196 風靡(풍미) : '바람에 초목이 쓰러진다.'는 뜻에서 '어떤 위세가 널리 사회를 휩쓸거나 또는 휩쓸게 함'을 이르는 말.

## 04회 1급 예상문제

82쪽~86쪽

| 01 | 다구 | 02 | 자하 | 03 | 전례 | 04 | 초졸 |
|---|---|---|---|---|---|---|---|
| 05 | 난여 | 06 | 감내 | 07 | 범종 | 08 | 산만 |
| 09 | 배수 | 10 | 촬영 | 11 | 경삽 | 12 | 질투 |
| 13 | 특경 | 14 | 도박 | 15 | 영서 | 16 | 서광 |
| 17 | 감동 | 18 | 사력 | 19 | 선초 | 20 | 체읍 |
| 21 | 분뇨 | 22 | 미만 | 23 | 당고 | 24 | 향낭 |
| 25 | 왜구 | 26 | 오묘 | 27 | 흔쾌 | 28 | 혐시 |
| 29 | 강의 | 30 | 누설 | 31 | 추첨 | 32 | 어혈 |
| 33 | 유열 | 34 | 산통 | 35 | 알선 | 36 | 아령 |
| 37 | 비유 | 38 | 향도 | 39 | 증류 | 40 | 방황 |
| 41 | 굴착 | 42 | 풍요 | 43 | 하자 | 44 | 폐현 |
| 45 | 동량 | 46 | 반박 | 47 | 섬멸 | 48 | 질식 |
| 49 | 기휘 | 50 | 후각 | 51 | 볼 도 | 52 | 먹을 끽 |
| 53 | 꾸짖을 힐 | 54 | 파낼 설 | 55 | 밟을 태 | 56 | 부를 빙 |
| 57 | 낮출 폄 | 58 | 쪼갤 벽 | 59 | 떨칠 불 | 60 | 기장 서 |
| 61 | 항문 항 | 62 | 꿩 치 | 63 | 홀아비 환 | 64 | 새알 단 |
| 65 | 거듭 첩 | 66 | 불탄끝 신 | 67 | 열반 녈 / 검은물들일 날 | | |
| 68 | 떨릴 긍 | 69 | 떨기 총 / 모일 총 | 70 | 용서할 사 | | |
| 71 | 무리 훈 | 72 | 풀 훼 | 73 | 수갑 곡 | 74 | 흙덩이 괴 |
| 75 | 뵐 근 | 76 | 누를 날 | 77 | 버선 말 | 78 | 솔개 연 |
| 79 | 굴대 축 | 80 | 비단 견 | 81 | 아낄 린 | 82 | 가루 설 |
| 83 | 虛僞的 | 84 | 徒刑囚 | 85 | 船倉 | 86 | 氣盡脈盡 |
| 87 | 甲板 | 88 | 悲鳴 | 89 | 記錄 | 90 | 偉大 |
| 91 | 非難 | 92 | 至極 | 93 | 困難 | 94 | 殉難者 |
| 95 | 悲慘 | 96 | 承諾 | 97 | 娛樂 | 98 | 盲目的 |
| 99 | 拒否 | 100 | 斷絶 | 101 | 歸着 | 102 | 重傷 |
| 103 | 障碍物 | 104 | 莊嚴 | 105 | 看做 | 106 | 抑壓 |
| 107 | 餘興 | 108 | 掌握 | 109 | 借款 | 110 | 溶媒 |
| 111 | 緊張 | 112 | 諸般 | 113 | 葛藤 | 114 | 苦惱 |
| 115 | 基礎 | 116 | 包含 | 117 | 破壞 | 118 | 拘礙 |
| 119 | 捕捉 | 120 | 投棄 | 121 | 整頓 | 122 | 滑降 |
| 123~132 | ①, ③, ⑥, ⑧, ⑩, ⑫, ⑭, ⑮, ⑱, ⑳ | | | | | | |
| 133 | 雄 | 134 | 晴 | 135 | 樂 / 歡 | 136 | 考 |
| 137 | 晚 | 138 | 推仰 | 139 | 卑俗 / 低俗 | 140 | 抵抗 |
| 141 | 未熟 | 142 | 貧窮 | 143 | 無 / 援 | 144 | 畫 / 蛇 |
| 145 | 灰 / 復 | 146 | 肝 / 膽 | 147 | 權 / 謀 | 148 | 菽 / 麥 |
| 149 | 背 / 水 | 150 | 附 / 和 | 151 | 好 / 機 | 152 | 暴 / 虎 |
| 153 | 遺 / 臭 | 154 | 野 / 鶴 | 155 | 自 / 讚 | 156 | 乳 / 臭 |
| 157 | 千 / 篇 | 158 | 甘 | 159 | 犬(犭) | 160 | 兩 |
| 161 | 大 | 162 | 内 | 163 | 土 | 164 | 尸 |
| 165 | 木 | 166 | 女 | 167 | 玄 | 168 | 速 |
| 169 | 缺 | 170 | 遙 | 171 | 敏 | 172 | 探 |
| 173 | 飢餓 | 174 | 望蜀 | 175 | 寸土 | 176 | 折衷 / 折衝 |
| 177 | 招請 | 178 | 紅顔 | 179 | 昏睡 | 180 | 移替 |
| 181 | 印封 | 182 | 警報 | 183 | 添杯 | 184 | 結晶 |
| 185 | 放射 | 186 | 塗裝 | 187 | 棄權 | 188 | 끝내 |
| 189 | 받침점 / 지렛목 | | | 190 | 아흔 살 | | |
| 191 | 뒤란 | | | 192 | 아닌 게 아니라 과연 | | |
| 193 | (사물이나 현상이 시작되어 나온) 맨 처음 | | | | | | |
| 194 | 바꾸어서 먼저 것보다 잘되게 함 | | | | | | |
| 195 | 초야에 묻혀 있는 큰 인물 | | | | | | |
| 196 | 남을 (교묘한 꾀로 휘잡아서) 제 마음대로 놀리거나 이용함 | | | | | | |
| 197 | 가장 중요한 부분을 완성함 | | | | | | |
| 198 | 晝 | 199 | 纖 | 200 | 临 | | |

### 해설

**03** 篆隷(전례): 전서(篆書)로 쓴 글자와 예서(隷書)로 쓴 글자. 예전(隷篆).
→ '隷'자는 본음이 '례'이므로, 두음법칙에 의해 '예

서'로 쓰는 것과 표기가 다른 것에 주의해야 한다.

04 憔悴(초졸)하다 : 병이나 고생, 근심 등으로 여위고 파리하여 볼품이 없다.

05 鸞輿(난여) : 임금이 거동할 때 타고 다니던 가마. 난여(鑾輿). 연(輦).
→ 여기에서 '鸞'자는 '방울'을 뜻하는데, 특히 '천자가 타는 말고삐에 다는 방울'을 뜻한다.

11 梗澁(경삽) : 막혀서 통하지 않음.
→ 여기에서 '梗'자와 '澁'자는 모두 '막히다'를 뜻한다.

16 胥匡(서광) : 틀린 점을 서로 고쳐 줌.
→ 여기에서 '胥'자는 '서로, 함께'를 뜻하고, '匡'자는 '바로잡다'를 뜻한다.

18 沙礫(사력) : 자갈.
→ '沙'자와 '砂'자는 쓰임이 같은 이체자이다.

19 扇貂(선초) : 부채고리에 매어 다는 장식품.
→ 여기에서 '貂'자는 '담비의 꼬리'를 뜻하는데, '옛날 중국에서 높은 벼슬아치가 치레로 쓴 것'에서 유래한 말이다.

22 彌滿(미만) : 널리 퍼지어 가득 차 있음.
→ '미만(彌漫)'으로 쓰기도 하는데, '미만(未滿 : 정한 수효나 정도에 차지 못함)'과 혼동하기 쉬우니 주의!

35 斡旋(알선) : 남의 일이 잘되도록 주선하는 일.
→ 여기에서 '斡'자는 '관리하다'를 뜻한다.
→ '斡旋'은 서로 뜻이 비슷한 한자로 결합된 한자어이다.

44 陛見(폐현) : 황제나 황후를 만나 뵘.
→ 여기에서 '見(현)'자는 '뵙다'를 뜻한다.
→ '폐견(陛見 : 군주제 국가에서, 陛下의 접견을 이르는 말)'으로 읽기도 한다.

46 斑駁(반박) : '여러 빛깔이 뒤섞여 아롱진 모양'이라는 데에서, '여러 가지가 한데 섞이어 서로 같지 아니한 모양'을 이르는 말.
→ 여기에서 '駁'자는 '얼룩얼룩하다, 섞이다'를 뜻한다.
→ 반박(反駁 : 다른 의견, 주장, 논설 따위에 반대하여 말함)과 쓰임이 다름에 주의!

49 忌諱(기휘) : ① 꺼리고 싫어함. ② 꺼리어 피하거나 숨김. ③ 나라의 금령(禁令).
→ 여기에서 '諱'자는 '꺼리어 감추거나 숨기다. 높은 사람 이름'을 뜻한다.

84 徒刑(도형) : 조선 시대에, 죄인을 중노동에 종사시키던 형벌.
→ 여기에서 '徒'자는 '징역(懲役). 고된 노동을 시키는 형벌'을 뜻한다.

109 借款(차관) : 한 나라의 정부나 기업, 은행 등이 외국 정부나 공적 기관으로부터 자금을 빌려 옴.
→ 여기에서 '款'자는 '돈, 경비(經費)'를 뜻한다.

113 葛藤(갈등) : '칡덩굴과 등나무덩굴'이라는 뜻에서, '일이나 사정이 서로 복잡하게 뒤얽혀 화합하지 못함' 또는 '목표나 이해관계가 달라 서로 적대시하거나 충돌함'을 이르는 말.

122 滑降(활강) : 비탈진 곳을 미끄러져 내려오거나 내려감.
→ '滑'자는 쓰임에 따라 뜻과 소리가 달라지는 글자이다. 참 滑(익살스러울 골, 미끄러울 활)

123 蓋然(개연) : 반드시 그렇다고 단정할 수 없지만 대개 그럴 것이라고 생각되는 상태.
→ '蓋'자는 '개관(蓋棺), 개초(蓋草)' 등을 제외한 대부분 한자어의 첫음절에서는 장음으로 발음한다.

124 脾髓(비수) : '지라 속질'의 전 용어. 지라를 이루고 있는 붉은 빛깔의 부드럽고 연한 물질.
→ '脾'자는 '脾髓'를 제외한 모든 한자어의 첫음절에서는 단음으로 발음한다.

125 冤魂(원혼) : 분하고 억울하게 죽은 사람의 넋.
→ '冤'자는 '원통(冤痛)'을 제외한 모든 한자어의 첫음절에서는 장음으로 발음한다.

126 跛倚(피의) : 한쪽 다리는 들고 한쪽 다리만으로 서서 몸을 다른 것에 기댐.
→ '跛'자는 '파'로 발음할 때에는 단음이고, '피'로 발음할 때에는 장음이다.

## 05회 1급 예상문제

87쪽~91쪽

| 번호 | 답 | 번호 | 답 | 번호 | 답 | 번호 | 답 |
|---|---|---|---|---|---|---|---|
| 01 | 침구 | 02 | 두찬 | 03 | 발수 | 04 | 흉격 |
| 05 | 구매 | 06 | 황달 | 07 | 봉장 | 08 | 장미 |
| 09 | 예삭 | 10 | 각건 | 11 | 옹겁 | 12 | 삽시 |
| 13 | 농염 | 14 | 전색 | 15 | 전포 | 16 | 비박 |
| 17 | 탑승 | 18 | 맥박 | 19 | 터회 | 20 | 구척 |
| 21 | 퇴이 | 22 | 이아 | 23 | 융적 | 24 | 인륜 |
| 25 | 궤봉 | 26 | 명충 | 27 | 함양 | 28 | 밀랍 |
| 29 | 구나 | 30 | 사소 | 31 | 천착 | 32 | 회신 |
| 33 | 투척 | 34 | 괘효 | 35 | 엄습 | 36 | 폭주 / 복주 |
| 37 | 폄적 | 38 | 호도 | 39 | 포복 | 40 | 수집 |
| 41 | 만연 | 42 | 자극 | 43 | 와류 | 44 | 가렴 |
| 45 | 답지 | 46 | 조소 | 47 | 균점 | 48 | 소환 |
| 49 | 호참 | 50 | 무격 | 51 | 번쩍일 섬 | 52 | 소매 몌 |
| 53 | 재주 량 | 54 | 거꾸러질 질 | 55 | 잡을 병 | 56 | 기름 방 |
| 57 | 맞을 요 | 58 | 옥 어 | 59 | 팔찌 천 | 60 | 광대뼈 관 |
| 61 | 볼기 둔 | 62 | 가마 부 | 63 | 당길 만 | 64 | 턱 악 |
| 65 | 명아주 래 | 66 | 편지 첩 | 67 | 쌓을 퇴 | 68 | 서까래 연 |
| 69 | 그믐 회 | 70 | 헤아릴 감 | 71 | 합 합 | 72 | 섣달 랍 |
| 73 | 솟을 용 | 74 | 여울 탄 | 75 | 벗길 박 | 76 | 승냥이 시 |
| 77 | 긁을 파 | 78 | 놋쇠 유 | 79 | 보배 옥 |  |  |
| 80 | 사랑할 총 / 괼 총 | 81 | 일할 길 | 82 | 좁을 애 |  |  |
| 83 | 超人間的 | 84 | 尺度 | 85 | 餘裕 | 86 | 喜悅 |
| 87 | 非對稱形 | 88 | 自由奔放 | 89 | 破格 | 90 | 微妙 |
| 91 | 持續 | 92 | 支配層 | 93 | 壓倒的 | 94 | 公分母 |
| 95 | 役割 | 96 | 枝葉的 | 97 | 解放 | 98 | 環境 |
| 99 | 意思疏通 | 100 | 構造物 | 101 | 類型 | 102 | 象徵的 |
| 103 | 段階 | 104 | 含蓄的 | 105 | 創造 | 106 | 讚辭 |
| 107 | 神殿 | 108 | 莫論 | 109 | 槪念 | 110 | 故意的 |
| 111 | 追加 | 112 | 手段 | 113 | 周圍 | 114 | 瞬間 |
| 115 | 快樂 | 116 | 但只 | 117 | 寄與 | 118 | 偶像 |
| 119 | 崇拜 | 120 | 對象物 | 121 | 武器 | 122 | 銳敏 |
| 123~132 | ①, ③, ⑤, ⑥, ⑨, ⑩, ⑫, ⑭, ⑱, ⑲ | | | | | | |
| 133 | 改 | 134 | 胎 | 135 | 證 | 136 | 集 |
| 137 | 滅 | 138 | 尋常 | 139 | 伏龍 / 臥龍 | 140 | 告白 |
| 141 | 缺陷 | 142 | 知命 / 艾老 | 143 | 漏 / 舟 | 144 | 膽 / 越 |
| 145 | 望 / 而 | 146 | 薦 / 鐵 | 147 | 耳 / 目 | 148 | 蓮 / 托 |
| 149 | 惑 / 民 | 150 | 頭 / 懸 | 151 | 柱 / 瑟 | 152 | 眞 / 無 |
| 153 | 陜 / 池 | 154 | 廳 / 室 | 155 | 虎 / 河 | 156 | 落 / 石 |
| 157 | 困 / 猶 | 158 | 丿 | 159 | 佳 | 160 | 酉 |
| 161 | 勹 | 162 | 瓦 | 163 | 爪 | 164 | 巾 |
| 165 | 車 | 166 | 聿 | 167 | 卜 | 168 | 需 |
| 169 | 此 | 170 | 賤 | 171 | 緩 | 172 | 鄕 |
| 173 | 收縮 | 174 | 興奮 | 175 | 精巧 | 176 | 愼重 |
| 177 | 險難 | 178 | 幹線 | 179 | 罷場 | 180 | 細査 |
| 181 | 挑戰 | 182 | 諸邦 | 183 | 異質 | 184 | 連彈 / 聯彈 |
| 185 | 種苗 | 186 | 烏梅 | 187 | 否塞 |  |  |
| 188 | 얽매어 자유를 구속함 | | | 189 | 일에 파묻혀 몹시 바쁨 | | |
| 190 | 공경하는 태도로 허리를 굽혀 절함 | | | | | | |
| 191 | 소용돌이 | 192 | 실없는 말로 희롱하고 익살을 부림 | | | | |
| 193 | 제위나 정권, 지위, 인기 등을 얻으려고 다툼 | | | | | | |
| 194 | 세상의 모든 것이 실체가 없고 덧없음 | | | | | | |
| 195 | 꿈과 같이 헛된 한때의 부귀영화 | | | | | | |
| 196 | 사물의 처음이나 기원(起源) | | | | | | |
| 197 | 전쟁을 시작함 | | | | | | |
| 198 | 庐 | 199 | 専 | 200 | 碍 | | |

### 해설

**01** 鍼灸(침구) : 침과 뜸.
→ '灸'자는 '炙(구울 자 / 적)'자와 모양이 비슷하여 혼동하기 쉬운 글자이다.

**02** 杜撰(두찬) : ① 전거나 출처가 확실하지 못한 저술. ② 틀린 곳이 많은 작품.
→ 이는 송대(宋代) 왕무(王楙)의 『野客叢書』에서 '두묵(杜黙)이라는 자가 시를 짓는데 율(律)에 맞지 않는 것이 많아, 그 일로 인하여 일이 격에 맞지 않는 것을 두찬이라 한다.'는 데에서 유래한 말이다.

**09** 曳索(예삭) : 끌줄. 배에 그물을 달아 끄는 줄.
→ 여기에서 '索'자는 '노'를 뜻한다.

**15** 廛鋪(전포) : 전방(廛房). 물건을 늘어놓고 파는 가게.
→ 여기에서 '鋪'자는 '가게'를 뜻한다.
→ '廛鋪'는 서로 뜻이 비슷한 한자로 결합된 한자어이다.

**20** 狗脊(구척) : 고비. 고빗과의 여러해살이풀.
→ '狗脊'은 '싹이 관중(貫衆)과 비슷하고 뿌리는 길고 잔가지가 많아 개의 등골뼈와 같아' 붙여진 이름이다.

**21** 頹弛(퇴이) : ① 반듯하게 있던 것이 흐트러지고 느즈러지며 헐렁하여짐. ② 기분이나 규율 따위가 해이하여짐.
→ 여기에서 '弛'자는 '느슨하다'를 뜻한다.

**31** 穿鑿(천착) : '구멍을 뚫다.'는 뜻에서, '어떤 원인이나 내용 따위를 따지고 파고들어 알려고 하거나 연구함' 또는 '억지로 이치에 닿지 아니한 말을 함'을 이르는 말이다.
→ '穿鑿'은 서로 뜻이 비슷한 한자로 결합된 한자어이다.

**36** 輻輳(폭주 / 복주) : '수레의 바퀴통에 바퀴살이 모이듯 한다.'는 뜻에서, '한곳으로 많이 몰려듦'을 이르는 말.
→ '輻輳'는 '輻湊'로 쓰기도 한다. '輻'자는 쓰임에 따라 소리가 달라지는 글자이다.
참 輻(바퀴살 복 / 폭)

**38** 糊塗(호도) : '풀을 바른다.'는 뜻에서, '결말을 내지 않고 일시적으로 감추거나 흐지부지 덮어 버림'을 이르는 말.
→ 여기에서 '塗'자는 '매흙질하다, 바르다'를 뜻한다.

**47** 均霑(균점) : 이익이나 혜택을 고르게 받음.
→ 여기에서 '霑'자는 '(은혜가)두루 미치다. 영향이나 작용 따위가 대상에 가하여지다.'를 뜻한다.

**118** 偶像(우상) : 신처럼 숭배의 대상이 되는 물건이나 사람.
→ 여기에서 '偶'자는 '허수아비'를 뜻한다.

**133** 改悛(개전) : 행실이나 태도의 잘못을 뉘우치고 마음을 바르게 고쳐먹음.
→ 서로 뜻이 비슷한 유의어로, '反省(반성), 悛改(전개), 悛心(전심), 悛換(전환), 悔悛(회전)' 등이 있다.

**139** 鳳兒(봉아) : '봉황의 새끼'라는 뜻에서, '장차 큰 인물이 될 만한 소년'을 비유하여 이르는 말.

**142** 艾年(애년) : '머리털이 약쑥같이 희어지는 나이'라는 뜻에서, '쉰 살'을 이르는 말.
→ 유의어 '지명(知命)'은 '知命之年'의 준말로, '쉰 살의 나이'를 달리 이르는 말이다.

**147** 耳聞目睹(이문목도) : '귀로 듣고 눈으로 본다.'는 뜻에서, '이문목견(耳聞目見)'이라고도 한다.

**155** 暴虎馮河(포호빙하) : '맨손으로 범을 때려잡고 걸어서 황허 강(黃河江)을 건넌다.'는 뜻으로, '무모한 행동 또는 죽음을 두려워하지 않는 만용'을 이르는 말.
→ 『論語』, 「述而」에 나오는 말로, '공자가 자로의 경솔한 태도와 만용을 경계'한 말이다.

**187** 否塞(비색) : 운수가 꽉 막힘.
→ '否'자는 쓰임에 따라 뜻과 소리가 달라지는 글자이다. 참 否(아닐 부, 막힐 비)

**193** 逐鹿(축록) : '사슴을 뒤쫓는다.'는 뜻에서, '여러 영웅들이 '황제의 자리[鹿]'를 차지하려고 다툼'을 이르는 말.
→ 魏徵의 〈述懷〉에서 "중국 천지[中原]가 비로소 천하를 쟁탈하는 사냥터[逐鹿]가 되었으니, 글공부를 버리고[投筆] 군대[戎軒]에 몸담으리라(中原初逐鹿 投筆事戎軒)."라고 한 말에서 '중원축록(中原逐鹿)'이라는 말로 쓰이기도 한다.

## 06회 1급 예상문제

92쪽~96쪽

| # | 답 | # | 답 | # | 답 | # | 답 |
|---|---|---|---|---|---|---|---|
| 01 | 정박 | 02 | 우범 | 03 | 신금 | 04 | 액취 |
| 05 | 육시 | 06 | 연추 | 07 | 말삭 | 08 | 주재 |
| 09 | 천단 | 10 | 자경 | 11 | 도요 | 12 | 반사 |
| 13 | 사립 | 14 | 전간 | 15 | 교일 | 16 | 비척 |
| 17 | 조율 | 18 | 조강 | 19 | 신루 | 20 | 도란 |
| 21 | 반전 | 22 | 훈륜 | 23 | 예천 | 24 | 유종 |
| 25 | 시훼 | 26 | 박리 | 27 | 나감 | 28 | 부검 |
| 29 | 도참 | 30 | 유린 | 31 | 신축 | 32 | 조소 |
| 33 | 사치 | 34 | 메별 | 35 | 억측 | 36 | 무도 |
| 37 | 즐비 | 38 | 기우 | 39 | 석호 | 40 | 옹색 |
| 41 | 힐난 | 42 | 시호 | 43 | 참회 | 44 | 질곡 |
| 45 | 노략 | 46 | 낭자 | 47 | 요염 | 48 | 평탄 |
| 49 | 흠휼 | 50 | 채운 | 51 | 울릴 효 | 52 | 화약 초 |
| 53 | 그을음 매 | 54 | 다스릴 섭 / 잡을 섭 | 55 | 항아리 항 | | |
| 56 | 무소 서 | 57 | 아욱 규 / 해바라기 규 | 58 | 두꺼비 섬 | | |
| 59 | 원숭이 저 / 엿볼 저 | 60 | 허물 자 | 61 | 암초 초 | | |
| 62 | 불꺼질 식 | 63 | 아비 야 | 64 | 쥘 악 | 65 | 빛날 휘 |
| 66 | 국 갱 | 67 | 막대 봉 | 68 | 귀먹을 롱 | 69 | 참새 작 |
| 70 | 무쇠 선 | 71 | 지라 비 | 72 | 무너질 붕 | | |
| 73 | 발랄할 랄 / 수라 라 | 74 | 뿌릴 파 | | | | |
| 75 | 쇠몽치 추 / 등골 추 | 76 | 시들 조 | 77 | 살필 체 | | |
| 78 | 두드릴 고 | 79 | 버선 말 | 80 | 난새 란 | 81 | 깃들일 서 |
| 82 | 이를 예 | 83 | 公明正大 | 84 | 賞讚 | 85 | 信義 |
| 86 | 眼中 | 87 | 計略 | 88 | 混亂 | 89 | 成就 |
| 90 | 壓倒 | 91 | 大概 | 92 | 援用 | 93 | 巧妙 |
| 94 | 驅使 | 95 | 著述家 | 96 | 友誼的 | 97 | 英雄 |
| 98 | 半人半獸 | 99 | 沒知覺 | 100 | 油印物 | 101 | 懇談會 |
| 102 | 氣體候 | 103 | 深呼吸 | 104 | 勳舊派 | 105 | 荒廢化 |
| 106 | 等閑視 | 107 | 無賴漢 | 108 | 象牙塔 | 109 | 違和感 |
| 110 | 井華水 | 111 | 汚染源 | 112 | 度量衡 | 113 | 盛需期 |
| 114 | 搜所聞 | 115 | 乳酸菌 | 116 | 燕尾服 | 117 | 端末機 |
| 118 | 除幕式 | 119 | 句讀點 | 120 | 根抵當 | 121 | 放射能 |
| 122 | 虛構性 | 123 | 磨 | 124 | 購 | 125 | 敷 |
| 126 | 害 | 127 | 悼 | 128 | 旋 | 129 | 昭 |
| 130 | 潤 | 131 | 鑑 | 132 | 置 | 133 | ㄱ |
| 134 | ㄱ | 135 | ㄴ | 136 | ㄱ | 137 | ㄴ |
| 138 | ㄴ | 139 | ㄱ | 140 | ㄴ | 141 | ㄴ |
| 142 | ㄱ | 143 | 仰 | 144 | 絶 | 145 | 降 |
| 146 | 銳 | 147 | 坤 | 148 | 親密/緊密 | 149 | 利己 |
| 150 | 漂流 | 151 | 往復 | 152 | 貫徹 | 153 | 危 |
| 154 | 沈 | 155 | 洗 | 156 | 藏 | 157 | 虎 |
| 158 | 求 | 159 | 拔 | 160 | 鳴 | 161 | 毛 |
| 162 | 蓋 | 163 | 汗 | 164 | 解 | 165 | 昧 |
| 166 | 盈 | 167 | 籠 | 168 | 内 | 169 | 匕 |
| 170 | 豕 | 171 | 木 | 172 | 卜 | 173 | 言 |
| 174 | 衣 | 175 | 田 | 176 | 豸 | 177 | 戈 |
| 178 | 사슴을 뒤쫓음 / 제위나 정권 따위를 얻으려고 다투는 일 | | | | | | |
| 179 | 깨어진 거울 / 이지러진 달 / 부부가 사이가 나빠서 헤어지는 것 | | | | | | |
| 180 | 저울대와 수레 바탕 / 사물의 시초 | | | | | | |
| 181 | 임금의 노여움 | | | | | | |
| 182 | 먼지를 뒤집어씀 / 임금이 난리를 피하여 안전한 곳으로 떠남 | | | | | | |
| 183 | 진구렁에 빠지고 숯불에 탐 / 몹시 곤궁하여 고통스러운 지경 | | | | | | |
| 184 | 안개와 노을 / 고요한 산수의 경치 | | | | | | |
| 185 | 달팽이의 촉각 / 아주 좁은 지경이나 아주 작은 사물 | | | | | | |
| 186 | 일흔 살 | 187 | 고생하며 배움 | 188 | 配偶 | | |
| 189 | 好意 | 190 | 硬質 | 191 | 修整 | 192 | 示唆 |
| 193 | 賣盡 | 194 | 遺志 | 195 | 進陟 | 196 | 補助 |
| 197 | 固辭 | 198 | 寿 | 199 | 拡 | 200 | 弃 |

### 해설

**03** 宸襟(신금) : 임금의 마음.
→ 여기에서 '襟'자는 '마음'을 뜻한다.

**10** 蔗境(자경) : 담화나 문장 또는 사건 따위가 점점 재미있어지는 대목.
→ 여기에서 '蔗'자는 '맛이 좋다, 감미롭다'를 뜻한다.

**17** 棗栗(조율) : ① 대추와 밤. ② 폐백(幣帛).
→ '렬 / 률'은 '모음'이나 'ㄴ' 받침 뒤에서는 '열 / 율'로 적는다.

**19** 蜃樓(신루) : 신기루(蜃氣樓). 신시(蜃市). 해시(海市).

**20** 濤瀾(도란) : 파도(波濤).
→ '濤瀾'은 서로 뜻이 비슷한 한자로 결합된 한자어이다.

**21** 盤纏(반전) : 먼 길을 떠나 오가는 데 드는 비용. 노자(路資).
→ 여기에서 '盤'자와 '纏'자는 모두 '돌다'를 뜻한다.

**46** 狼藉(낭자)하다 : ① 여기저기 흩어져 어지럽다. ② 왁자지껄하고 시끄럽다.
→ 여기에서 '狼'자와 '藉'자는 모두 '어수선하다'를 뜻한다. 『史記』, 「滑稽傳」의 "신발이 뒤섞이고 술상에 차려놓은 그릇이 흩어졌다(履舃交錯 杯盤狼藉)."에서 비롯되었다. 일설에는 '이리[狼]가 풀을 깔고 자고 난 자리[藉]가 어지럽다.'고 해석하기도 한다.

**49** 欽恤(흠휼) : 죄수(罪囚)를 신중하게 심의(審議)함.

**94** 驅使(구사) : '사람이나 동물을 함부로 몰아쳐 부린다.'는 데에서, '말이나 수사법, 기교, 수단 따위를 능숙하게 마음대로 부려 씀'을 이르는 말.

**107** 無賴漢(무뢰한) : 성품이 막되어 예의와 염치를 모르며, 불량한 짓을 하며 돌아다니는 사람.
→ 여기에서 '漢'자는 '사나이, 놈'을 뜻한다.

**119** 句讀點(구두점) : 글을 마치거나 쉴 때 찍는 마침표와 쉼표.
→ 여기에서 '讀'자는 '구두(句讀)'를 뜻하고 '두'로 읽고 적는다.

**133** 課稅(과세) : 세금을 매김.
→ '課'자는 '課稅'를 제외한 대부분 한자어의 첫음절에서는 단음으로 발음한다.

**134** 倉卒(창졸) : 미처 어찌할 사이도 없이 매우 급작스러움.
→ '倉'자는 '倉卒'을 제외한 대부분 한자어의 첫음절에서는 단음으로 발음한다.

**135** 雅趣(아취) : 고아한 정취.
→ '雅'자는 '雅趣'를 제외한 대부분 한자어의 첫음절에서는 단음으로 발음한다.

**136** 孟冬(맹동) : 초겨울.
→ '孟'자는 '맹랑(孟浪)'을 제외한 모든 한자어의 첫음절에서는 장음으로 발음한다.

**137** 粉紅(분홍) : 분홍색. 하얀빛을 띤 엷은 붉은색.
→ '粉'자는 '粉紅'을 제외한 모든 한자어의 첫음절에서는 단음으로 발음한다.

**138** 恐慌(공황) : ① 경제가 혼란에 빠지는 현상. ② 놀라움이나 공포로 갑자기 일어나는 심리적 불안 상태.
→ '恐'자는 '공포(恐怖)'를 제외한 모든 한자어의 첫음절에서는 장음으로 발음한다.

**139** 斬伐(참벌) : ① 쳐서 없애 버림. ② 죄인을 목을 베어 죽임. ③ 나무를 찍어서 베어 냄.
→ '斬'자는 '참간(斬奸), 참급(斬級), 참신(斬新)'을 제외한 대부분 한자어의 첫음절에서는 장음으로 발음한다.

**140** 占據(점거) : 어떤 장소를 차지하여 자리를 잡음.
→ '占'자는 '점치다'를 뜻하는 한자어의 첫음절에서는 단음으로 발음하고, '차지하다, 점령하다'를 뜻하는 한자어의 첫음절에서는 장음으로 발음한다.

**142** 料金(요금) : 대가로 치르는 돈.
→ '料'자는 '요리, 헤아리다'를 뜻하는 한자어의 첫음절에서는 단음으로 발음하고, '돈, 봉급'을 뜻하는 한자어의 첫음절에서는 장음으로 발음한다.

**180** 權輿(권여) : '權'자는 '저울대'를 뜻하고, '輿'자는 '수레 바탕'을 뜻한다. '저울을 만들 때는 저울대부터 만들고 수레를 만들 때는 수레 바탕부터 만든다.'는 데에서, '사물의 시초'를 이르는 말로 쓰인다.

**181** 逆鱗(역린) : '용의 턱 아래에 거꾸로 난 비늘'이라는 뜻으로, '이것을 건드리면 용이 크게 노하여 건드린 사람을 죽인다.'는 데에서, '임금의 노여움'을 이르는 말로 쓰인다.

## 07회 1급 예상문제

97쪽~101쪽

| 01 | 모독 | 02 | 농아 | 03 | 배반 | 04 | 반등 |
|---|---|---|---|---|---|---|---|
| 05 | 구롱 | 06 | 조칙 | 07 | 자흔 | 08 | 심상 |
| 09 | 첩징 | 10 | 체루 | 11 | 겁나 | 12 | 폐단 |
| 13 | 언제 | 14 | 구생 | 15 | 주저 | 16 | 감자 |
| 17 | 천횡 | 18 | 고벽 | 19 | 총론 | 20 | 비야 |
| 21 | 시기 | 22 | 이질 | 23 | 첨유 | 24 | 예특 |
| 25 | 와룡 | 26 | 감귤 | 27 | 췌장 | 28 | 현란 |
| 29 | 촉탁 | 30 | 초미 | 31 | 직간 | 32 | 터득 |
| 33 | 날인 | 34 | 수렵 | 35 | 형극 | 36 | 천양 |
| 37 | 기만 | 38 | 누란 | 39 | 질탕 | 40 | 관개 |
| 41 | 질매 | 42 | 훤소 | 43 | 괴팍 | 44 | 핍박 |
| 45 | 범주 | 46 | 척박 | 47 | 매판 | 48 | 도서 |
| 49 | 골몰 | 50 | 용훼 | 51 | 단술 례 | 52 | 가마 련 |
| 53 | 채마밭 포 | 54 | 넘칠 람 | 55 | 뛸 용 | 56 | 움 맹/싹 맹 |
| 57 | 비칠 영 | 58 | 고칠 전 | 59 | 끊을 절 | 60 | 반계 반/번 |
| 61 | 맑을 정 | 62 | 명주 주 | 63 | 빽빽할 치 | 64 | 굳을 공 |
| 65 | 성낼 개 | 66 | 붙을 점 | 67 | 다 실 | 68 | 섬 서 |
| 69 | 가물 발 | 70 | 시기할 시 | 71 | 궤짝 궤 | 72 | 기를 사 |
| 73 | 펼 포 / 가게 포 | 74 | 날 상 | 75 | 봉황 황 | | |
| 76 | 세울 수 | 77 | 걸릴 리 | 78 | 늦을 안 | 79 | 여울 단 |
| 80 | 개천 거 | 81 | 거스를 패 | 82 | 다 첨 / 여러 첨 | | |
| 83 | 民衆 | 84 | 結付 | 85 | 斷面 | 86 | 指摘 |
| 87 | 逃避 | 88 | 願望 | 89 | 內憂外患 | 90 | 典型的 |
| 91 | 延命 | 92 | 無盡藏 | 93 | 等屬 | 94 | 採集 |
| 95 | 符合 | 96 | 俗樂 | 97 | 參酌 | 98 | 猶豫 |
| 99 | 逆說 | 100 | 對峙 | 101 | 陟罰 | 102 | 社稷 |
| 103 | 彼岸 | 104 | 惹起 | 105 | 掌握 | 106 | 繁殖 |
| 107 | 欽慕 | 108 | 揭載 | 109 | 赦免 | 110 | 制霸 |
| 111 | 筏橋 | 112 | 普遍 | 113 | 收錄 | 114 | 卽興 |
| 115 | 推戴 | 116 | 認准 | 117 | 葛藤 | 118 | 落款 |

| 119 | 措置 | 120 | 解雇 | 121 | 寄附 | 122 | 賠償 |
|---|---|---|---|---|---|---|---|
| 123~132 | ②, ④, ⑥, ⑦, ⑩, ⑫, ⑬, ⑮, ⑯, ⑲ | | | | | | |
| 133 | 瑞 | 134 | 乘 | 135 | 管 | 136 | 開 |
| 137 | 慘 | 138 | 除 | 139 | 遷 | 140 | 速 |
| 141 | 舞 | 142 | 曉 | 143 | 姪 | 144 | 愚 |
| 145 | 乾 | 146 | 賓 | 147 | 拙 | 148 | 歸納 |
| 149 | 拘禁 | 150 | 定着 | 151 | 輕率 | 152 | 憎惡 |
| 153 | 止 | 154 | 口 | 155 | 衣 | 156 | 크 |
| 157 | 田 | 158 | 弋 | 159 | 鼠 | 160 | 幺 |
| 161 | 鳥 | 162 | 羊 | 163 | 異才 | 164 | 善導 |
| 165 | 殊勳 | 166 | 新築 | 167 | 致誠 | 168 | 布陣 |
| 169 | 追記 | 170 | 煤煙 | 171 | 匹敵 | 172 | 弔慰 |
| 173 | 網 | 174 | 珠 | 175 | 拳 | 176 | 茶 |
| 177 | 脣 | 178 | 隔 | 179 | 賤 | 180 | 補 |
| 181 | 瓜 | 182 | 盲 | 183 | 渴 | 184 | 泰 |
| 185 | 錯 | 186 | 懸 | 187 | 餐 | | |
| 188 | 너그러이 용서함 | | | 189 | 뽐내고 자랑함 | | |
| 190 | 썩은 밧줄 | | | 191 | 붙들고 못 하게 말림 | | |
| 192 | 알맞게 잘 배치하거나 처리함 | | | | | | |
| 193 | 세상의 허무함 | | | 194 | 경계하고 격려함 | | |
| 195 | 마음속 깊이 품은 생각 | | | 196 | 세월이 빨리 지나감 | | |
| 197 | 갑자기 닥쳐오는 재액 | | | 198 | 勸 | 199 | 彌 |
| 200 | 払 | | | | | | |

### 해설

**08** 尋常(심상)하다 : 대수롭지 않고 예사롭다.
→ 여기에서 '尋'자는 '보통, 평소'를 뜻하고, '常'자 는 '범상(凡常)'을 뜻한다.

**09** 疊徵(첩징) : 거듭 징수함.
→ 여기에서 '徵'자는 '거두다, 징수하다'를 뜻한다.

**17** 擅橫(천횡) : 아무 거리낌 없이 제멋대로 함.
→ 여기에서 '橫'자는 '제멋대로 하다'를 뜻한다.

**20** 鄙野(비야) : 문화 수준이 낮은 시골구석.
→ 여기에서 '鄙'자는 '촌스러움'을 뜻하고, '野'자는 '시골'을 뜻한다.

**24** 穢慝(예특)하다 : 더럽고 지저분하다.
→ '慝'자의 대표 훈은 '사특하다(邪慝 : 요사스럽고 간특하다)'이나 여기에서는 '더럽다, 더럽혀지다'를 뜻한다.

**25** 臥龍(와룡) : '누워 있는 용'이라는 뜻에서, '앞으로 큰일을 할, 초야에 묻혀 있는 큰 인물'을 이르는 말.
→ 이는 『三國志』에서 촉한(蜀漢)의 제갈공명(諸葛孔明)을 두고 한 말이다. 와룡(臥龍)은 칩룡(蟄龍)과 같은 의미로 쓴다. 지금은 가만히 엎드려 있지만 때가 되면 승천(昇天)하여 비바람을 몰고 다닐 것이라는 의미를 담고 있다.

**30** 焦眉(초미) : '눈썹에 불이 붙었다.'는 뜻에서, '매우 급함'을 이르는 말. 초미지급(焦眉之急).
→ 이는 불교의 『五燈會元』에 나오는 말이다. 금릉(金陵)에 있는 장산(莊山)의 불혜선사(佛慧禪師)가 중들로부터 "어느 것이 가장 급박한 글귀가 되겠느냐."는 질문을 받았다. 이에 선사는 "불에 눈썹이 타는 것[火燒眉毛]이다."라고 대답했다. 이 '화소미모'가 '소미지급(燒眉之急)'이 되고, 소미지급이 변해서 '초미지급(焦眉之急)'이 되었다. 이와 같은 말로 '연미지급(燃眉之急)'이 있다.

**35** 荊棘(형극) : '나무의 온갖 가시'라는 뜻에서, '고난'을 이르는 말.

**39** 跌宕(질탕) : 신이 나서 정도가 지나치도록 흥겹고 방탕하다. 질탕(佚蕩).
→ 여기에서 '跌'자는 '방종(放縱)하다'를 뜻하고, '宕'자는 '방탕(放蕩)하다'를 뜻한다.

**43** 乖愎(괴팍) : 붙임성이 없이 까다롭고 별남.
→ '愎'자는 본음이 '퍅'이나 여기에서는 '팍'으로 읽고 적는다.

**50** 容喙(용훼) : 간섭하여 말참견을 함.
→ 여기에서 '容'자는 '용납하다'를 뜻한다.

**92** 無盡藏(무진장) : 덕이 넓어 끝이 없음.
→ 이는 불교 용어로, '무진(無盡)'은 '다함이 없다'는 뜻이고, '장(藏)'은 창고이므로 '다함이 없는 창고'라는 뜻이다. 또한 '무진'은 '잘 융화되어 서로 방해함이 없는 상태'를 설명하는 말로, '원융무애(圓融無碍 : 만법이 원융하여 일절 거리낌이 없음)'와 같은 의미로 쓰이기도 한다.

**102** 社稷(사직) : 새로 나라를 세울 때 천자나 제후가 제사를 지내던 토지의 신(神) '사(社)'와 오곡(五穀)의 신 '직(稷)'을 뜻한 데에서, '나라 또는 조정'을 이르는 말로 쓰인다.

**117** 葛藤(갈등) : 칡을 뜻하는 '갈(葛)'과 등나무를 뜻하는 '등(藤)'이 결합된 말로, 칡은 왼쪽으로 감아 올라가고, 등나무는 오른쪽으로 감아 올라가며 서로 함께 얽혀버리듯이 이해관계가 뒤엉켜버린다면 해결의 실마리를 찾는다는 것은 사실상 어려운 일임을 말한 것이다.

**145** 乾濕(건습) : 마름과 젖음. 건성과 습성.
→ '乾'자는 '하늘'을 뜻하는 한자어에서는 '건'으로 읽고, '마르다'를 뜻하는 한자어에서는 '건' 또는 '간'으로 읽고 적는다.

**164** 禪兜(선도) : 인간과 그 밖의 모든 생물.
→ '兜'자는 쓰임에 따라 뜻과 소리가 달라지는 글자이다. 참 兜(투구 두, 도솔천 도)

**184** 泰山北斗(태산북두) : '태산'은 중국 오악(五嶽)의 하나로, 성산(聖山)으로 우러러보는 산이다. '북두'는 '북두칠성'으로, '모든 별의 중심적인 존재로 받들어지고 있다'는 데에서, '뛰어난 인물'을 비유하여 이르는 말이다. 오늘날에는 주로, '태두(泰斗)', '산두(山斗)'라고 약칭하여, 특히 학술적 업적이 뛰어난 학자를 뜻하는 말로 쓰인다.

**188** 饒貸(요대) : 잘못을 너그러이 용서함.
→ 여기에서 '貸'자는 '용서(容恕)하다'를 뜻한다.

**197** 急煞(급살) : '보게 되면 운수가 나빠진다는 별'을 뜻하는데, '살(煞)'은 '사람을 해치거나 물건을 깨뜨리는 모질고 독한 귀신의 기운'을 뜻한다.

## 08회 1급 예상문제

102쪽~106쪽

| | | | | | | | |
|---|---|---|---|---|---|---|---|
| 01 | 살포 | 02 | 갈채 | 03 | 한선 | 04 | 판납 |
| 05 | 간반 | 06 | 오활 / 우활 | 07 | 전안 | 08 | 복사 |
| 09 | 품고 | 10 | 충전 | 11 | 낙타 | 12 | 환해 |
| 13 | 배태 | 14 | 기구 | 15 | 수작 | 16 | 홍진 |
| 17 | 태권 | 18 | 곤상 | 19 | 쌍벽 | 20 | 저주 |
| 21 | 서적 | 22 | 앙분 | 23 | 간신 | 24 | 가상 |
| 25 | 회굉 | 26 | 함륵 | 27 | 착박 | 28 | 가사 |
| 29 | 고략 | 30 | 퇴비 | 31 | 기치 | 32 | 호탕 |
| 33 | 현혹 | 34 | 해태 | 35 | 박탈 | 36 | 비호 |
| 37 | 비등 | 38 | 인색 | 39 | 포승 | 40 | 포정 |
| 41 | 취약 | 42 | 치매 | 43 | 훤화 | 44 | 췌사 |
| 45 | 호사 | 46 | 융단 | 47 | 주륙 | 48 | 소급 |
| 49 | 압권 | 50 | 팽윤 | 51 | 드물 한 | 52 | 내칠 출 |
| 53 | 쏠 사 | 54 | 뚫을 찬 | 55 | 즐길 완 | 56 | 동이 분 |
| 57 | 까치 작 | 58 | 이삭 수 | 59 | 찧을 도 | 60 | 샛길 조 |
| 61 | 맏 곤 | 62 | 얼레빗 소 | 63 | 바지 고 | 64 | 숨을 둔 |
| 65 | 새벽 서 | 66 | 불시 게 | 67 | 기울 납 | 68 | 아이밸 잉 |
| 69 | 쇠불릴 주 | 70 | 죽일 살 | 71 | 여월 척 | 72 | 매 응 |
| 73 | 약제 제 | 74 | 수자리 수 | 75 | 바랄 기 | 76 | 울 고 |
| 77 | 펄 부 | 78 | 겨 강 | 79 | 대추 조 | 80 | 산기슭 록 |
| 81 | 씩울 투 | 82 | 식혜 혜 | 83 | 推理 | 84 | 記憶 |
| 85 | 附與 | 86 | 相互 | 87 | 三段論法 | 88 | 獲得 |
| 89 | 秩序整然 | 90 | 依存關係 | 91 | 類似 | 92 | 理性的 |
| 93 | 將次 | 94 | 伸縮性 | 95 | 志向 | 96 | 幾何學 |
| 97 | 妖術 | 98 | 生殖 | 99 | 不條理 | 100 | 熱望 |
| 101 | 離脫 | 102 | 聰明 | 103 | 感知 | 104 | 增進 |
| 105 | 道程 | 106 | 放浪 | 107 | 蔑視 | 108 | 緣由 |
| 109 | 想像 | 110 | 武器 | 111 | 素質 | 112 | 技術 |
| 113 | 姿勢 | 114 | 攻擊 | 115 | 習得 | 116 | 完全無缺 |

| | | | | | | | |
|---|---|---|---|---|---|---|---|
| 117 | 權威 | 118 | 盲目的 | 119 | 劍術 | 120 | 師範 |
| 121 | 挑戰 | 122 | 受侮 | 123 | ㄱ | 124 | ㄴ |
| 125 | ㄱ | 126 | ㄴ | 127 | ㄴ | 128 | ㄱ |
| 129 | ㄱ | 130 | ㄱ | 131 | ㄱ | 132 | ㄴ |
| 133 | 抗 | 134 | 密 | 135 | 橫 / 擒 | 136 | 醉 |
| 137 | 矢 | 138 | 沈着 | 139 | 結果 | 140 | 騷亂 |
| 141 | 臨時 | 142 | 明朗 | 143 | 屈 | 144 | 爐 |
| 145 | 塗 | 146 | 廟 | 147 | 眉 | 148 | 沐 |
| 149 | 鹽 | 150 | 卑 | 151 | 覆 | 152 | 躍 |
| 153 | 劣 | 154 | 倒 | 155 | 祿 | 156 | 融 |
| 157 | 御 | 158 | 隱 | 159 | 煩 | 160 | 涉 |
| 161 | 刻 | 162 | 拔 | 163 | 破 | 164 | 忙 |
| 165 | 鶴 | 166 | 換 | 167 | 樓 | 168 | 鳥 |
| 169 | 虫 | 170 | 目 | 171 | 用 | 172 | 隹 |
| 173 | 又 | 174 | 一 | 175 | 見 | 176 | 巛 |
| 177 | 大 | 178 | 말뚝을 박아서 만든 울타리 | | | | |
| 179 | 좋지 않은 일에 남을 부추김 | | | | | | |
| 180 | 세력이나 현상이 고개를 듦 | | | | | | |
| 181 | 원고의 잘못된 것을 고치며 검열함 | | | | | | |
| 182 | 명예나 부귀 따위를 쉽게 얻음 | | | | | | |
| 183 | 아주 좁은 곳 | | | | | | |
| 184 | 아름다운 시나 문구 | | | | | | |
| 185 | 칭찬을 받으며 사람의 입에 자주 오르내림 | | | | | | |
| 186 | 계획이나 의도에서 벗어나 틀어지는 일 | | | | | | |
| 187 | 중대한 일을 맡을 만한 인재 | | 188 | 詩軸 | | | |
| 189 | 旁通 | 190 | 要綱 | 191 | 拒絕 | 192 | 代置 |
| 193 | 純味 | 194 | 新裝 | 195 | 筆耕 | 196 | 固守 |
| 197 | 郵電 | 198 | 龟 | 199 | 胆 | 200 | 联 |

### 해설

**04** 辦納(판납) : 금전이나 물품을 이리저리 변통(變通)하여 바침.
→ 여기에서 '辦'자는 '갖추다'를 뜻한다.

**06** 迂闊(오활)하다 : ① 곧바르지 아니하고 에돌아서 실제와는 거리가 멀다. ② 사리에 어둡고 세상 물정을 잘 모르다. ③ 주의가 부족하다.
→ '우활(迂闊)하다'는 '오활(迂闊)하다'의 원래 말이다. 참 迂(에돌 우, 굽을 오)
→ 여기에서 '闊'자는 '우둔(愚鈍)하다'를 뜻한다.

**07** 奠雁(전안) : (혼례 때) 신랑이 기러기를 가지고 신부 집에 가서 상 위에 놓고 절함.
→ '雁'자와 쓰임이 같은 이체자로, '鴈'자를 쓰기도 한다.

**14** 崎嶇(기구)하다 : '산길이 험하다'는 뜻에서, '세상살이가 순탄하지 못하고 가탈이 많음'을 이르는 말.
→ '崎嶇'는 서로 뜻이 비슷한 한자로 결합된 한자어이다.

**15** 酬酌(수작) : '술잔을 서로 주고받음'을 뜻하는 데에서, '서로 말을 주고받음' 또는 '남의 말이나 행동, 계획을 낮잡아 이르는 말'로 쓰인다.

**18** 衮裳(곤상) : 예전에, 천자(天子)가 입는 아래옷.
→ 천자(天子)의 의(衣)에는 일(日)·월(月)·성신(星辰)·산(山)·용(龍)·화충(華蟲)·종이(宗彝)·조(藻)의 무늬를 그렸고, 상(裳)에는 화(火)·분미(粉米)·보(黼)·불(黻)의 무늬를 수놓았다. 왕(王)의 의(衣)에는 일·월·성신을 제외한 5문을 그리고 상(裳)은 황제와 같다.

**37** 沸騰(비등) : '액체가 끓어오름'을 뜻하는 데에서, '물이 끓듯 떠들썩하게 일어남'을 이르는 말.
→ '沸'자는 쓰임에 따라 뜻과 소리가 달라지는 글자이다. 참 沸(끓을 비, 용솟음할 불)

**40** 庖丁(포정) : 백정(白丁). 소나 개, 돼지 따위를 잡는 일을 직업으로 하는 사람.
→ 이는 『莊子』에 나오는 '소를 잡아 뼈와 살을 발라내는 솜씨가 아주 뛰어났던 고대의 이름난 요리사의 이름'이다.

**49** 壓卷(압권) : 여럿 가운데 가장 뛰어난 것. 하나의 책이나 작품 가운데 가장 잘된 부분. 여러 책이나 작품 가운데 제일 잘된 책이나 작품.
→ '고대 중국의 관리 등용 시험에서 가장 뛰어난 답안지를 다른 답안지 위에 얹어 놓았다'는 데에서 유래한 말이다.

**50** 膨潤(팽윤) : 고분자 화합물이 용매를 흡수하여 부피가 늘어나는 일.

**144** 夏爐冬扇(하로동선) : '여름의 화로와 겨울의 부채'라는 뜻에서, '철에 맞지 않거나 쓸모없는 사물'을 이르는 말.

**149** 驥服鹽車(기복염거) : 천리마가 소금 수레를 끈다.
→ 여기에서 '服'자는 '수레를 끌다'를 뜻한다.

**151** 前車覆轍(전거복철) : 앞 수레가 엎어진 바퀴 자국.
→ '覆'자는 쓰임에 따라 뜻과 소리가 달라지는 글자이다. 참 覆(덮을 부, 뒤집힐 복)

**160** 折衷(절충) : 서로 다른 사물이나 의견, 관점 따위를 알맞게 조절하여 서로 잘 어울리게 함.
→ 여기에서 '衷'자는 '알맞다, 적합하다'를 뜻한다.
→ 절충(折衝 : '적의 戰車를 후퇴시킨다'는 뜻에서, 이해관계가 서로 다른 상대와 교섭하거나 담판함)과 혼동하기 쉬운 한자어이다. '折衝'에서 '衝'은 '戰車의 하나'를 뜻한다. 다만, '折衷'과 '折衝'은 모두 유의어로 '交涉'을 쓴다.

**181** 校閱(교열) → 여기에서 '校'자는 '교정(校正)하다, 바로잡다'를 뜻한다.

**182** 拾芥(습개) → '티끌을 줍는 일'이라는 뜻에서, '芥'자는 '티끌, 하찮은 사물'을 뜻한다.

**189** 龐統(방통) : 중국 삼국시대 촉한의 장수이자 책사로 유명한 인물. 제갈량을 '와룡(臥龍)'에 비유하여 방통을 '봉황의 새끼[鳳雛]'라고 하였다.

**190** 姚江(요강) : 절강성 여요현의 남쪽에 있는 강으로, 명나라 양명학파(陽明學派)를 대표하는 왕수인(王守仁 : 王陽明)이 이곳 사람이라는 데에서, '양명학'을 '요강학'이라고 부르기도 한다.

## 09회 1급 예상문제

107쪽~111쪽

| 01 | 인후 | 02 | 나태 | 03 | 사향 | 04 | 방광 |
|---|---|---|---|---|---|---|---|
| 05 | 경간 | 06 | 계수 | 07 | 빈전 | 08 | 소파 |
| 09 | 오매 | 10 | 준동 | 11 | 효후 | 12 | 잠흘 |
| 13 | 하예 | 14 | 누항 | 15 | 공막 | 16 | 호미 |
| 17 | 어새 | 18 | 폐칩 | 19 | 구극 | 20 | 자수 |
| 21 | 고약 | 22 | 곤봉 | 23 | 촌탁 | 24 | 과립 |
| 25 | 관규 | 26 | 비강 | 27 | 교란 | 28 | 흔적 |
| 29 | 탄로 | 30 | 미흡 | 31 | 연도 | 32 | 사특 |
| 33 | 훼방 | 34 | 긍휼 | 35 | 호협 | 36 | 천권 |
| 37 | 외람 | 38 | 경연 | 39 | 한발 | 40 | 포괄 |
| 41 | 척추 | 42 | 기반 | 43 | 날조 | 44 | 패사 |
| 45 | 요철 | 46 | 도자 | 47 | 휘황 | 48 | 맹아 |
| 49 | 박제 | 50 | 흠향 | 51 | 비칠 도 | 52 | 뵐 근 |
| 53 | 깨어날 소 | 54 | 홀어미 상 | 55 | 염려할 우 / 나라이름 우 | | |
| 56 | 찧을 도 | 57 | 피 직 | 58 | 둑 언 | 59 | 혹 췌 |
| 60 | 길들일 순 | 61 | 늦을 안 | 62 | 수문 갑 | 63 | 핍박할 핍 |
| 64 | 숨길 휘 / 꺼릴 휘 | | | 65 | 키 타 | 66 | 흰흙 악 |
| 67 | 술빚을 양 | 68 | 꽃다울 형 | 69 | 허수아비 괴 | | |
| 70 | 보낼 전 | 71 | 서로 서 | 72 | 맡을 후 | | |
| 73 | 고요할 요 / 그윽할 요 | | | 74 | 굴레 륵 | 75 | 만두 만 |
| 76 | 모을 찬 | 77 | 무게이름 일 | | | | |
| 78 | 모을 촬 / 사진찍을 촬 | | | 79 | 속일 궤 | 80 | 꽂을 삽 |
| 81 | 뼛골 수 | 82 | 보낼 견 | 83 | 責任 | 84 | 亡國民 |
| 85 | 受侮 | 86 | 共産主義 | 87 | 牙城 | 88 | 期待 |
| 89 | 抗拒 | 90 | 順從 | 91 | 許諾 | 92 | 加擔 |
| 93 | 深刻 | 94 | 轉換期 | 95 | 喪失 | 96 | 孤獨 |
| 97 | 解消 | 98 | 亂舞 | 99 | 風潮 | 100 | 上陸 |
| 101 | 放置 | 102 | 使命感 | 103 | 不純 | 104 | 合理化 |
| 105 | 族屬 | 106 | 引導 | 107 | 埃及 | 108 | 福地 |
| 109 | 途中 | 110 | 醜惡 | 111 | 奴隸 | 112 | 前轍 |
| 113 | 目標 | 114 | 統一 | 115 | 雄飛 | 116 | 諸君 |
| 117 | 明明白白 | 118 | 態度 | 119 | 臨 | 120 | 接近 |
| 121 | 一貫 | 122 | 自己救濟 | | | | |
| 123 ~ 132 | ②, ④, ⑤, ⑥, ⑨, ⑪, ⑭, ⑮, ⑰, ⑳ | | | | | | |
| 133 | 弔 | 134 | 俗 | 135 | 虛 | 136 | 降 |
| 137 | 背 | 138 | 潤 | 139 | 殊 | 140 | 薄 |
| 141 | 徑 | 142 | 慢 | 143 | 覆 / 戒 | 144 | 龍 / 悔 |
| 145 | 探 / 物 | 146 | 臥 / 嘗 | 147 | 捲 / 重 | 148 | 家 / 忘 |
| 149 | 柱 / 鼓 | 150 | 項 / 懸 | 151 | 破 / 沈 | 152 | 掌 / 寶 |
| 153 | 康 / 煙 | 154 | 寒 / 柏 | 155 | 吹 / 求 | 156 | 底 / 蓋 |
| 157 | 成 / 珠 | 158 | 크 | 159 | 亠 | 160 | 几 |
| 161 | 爻 | 162 | 田 | 163 | 疋 | 164 | 糸 |
| 165 | 行 | 166 | 鼎 | 167 | 戈 | 168 | 脅 |
| 169 | 突 | 170 | 支 | 171 | 緩 | 172 | 躍 |
| 173 | 寄 | 174 | 指 | 175 | 憐 | 176 | 默 |
| 177 | 喜 | 178 | 療養 | 179 | 誘致 | 180 | 肖像 |
| 181 | 橋梁 | 182 | 卓拔 | 183 | 傳播 | 184 | 維持 |
| 185 | 爵位 | 186 | 遲滯 | 187 | 懇乞 | 188 | 자기 집 |
| 189 | 점점 재미있어지는 대목 | | | | | | |
| 190 | 무모한 용기 | | | | | | |
| 191 | 자손이 부모를 봉양함 | | | | | | |
| 192 | 잘못되거나 모자라는 점 | | | | | | |
| 193 | 원대한 포부 | | | | | | |
| 194 | 길조 / 좋은 조짐 | | | | | | |
| 195 | 머뭇거리며 진퇴나 거취를 정하지 못하는 상태 | | | | | | |
| 196 | 한꺼번에 많이 쏟아져 나옴 | | | | | | |
| 197 | 사물의 법칙 | 198 | 欠 | 199 | 台 / 臺 |
| 200 | 蚕 | | | | | | |

### 해 설

**06** 季嫂(계수) : 제수(弟嫂). 남자 형제가 여러 명일 경우 막내의 부인을 이르는 말.
→ 여기에서 '季'자는 '끝, 막내'를 뜻한다.

**23** 忖度(촌탁) : 남의 마음을 미루어서 헤아림. 요탁(料度). → 여기에서 '度'자는 '헤아리다'는 뜻으로, '탁'으로 읽고 적는다.

**29** 綻露(탄로) : 숨긴 일을 드러냄.
→ 여기에서 '露'자는 '드러나다'를 뜻한다.

**31** 羨道(연도) : 고분의 입구에서 시체를 안치한 방까지 이르는 길. 널길.
→ '羨'자는 쓰임에 따라 뜻과 소리가 달라지는 글자이다. 참 羨(부러워할 선, 무덤길 연)

**34** 矜恤(긍휼) : 불쌍히 여겨 돌보아 줌.
→ 여기에서 '矜'자는 '불쌍히 여기다'를 뜻한다.

**44** 稗史(패사) : 패관(稗官)이 소설과 같은 형식으로 꾸며서 쓴 역사 이야기.
→ '패관(稗官)'은 '패관 소설(사관 이외의 사람들이 민간에서 떠도는 이야기를 주제로 한 소설)'과 같은 말이다.
→ 여기에서 '稗'자는 '작다, 잘다'를 뜻한다.

**50** 歆饗(흠향) : 신명(神明 : 天地의 神靈)이 제물을 받아서 먹음.

**87** 牙城(아성) : '아기(牙旗)를 세운 성'이라는 뜻에서, '주장(主將)이 거처하는 성' 또는 '아주 중요한 근거지'를 이르는 말.
→ '아기(牙旗)'는 '임금이나 대장이 거처하는 곳에 세우던 기'를 말하는데, 깃대 끝을 상아(象牙)로 장식하였기 때문에 붙여진 이름이다.

**91** 許諾(허락) : 청하는 일을 할 수 있도록 들어줌.
→ '諾'자의 본음은 '낙'이나 여기에서는 속음 '락'으로 발음한다. ※'한글 맞춤법' 제52항에서 '한자어에서 본음으로도 나고 속음으로도 나는 것은 각각 그 소리에 따라 적는다'고 규정함.

**107** 埃及(애급) : '이집트(Egypt)'의 음역어.

**135** 盈虛(영허) : 차는 일과 이지러지는 일. 영휴(盈虧).
→ '盈虛'는 '영허지리(盈虛之理 : 달이 차고 기우는 이치)'를 이르는 말이다.

**144** 亢龍有悔(항룡유회) : '하늘에 오른 용은 뉘우침이 있다'는 뜻에서, '하늘 끝까지 올라간 용이 더 올라갈 데가 없어 다시 내려올 수밖에 없다'는 것을 의미함.

**145** 探囊取物(탐낭취물) : 주머니 속에서 물건을 꺼냄.

**147** 捲土重來(권토중래) : '땅을 말아 일으킬 것 같은 기세로 거듭 온다'는 뜻에서, '어떤 일에 실패한 뒤에 힘을 가다듬어 다시 그 일에 착수함'을 비유하여 이르기도 한다.
→ 여기에서 '重'자는 '거듭'을 뜻한다.

**150** 猫項懸鈴(묘항현령) : '쥐가 고양이의 습격을 미리 막기 위한 수단으로 고양이의 목에 방울을 다는 일을 의논하였으나 실행이 불가능한 것으로 끝났다'는 우화에서 유래한 말.

**157** 咳唾成珠(해타성주) : '기침과 침이 구슬이 된다.'는 뜻에서, '권세 있는 사람 (말이 잘 통함)' 또는 '고귀한 말씀'을 비유하여 이르기도 한다.

**176** 默殺(묵살) : 의견이나 제안 따위를 듣고도 못 들은 척함. 무시. 뭉갬.
→ 여기에서 '殺'자는 '없애다, 지우다'를 뜻한다.

**188** 鄙第(비제) : '자기 집'을 낮추어 이르는 말.
→ 여기에서 '第'자는 '집, 저택'을 뜻한다.

**193** 鵠志(곡지) : 홍곡지지(鴻鵠之志). 큰기러기와 고니의 뜻.

**194** 鵲報(작보) : 까치가 지저귀는 소리.

**195** 首鼠(수서) : 수서양단(首鼠兩端). 구멍에서 머리를 내밀고 나갈까 말까 망설이는 쥐.

**196** 沙汰(사태) : 산비탈이나 언덕 또는 쌓인 눈 따위가 무너져 내려앉는 일.

**197** 鉤矩(구구) : 컴퍼스와 곱자.
→ 여기에서 '鉤'자는 '고대의 컴퍼스'를 뜻하고, '矩'자는 '곱자'를 뜻한다.

## 10회 1급 예상문제

112쪽~116쪽

| 01 | 심당 | 02 | 예덕 | 03 | 조이 | 04 | 추할 |
|---|---|---|---|---|---|---|---|
| 05 | 터포 | 06 | 포율 | 07 | 선망 | 08 | 모욕 |
| 09 | 수집 | 10 | 오자 | 11 | 설루 | 12 | 고량 |
| 13 | 기면 | 14 | 울욱 | 15 | 권렴 | 16 | 애로 |
| 17 | 합각 | 18 | 겁박 | 19 | 간석 | 20 | 괴려 |
| 21 | 칭추 | 22 | 암둔 | 23 | 내핍 | 24 | 궤멸 |
| 25 | 저통 | 26 | 채단 | 27 | 도륙 | 28 | 시비 |
| 29 | 눌변 | 30 | 완벽 | 31 | 조우 | 32 | 해부 |
| 33 | 가책 | 34 | 창일 | 35 | 방어 | 36 | 무마 |
| 37 | 협잡 | 38 | 진지 | 39 | 홍곡 | 40 | 간주 |
| 41 | 분식 | 42 | 함정 | 43 | 모호 | 44 | 좌절 |
| 45 | 발췌 | 46 | 소구 | 47 | 편협 | 48 | 오뇌 |
| 49 | 탄핵 | 50 | 번민 | 51 | 떨 전 | 52 | 클 비 |
| 53 | 지경 은 | 54 | 떳떳할 용 | 55 | 사나울 한 | 56 | 나비 접 |
| 57 | 꼭두각시 뢰 | 58 | 흡사할 흡 | 59 | 도끼 부 | 60 | 벼 도 |
| 61 | 대자리 연 | 62 | 끌 예 | 63 | 속죄할 속 | 64 | 소용돌이 와 |
| 65 | 잔 잔 | 66 | 발 렴 | 67 | 장가들 취 | 68 | 고요할 밀 |
| 69 | 긁을 소 | 70 | 유황 류 | 71 | 읍할 읍 | 72 | 대머리 독 |
| 73 | 노할 발 | 74 | 노려볼 탐 | 75 | 돼지 저 | 76 | 즙 즙 |
| 77 | 모날 구 / 법 구 | 78 | 찰 름 | 79 | 만날 후 | | |
| 80 | 묶을 괄 | 81 | 뉘우칠 참 | 82 | 참담할 담 | 83 | 資質 |
| 84 | 提示 | 85 | 標語 | 86 | 含蓄性 | 87 | 象徵 |
| 88 | 逆說 | 89 | 前提 | 90 | 假定 | 91 | 微妙 |
| 92 | 壓縮 | 93 | 補助 | 94 | 抽象的 | 95 | 領域 |
| 96 | 心象 | 97 | 透明 | 98 | 複合的 | 99 | 形象性 |
| 100 | 感觸 | 101 | 批准 | 102 | 維持 | 103 | 妥協 |
| 104 | 俗謠 | 105 | 蠶食 | 106 | 情緒 | 107 | 興奮 |
| 108 | 高揚 | 109 | 反映 | 110 | 揭載 | 111 | 槪念 |
| 112 | 赦免 | 113 | 顯著 | 114 | 斬新 | 115 | 軌道 |
| 116 | 豫測 | 117 | 紹介 | 118 | 役割 | 119 | 廉探 |
| 120 | 焦燥 | 121 | 對峙 | 122 | 輔弼 | | |
| 123~132 | ②, ③, ⑤, ⑦, ⑩, ⑪, ⑬, ⑯, ⑰, ⑲ | | | | | | |
| 133 | 猛 | 134 | 沈 | 135 | 翁 | 136 | 橫 |
| 137 | 譽 | 138 | 迎接 | 139 | 勤勉 | 140 | 省略 |
| 141 | 理論 | 142 | 榮光 | 143 | 鳥 / 戀 | 144 | 樓 / 去 |
| 145 | 津 / 寶 | 146 | 負 / 罪 | 147 | 勸 / 惡 | 148 | 書 / 儒 |
| 149 | 佛 / 着 | 150 | 宅 / 忘 | 151 | 灰 / 燃 | 152 | 膚 / 容 |
| 153 | 裏 / 藏 | 154 | 騷 / 墨 | 155 | 味 / 湯 | 156 | 鹿 / 馬 |
| 157 | 首 / 端 | 158 | 羊 | 159 | 大 | 160 | 止 |
| 161 | 口 | 162 | 衣 | 163 | 冂 | 164 | 牛 |
| 165 | 田 | 166 | 隹 | 167 | 宀 | 168 | 酉 |
| 169 | 只 | 170 | 盛 | 171 | 檢 / 査 | 172 | 結 |
| 173 | 市 | 174 | 閑 | 175 | 驅 | 176 | 幽 |
| 177 | 步 / 策 | 178 | 白齒 | 179 | 好演 | 180 | 亂射 |
| 181 | 表露 | 182 | 塵境 | 183 | 消詳 | 184 | 墮落 |
| 185 | 敎唆 | 186 | 據守 | 187 | 投機 | | |
| 188 | 죄인을 붙잡음 / (사람, 배, 비행기 등을) 사로잡음 | | | | | | |
| 189 | (술)잔을 올림 | | | | | | |
| 190 | 보랏빛의 노을 / 신선이 사는 궁전 | | | | | | |
| 191 | 어진 인재를 간절히 구함 | | | | | | |
| 192 | 자기의 아내 | | | | | | |
| 193 | 권세나 세력을 제멋대로 부리며 함부로 날뜀 | | | | | | |
| 194 | 자취, 모습, 재능 따위를 감춤 | | | | | | |
| 195 | 법에 맞지 아니하게 판결함 | | | | | | |
| 196 | 티끌을 주움 / 명예나 부귀 따위를 쉽게 얻음 | | | | | | |
| 197 | 일이 매우 쉬움 | | | | | | |
| 198 | 厅 | 199 | 塩 | 200 | 麦 | | |

▶ **해설**

**01** 尋撞(심당) : 장대타기. 장대에 의지하여 높이 오르기를 겨루는 놀이.
→ 여기에서 '尋'자는 '치다, 높다'를 뜻하고, '撞'자는 '치다, 돌진하다'를 뜻한다.

**04** 樞轄(추할) : 중요하고 요긴한 장소.
→ 여기에서 '樞'자는 '가장 중요한 부분'을 뜻한다.

**19** 干潟(간석) : 간석지. 밀물과 썰물이 드나드는 개펄.
→ 여기에서 '干'자는 '마르다, 건조하다'를 뜻한다.

**26** 采緞(채단) : 혼인 때에, 신랑 집에서 신부의 치마나 저고릿감으로 미리 보내는 푸른색과 붉은색의 비단.
→ 여기에서 '采'자는 '폐백(幣帛)'을 뜻한다.

**39** 鴻鵠(홍곡) : '큰 기러기와 고니'라는 뜻에서, '포부가 원대하고 큰 인물'을 이르는 말.
참 이 말은 『史記』, 「陳涉世家」에서 "제비나 참새 따위가 어찌 큰 기러기와 고니의 마음을 알겠는가? [燕雀安知鴻鵠之志]"라고 한 데에서 유래한 말로, 여기에서 '연작(燕雀 : 제비와 참새)'은 '포부가 없는, 도량이 좁은 사람'을 비유하고, '홍곡(鴻鵠 : 기러와 고니)'은 '포부를 가진 영웅호걸'을 비유한다.

**43** 模糊(모호)하다 : 말이나 태도가 흐리터분하여 분명하지 않다.
→ 여기에서 '模'자는 '모호하다'를 뜻하고, '糊'자는 '흐릿하다, 모호하다'를 뜻한다.

**106** 情緖(정서) : 사람의 마음에 일어나는 여러 가지 감정.
→ 여기에서 '緖'자는 '마음'을 뜻한다.

**114** 斬新(참신) : 새롭고 산뜻함.
→ 여기에서 '斬'자는 '매우'를 뜻한다.

**119** 廉探(염탐) : 몰래 남의 사정을 살피고 조사함.
→ 여기에서 '廉'자는 '살피다, 살펴보다'를 뜻한다.

**121** 對峙(대치) : 서로 맞서서 버팀.
→ 여기에서 '峙'자는 '버티다'를 뜻한다.

**123** 癎症(간증) : 간질(癎疾)의 증세.
→ '癎'자는 '간기(癎氣), 간벽(癎癖)'을 제외하고 대부분 한자어의 첫음절에서 장음으로 발음한다.

**124** 彷彿(방불)하다 : ① 거의 비슷하다. ② 흐릿하거나 어렴풋하다. ③ 무엇과 같다고 느끼게 하다.
→ '彷'자는 '방불(彷彿)'을 제외하고 대부분 한자어의 첫음절에서 단음으로 발음한다.

**125** 煮醬(자장) : 장조림.
→ '煮'자는 '자견(煮繭), 자비(煮沸)'를 제외하고 대부분 한자어의 첫음절에서 장음으로 발음한다.

**127** 靖國(정국) : 어지럽던 나라를 태평하게 함.
→ '靖'자는 '정국(靖國)'을 제외하고 대부분 한자어의 첫음절에서 단음으로 발음한다.

**135** 翁壻(옹서) : 장인과 사위.
→ 여기에서 '翁'자는 '장인(丈人)'을 뜻한다.

**145** 迷津寶筏(미진보벌) : '헤매는 나루의 훌륭한 배'라는 뜻으로, '암구명촉(暗衢明燭)'과 같은 말이다.
→ '미진(迷津)'은 '나루를 찾지 못하고 헤맨다.'는 뜻으로, 불교에서, 깨달음의 세계인 피안(彼岸)에 상대하여, 번뇌에 얽매인 삼계(三界)를 이르는 말이다.

**181** 表露(표로) → 여기에서 '露'자는 '드러나다'를 뜻한다.

**191** 握髮(악발) : 어진 인재를 간절히 구함.
참 중국의 주공(周公)이 머리를 감고 있을 때, 찾아온 인사들을 감던 머리를 거머쥐고 지체하지 않고 만났다는 데서 유래함.

**192** 拙荊(졸형) : 졸처(拙妻). ① 남에게 자기 아내를 낮추어 이르는 말. ② 주로 편지글에서, 아내가 남편에게 자기를 낮추어 이르는 일인칭 대명사.
→ 여기에서 '拙'자는 '저'라고 하는 '겸사(謙辭)'를 뜻하고, '荊'자는 '아내'를 뜻한다.

**196** 拾芥(습개) → '拾'자는 쓰임에 따라 뜻과 소리가 달라지는 글자(拾 : 주울 습, 열 십)이고, 여기에서 '芥'자는 '티끌, 하찮은 사물'을 뜻한다.

**197** 如反掌(여반장) : 손바닥을 뒤집는 것 같다는 뜻으로, 『孟子』의 '이여반장(易如反掌 : 손바닥을 뒤집는 것 같이 쉽다)'에서 유래한 말이다.

# 정답 및 해설

## 01회  1급 기출·예상문제

| | | | | | | | |
|---|---|---|---|---|---|---|---|
| 01 | 발랄 | 02 | 누추 | 03 | 교착 | 04 | 알선 |
| 05 | 참회 | 06 | 풍자 | 07 | 기근 | 08 | 야유 |
| 09 | 형극 | 10 | 비방 | 11 | 부연 | 12 | 심오 |
| 13 | 폐허 | 14 | 준설 | 15 | 돈독 | 16 | 수척 |
| 17 | 견책 | 18 | 옹색 | 19 | 희생 | 20 | 도찰 |
| 21 | 보살 | 22 | 잉태 | 23 | 홍시 | 24 | 촉탁 |
| 25 | 흔적 | 26 | 오매 | 27 | 징비 | 28 | 나락 |
| 29 | 전절 | 30 | 환구 | 31 | 석가 | 32 | 방광 |
| 33 | 인후 | 34 | 면류 | 35 | 신원 | 36 | 장미 |
| 37 | 모호 | 38 | 가혹 | 39 | 탐닉 | 40 | 한발 |
| 41 | 질투 | 42 | 촌탁 | 43 | 옹서 | 44 | 기구 |
| 45 | 비단 | 46 | 포말 | 47 | 여염 | 48 | 눌변 |
| 49 | 궤양 | 50 | 시호 | 51 | 돌 기 | 52 | 쓰러질 미 |
| 53 | 죽을 운 | 54 | 고질 고 | 55 | 기울 선 | 56 | 여쭐 품 / 녹 품 |
| 57 | 공손할 제 | 58 | 손톱 조 | 59 | 부추길 주 | | |
| 60 | 장가들 취 | 61 | 뜸 구 | 62 | 나약할 나 | 63 | 아름다울 휴 |
| 64 | 버릴 연 | 65 | 원숭이 원 | 66 | 먹일 포 | 67 | 머뭇거릴 회 |
| 68 | 슬퍼할 도 | 69 | 그릇 명 | 70 | 부끄러울 참 | 71 | 삽살개 방 |
| 72 | 노끈 승 | 73 | 할미 파 | 74 | 초하루 삭 | 75 | 실마리 서 |
| 76 | 불기칠 태 | 77 | 떡 병 | 78 | 단술 례 | 79 | 씨울 투 |
| 80 | 클 비 | 81 | 티끌 진 | 82 | 대궐섬돌 폐 | 83 | 凝視 |
| 84 | 才談 | 85 | 驅使 | 86 | 洗練 | 87 | 魅了 |
| 88 | 視覺的 | 89 | 影響力 | 90 | 弊端 | 91 | 非但 |
| 92 | 該當 | 93 | 局限 | 94 | 先導 | 95 | 沮害 |
| 96 | 協定 | 97 | 撤收 | 98 | 埋伏 | 99 | 後衛 |
| 100 | 詠物 | 101 | 敍景 | 102 | 隱逸 | 103 | 感懷 |
| 104 | 淸雅 | 105 | 徵發 | 106 | 斥候 | 107 | 敵情 |
| 108 | 廉探 | 109 | 索莫 / 索寞 / 索漠 | 110 | 昏困 | | |

| | | | | | | | |
|---|---|---|---|---|---|---|---|
| 111 | 威脅 | 112 | 制霸 | 113 | 激勵 | 114 | 鼓舞 |
| 115 | 不況 | 116 | 連鎖的 | 117 | 倒産 | 118 | 企業 |
| 119 | 構造 | 120 | 機能 | 121 | 痲醉 | 122 | 組立 |
| 123~132 | ②, ④, ⑦, ⑧, ⑩, ⑫, ⑭, ⑮, ⑰, ⑲ | | | | | | |
| 133 | 悠 | 134 | 捕 | 135 | 貪 | 136 | 納 |
| 137 | 標 | 138 | 細 | 139 | 謙 | 140 | 傑 |
| 141 | 菜 | 142 | 吟 | 143 | 榮轉 | 144 | 經常 |
| 145 | 斬新 | 146 | 收縮 | 147 | 秩序 | 148 | 勤勉 |
| 149 | 推仰 | 150 | 歡喜 | 151 | 儉素 | 152 | 濃厚 |
| 153 | 天 / 助 | 154 | 弊 / 破 | 155 | 多 / 亡 | 156 | 隱 / 心 |
| 157 | 水 / 石 | 158 | 然 / 致 | 159 | 梅 / 解 | 160 | 波 / 丈 |
| 161 | 珍 / 味 | 162 | 顧 / 草 | 163 | 卑 / 賤 | 164 | 八 / 惱 |
| 165 | 削 / 官 | 166 | 頭 / 亂 | 167 | 阿 / 叫 | 168 | 臼 |
| 169 | 矛 | 170 | 木 | 171 | 牛 | 172 | 工 |
| 173 | 冂 | 174 | 自 | 175 | 亠 | 176 | 黍 |
| 177 | 罒 / 网 / 罓 | 178 | 維持 | 179 | 著作 | 180 | 減壽 |
| 181 | 辭讓 | 182 | 沈痛 | 183 | 艦艇 | 184 | 畫廊 |
| 185 | 疏明 | 186 | 透寫 | 187 | 謀議 | 188 | 担 |
| 189 | 遅 | 190 | 壱 | | | | |
| 191 | 앞일에 대해 쓸데없는 걱정을 함 | | | | | | |
| 192 | 직계 조상을 중심으로 가계를 기록한 책 | | | | | | |
| 193 | 가을철 새로 돋아난 짐승의 털 / 매우 적거나 조금인 것 | | | | | | |
| 194 | 한집에 거느리고 사는 식구 | | | | | | |
| 195 | 제일 잘된 책이나 작품 | 196 | 다리와 팔 / 온몸 | | | | |
| 197 | 임금의 사위 | 198 | (손바닥을 뒤집는 것과 같이) 일이 매우 쉬움 | | | | |
| 199 | 예삿일 / 흔한 일 | | | | | | |
| 200 | 이 세상 밖의 다른 세상 / 경치가 매우 뛰어난 곳 | | | | | | |

### 해설

**07** 飢饉 / 饑饉(기근) : 흉년으로 먹을 양식이 모자라 굶주림.
→ '飢'자와 '饑'자는 쓰임이 같은 이체자이다.

**18** 壅塞(옹색) : 형편이 넉넉하지 못하여 생활에 필요한 것이 없거나 부족함.
→ '塞'자는 쓰임에 따라 뜻과 소리가 달라지는 글자이다. 참 塞(변방 새, 막힐 색)

**21** 菩薩(보살) : 불교에서, 깨달음을 구하여 중생을 교화하려는 사람.
→ 이는 산스크리트 '보디사트바'의 음사(音寫)인 '보리살타(菩提薩陀)'의 준말로, 보디(bodhi)는 깨닫다(budh)에서 파생된 말로 깨달음·지혜·불지(佛智)라는 의미를 지니며, 사트바(sattva)는 존재하다(as)가 어원으로 생명 있는 존재, 즉 중생(衆生)·유정(有情)을 뜻한다.

**23** 紅柿 / 紅枾(홍시) : 물렁하게 잘 익은 감. 연감(軟-). 연시(軟柿). 연시감.
→ '柿'자와 '枾'자는 쓰임이 같은 이체자이다.

**28** 奈落 / 那落(나락) : '지옥'을 뜻하는 데에서, '벗어나기 어려운 절망적인 상황'을 이르는 말.
→ 여기에서 '奈'자는 '지옥'을 뜻하고, '나'로 읽고 적는다.

**37** 糢糊(모호) : 막(漠)의 10분의 1이 되는 수 또는 그런 수의, 즉 $10^{-13}$을 이른다. 예전에, 막(漠)의 억분의 1이 되는 수를 이르던 말. 즉, $10^{-48}$을 이른다.
→ '모호(模糊/糢糊)하다(말이나 태도가 흐리터분하여 분명하지 않다)'로 쓰기도 한다.

**42** 忖度(촌탁) : 남의 마음을 미루어서 헤아림. 요탁(料度).
→ 여기에서 '度'자는 '헤아리다'를 뜻하고, '탁'으로 읽고 적는다.

**91** 非但(비단) : '아니다' 따위의 부정하는 말 앞에서 '다만', '오직'의 뜻으로 쓰이는 말.
→ '非但'은 '~일 뿐만 아니라'로 풀이하기도 한다.

**127** 滿面(만면) : 온 얼굴.
→ '滿'자는 '만주(滿洲)', '滿(나이)'와 관련된 한자어나 만간(滿干), 만기(滿期), 만끽(滿喫), 만료(滿了), 만만(滿滿), 만복(滿腹), 만삭(滿朔), 만살창(滿살窓), 만수(滿水), 만원(滿員), 만원(滿願), 만일(滿溢), 만점(滿點), 만족(滿足), 만폭(滿幅), 만함식(滿艦飾), 만호대(滿瑚臺), 만호배(滿瑚杯) 등에서는 단음이고, 이를 제외한 대부분 한자어의 첫 음절에서는 장음으로 발음한다.

**128** 沸騰(비등) : ① 액체가 끓어오름. ②'여론이나 관심 따위가 물이 끓듯 일어남'을 비유하여 이르는 말.
→ '沸'자는 뜻에 따라 '불' 또는 '비'로 읽고 적으나 '비'로 읽을 때에만 장음으로 발음한다.

**137** 標榜(표방) : ① 어떤 명목을 붙여 주의나 주장 또는 처지를 앞에 내세움. ② 남의 착한 행실을 기록하여 여러 사람에게 보임.
→ 여기에서 '標'자는 '드러내다'를 뜻하고, '榜'자는 '패(牌)'를 뜻한다.

**144** 經常(경상) : 일정한 상태를 지속하여 변동이 없음.
→ 여기에서 '經'자는 '일정한 상태를 지속하다'를 뜻하고, '常'자는 '늘, 언제나'를 뜻한다.

**154** 弊袍破笠(폐포파립) : '해진 옷과 부서진 갓'이라는 데에서 비롯된 말.
→ 여기에서 '弊'자는 '敝(해질 폐)'자로 쓰기도 한다.

**160** 波瀾萬丈(파란만장) : '파도와 물결의 높이가 만 길이나 된다.'는 뜻에서, '단순한 어려움이나 고생보다는 기복이 심한 삶'을 이르는 말이다.

**178** 維持(유지) : 어떤 상태를 지탱하여 나가거나 이어 감.
→ 여기에서 '維'자는 '계속 이어가다'를 뜻하고, '持'자는 '지키다, 유지하다'를 뜻한다.

**192** 家乘(가승) : 한집안의 역사적 사실을 적은, 족보나 문집 따위의 책.
→ 여기에서 '乘'자는 '역사의 기록'을 뜻한다.

**195** 壓卷(압권) : 고대 중국의 관리 등용 시험에서 가장 뛰어난 답안지를 다른 답안지 위에 얹어 놓았다는 데서 유래한 말.
→ 여기에서 '卷'자는 '답안지'를 뜻한다.

## 02회 1급 기출・예상문제

144쪽~148쪽

| 01 | 새보 | 02 | 용슬 | 03 | 궤장 | 04 | 범패 |
|---|---|---|---|---|---|---|---|
| 05 | 기반 | 06 | 진지 | 07 | 조칙 | 08 | 사특 |
| 09 | 빙자 | 10 | 이사 | 11 | 강퍅 | 12 | 해후 |
| 13 | 판상 | 14 | 훤소 | 15 | 언제 | 16 | 힐난 |
| 17 | 흡사 | 18 | 미령 | 19 | 체읍 | 20 | 발췌 |
| 21 | 전박 | 22 | 추첨 | 23 | 탁발 | 24 | 주예 |
| 25 | 협근 | 26 | 탕건 | 27 | 달증 | 28 | 괘효 |
| 29 | 함륵 | 30 | 효애 | 31 | 비뇨 | 32 | 미양 |
| 33 | 구사 | 34 | 쇄설 | 35 | 주착 | 36 | 현훈 |
| 37 | 터포 | 38 | 차질 | 39 | 행림 | 40 | 액살 |
| 41 | 섬박 | 42 | 고면 | 43 | 복욱 | 44 | 췌서 |
| 45 | 신금 | 46 | 시탄 | 47 | 향나 | 48 | 침성 |
| 49 | 표한 | 50 | 치모 | 51 | 네모질 릉 | 52 | 비준 준 |
| 53 | 대추 조 | 54 | 풀 훼 | 55 | 잡을 액 | 56 | 갈릴 체 |
| 57 | 사람이름 설 | | | 58 | 주제넘을 참 | | |
| 59 | 일 대 | | | 60 | 사냥 렵 | | |
| 61 | 우레 진 | | | 62 | 바퀴자국 궤 | | |
| 63 | 녹을 융 | | | 64 | 굴대 축 | | |
| 65 | 공경할 흠 | | | 66 | 펼 포 / 가게 포 | | |
| 67 | 엉길 응 | | | 68 | 굴 굴 | | |
| 69 | 살필 체 | | | 70 | 속마음 충 | | |
| 71 | 여우 호 | 72 | 긁을 괄 | 73 | 던질 척 | 74 | 물을 자 |
| 75 | 부엌 주 | 76 | 편할 일 / 질탕 질 | | | | |
| 77 | 탈 빙 / 성 풍 | | | 78 | 골몰할 골 / 물이름 멱 | | |
| 79 | 이랑 무 / 이랑 묘 | | | 80 | 구울 자 / 구울 적 | | |
| 81 | 풀날 용 / 버섯 이 | | | | | | |
| 82 | 열반 열(녈) / 검은물들일 날 | | | | | | |
| 83 | 添削 | 84 | 自炊 | 85 | 鬱寂 | 86 | 滑降 |
| 87 | 浪漫 | 88 | 干涉 | 89 | 遺憾 | 90 | 歸趨 |
| 91 | 纖細 | 92 | 約款 | 93 | 僑胞 | 94 | 揷畫 |
| 95 | 信賴 | 96 | 推戴 | 97 | 修繕 | 98 | 露骨的 |
| 99 | 飢渴 | 100 | 擁衛 | 101 | 投稿 | 102 | 薄俸 |
| 103 | 裁判 | 104 | 特赦 | 105 | 掌握 | 106 | 證據 |
| 107 | 爆擊 | 108 | 偵察 | 109 | 中途 | 110 | 抛棄 |
| 111 | 隸屬 | 112 | 機構 | 113 | 沈滯 | 114 | 連鎖 |
| 115 | 酷寒 | 116 | 撤收 | 117 | 素材 | 118 | 彫琢 |
| 119 | 口傳心授 | 120 | 不文律 | 121 | 扶養 | 122 | 潛在力 |
| 123 ~ 132 | ①, ③, ⑥, ⑧, ⑩, ⑫, ⑬, ⑮, ⑯, ⑱ | | | | | | |
| 133 | 奴 | 134 | 詐 / 僞 | 135 | 尋 | 136 | 悅 / 樂 |
| 137 | 遙 | 138 | 早 | 139 | 迫 | 140 | 雇 |
| 141 | 積 | 142 | 忌 / 隱 | 143 | 緊張 | 144 | 洗練 |
| 145 | 遲鈍 | 146 | 左遷 | 147 | 埋沒 | 148 | 返濟 |
| 149 | 斬新 | 150 | 利己 | 151 | 貫徹 | 152 | 分析 |
| 153 | 呼 / 躍 | 154 | 懸 / 河 | 155 | 縫 / 策 | 156 | 不 / 屈 |
| 157 | 泰 / 山 | 158 | 鼓 / 腹 | 159 | 兩 / 端 | 160 | 霜 / 孤 |
| 161 | 子 / 奮 | 162 | 魂 / 飛 | 163 | 翁 / 鷗 | 164 | 惑 / 世 |
| 165 | 泥 / 鴻 | 166 | 隔 / 靴 | 167 | 換 / 骨 | 168 | 鹿 |
| 169 | 匚 | 170 | 鼎 | 171 | 大 | 172 | 人 |
| 173 | 爻 | 174 | 斗 | 175 | 丿 | 176 | 香 |
| 177 | 虫 | 178 | 編輯 | 179 | 正常 | 180 | 秀作 |
| 181 | 放射 | 182 | 碑銘 | 183 | 鑄造 | 184 | 腎臟 |
| 185 | 患部 | 186 | 模寫 | 187 | 年賦 | | |
| 188 | 휘어잡고 의지하거나 기어 올라감 | | | | | | |
| 189 | 임금의 자리를 빼앗음 | | | 190 | 팔찌 | 191 | 소용돌이 |
| 192 | 아무 거리낌 없이 제멋대로 함 | | | | | | |
| 193 | 겉풀 솜 / 고치 솜 | | | 194 | 흠 | 195 | 널길 |
| 196 | 돛대 | 197 | 기름을 짬 | 198 | 劑 | 199 | 笛 |
| 200 | 个 | | | | | | |

### 해설

**02** 容膝(용슬) : 방이나 장소가 비좁아 겨우 무릎이나 움직일 수 있음 또는 그 방이나 장소.
→ 여기에서 '容'자는 '받아들이다'를 뜻한다.

**03** 几杖(궤장) : 궤장연(几杖宴) 때에 임금이 나라에 공이 많은 70세 이상의 늙은 대신에게 하사하던 궤(几)와 지팡이.
※ 궤장연 : 조선 시대에, 임금이 70세 이상의 원로대신들에게 궤장을 하사하며 베풀던 연회로, 대신들에게 가장 영예로운 행사로서 궁중에서 호화롭게 행하였다.

**05** 羈絆(기반) : '굴레를 씌운다'는 뜻에서, '자유를 구속하거나 억압함'을 이르는 말.

**13** 辦償(판상) : ① 빚을 갚음. 판제(辦濟). ② 남에게 끼친 손해를 물어 줌. ③ 지은 죄과를 재물을 내어 갚음.
→ 여기에서 '辦'자는 '갖추다, 준비하다'를 뜻한다.

**18** 靡寧(미령)하다 : 어른의 몸이 병으로 인하여 편하지 못하다.
→ '寧'자는 '안녕(安寧)'처럼 본음이 '녕'이나 여기에서는 '의령(宜寧), 회령(會寧)'처럼 속음(俗音)으로 읽고 적는다.

**24** 胄裔(주예) : 후손(後孫).
→ '胄'자는 '胄(투구 주)'자와 혼동하기 쉬운 글자이다. '胄(자손 주)'자는 부수가 '肉=月'이며, '胄(투구 주)'자는 부수가 '冂'이다.

**31** 泌尿(비뇨) : 오줌을 만들어 배설함.
→ '泌'자는 뜻에 따라 '비' 또는 '필'로 읽는다.
참 泌(분비할 비, 스며흐를 필)

**44** 贅壻(췌서) : 예전에, 중국에서 신부의 친정에 재화(財貨)를 주는 대신에 노역을 하던 데릴사위.
→ 여기에서 '贅'자는 '데릴사위'를 뜻한다.
→ '壻'자와 쓰임이 같은 이체자로 '婿'자가 있다.

**49** 慓悍(표한)하다 : 성질이 급하고 사납다.
→ '剽悍'으로 쓰기도 한다.

**86** 滑降(활강) : 비탈진 곳을 미끄러져 내림.
→ '滑'자는 뜻에 따라 뜻과 소리가 달라지는 글자이다. 참 滑(미끄러울 활, 익살스러울 골)

**87** 浪漫(낭만) : 매우 감정적으로 사물을 파악하는 심리 상태 또는 그런 심리 상태로 인한 감미로운 분위기.
→ 이는 중세 프랑스어 'romanz'에서 유래한 로망(roman)을 일본 발음으로 적은 한자어이다.

**88** 干涉(간섭) : 직접 관계가 없는 남의 일에 부당하게 참견함.
→ 여기에서 '干'자는 '간여(干與)하다'를 뜻하고, '涉'자는 '간섭하다, 관계하다'를 뜻한다.

**118** 彫琢(조탁) : ① 보석과 같이 단단한 것을 새기거나 쫌. ② 문장이나 글 따위를 매끄럽게 다듬음.

**119** 口傳心授(구전심수) : '입으로 전하고 마음으로 가르친다.'는 뜻에서, '일상생활을 통하여 자기도 모르는 사이에 몸에 배도록 가르침'을 이르는 말.

**146** 左遷(좌천) : 낮은 관직이나 지위로 옮겨지거나 외직으로 전근됨.
→ 여기에서 '左'자는 '낮은 자리, 아랫자리'를 뜻하는데, 예전에 중국에서 오른쪽을 숭상하고 왼쪽을 멸시하였던 데에서 유래한 말이다.

**161** 獅子奮迅(사자분신) : '사자가 맹렬한 기세로 일어난다.'는 뜻에서, '일을 하는 데 기세가 매우 격렬함' 또는 '부처의 위엄'을 비유하여 이른다.

**188** 攀緣(반연) : ① 무엇에 이르기 위한 연줄로 삼음. ② 불교에서, 마음이 객관적 사물에 의지하여 작용을 일으킴.
→ 여기에서 '攀'자는 '높은 곳에 오르려고 무엇을 끌어 잡다'를 뜻한다.

**191** 盤渦(반와) : 바닥이 팬 자리에서 물이 빙빙 돌면서 흐르는 현상. 선와(旋渦).
→ 여기에서 '盤'자는 '돌다'를 뜻한다.

**195** 羨道(연도) : 고분의 입구에서부터 시체를 안치한 방까지 이르는 길.
→ 여기에서 '羨'자는 '묘도(墓道 : 무덤으로 통하는 길)'를 뜻한다. 참 羨(부러워할 선, 무덤길 연)

## 03회 1급 기출·예상문제

149쪽~153쪽

| | | | | | | | |
|---|---|---|---|---|---|---|---|
| 01 | 금도 | 02 | 창만 | 03 | 가람 | 04 | 교사 |
| 05 | 힐난 | 06 | 찰나 | 07 | 손괴 | 08 | 추국 |
| 09 | 첨단 | 10 | 분향 | 11 | 요격 | 12 | 폭파 |
| 13 | 도전 | 14 | 선양 | 15 | 범어 | 16 | 농장 |
| 17 | 투계 | 18 | 맥수 | 19 | 석권 | 20 | 언제 |
| 21 | 끽주 | 22 | 출홀 | 23 | 흉항 | 24 | 취포 |
| 25 | 출벌 | 26 | 천식 | 27 | 고한 | 28 | 만가 |
| 29 | 복강 | 30 | 격소 | 31 | 공막 | 32 | 배박 |
| 33 | 조소 | 34 | 용연 | 35 | 잠적 | 36 | 조급 |
| 37 | 참칭 | 38 | 척람 | 39 | 표탕 | 40 | 와잔 |
| 41 | 적천 | 42 | 해타 | 43 | 참담 | 44 | 서직 |
| 45 | 전문 | 46 | 운성 | 47 | 사주 | 48 | 사자후 |
| 49 | 건달바 | 50 | 의음어 | 51 | 시호 시 | 52 | 유리 류 |
| 53 | 가릴 / 막을 차 | | | 54 | 궤짝 궤 | 55 | 성낼 진 |
| 56 | 발 박 | 57 | 새벽 서 | 58 | 가는 베 융 | 59 | 에돌 우 |
| 60 | 밀 랍 | 61 | 사다리 붕 | 62 | 띠 모 | 63 | 사로잡을 금 |
| 64 | 개천 거 | 65 | 팔 비 | 66 | 천리마 기 | 67 | 가시 형 |
| 68 | 기 치 | 69 | 술통 준 | 70 | 검을 려 | 71 | 산골물 간 |
| 72 | 바지 고 | 73 | 여쭐 품 | 74 | 대머리 독 | 75 | 터질 탄 |
| 76 | 멍에 가 | 77 | 칠 당 | 78 | 둔한 말 노 | 79 | 작을 편 |
| 80 | 새알 단 | 81 | 맡을 후 | 82 | 가래 추 | 83 | ④ |
| 84 | ③ | 85 | ② | 86 | ④ | 87 | ① |
| 88 | ㉮ | 89 | ㉯ | 90 | ㉮ | 91 | ㉮ |
| 92 | ㉯ | 93 | 氣勢 | 94 | 乘客 | 95 | 配慮 |
| 96 | 意味 | 97 | 辭讓 | 98 | 環境 | 99 | 飜譯 |
| 100 | 名譽 | 101 | 宴會 | 102 | 系統 | 103 | 口碑 |
| 104 | 厚待 | 105 | 創業 | 106 | 連繫 | 107 | 認知 |
| 108 | 暢達 | 109 | 資料 | 110 | 除授 | 111 | 採擇 |
| 112 | 開催 | 113 | 回復 | 114 | 再構 | 115 | 處分 |
| 116 | 極樂 | 117 | 特徵 | 118 | 劣惡 | 119 | 措置 |
| 120 | 發掘 | 121 | 落點 | 122 | 附與 | 123 | 追突 |
| 124 | 示威 | 125 | 宗戚 | 126 | 基礎 | 127 | 文獻 |
| 128 | 慈殿 | 129 | 遲刻 | 130 | 供養米 | 131 | 管制室 |
| 132 | 自衛權 | 133 | 荒 | 134 | 滅 | 135 | 阿 |
| 136 | 登 | 137 | 招 | 138 | 忌 | 139 | 延 |
| 140 | 封 | 141 | 濕 | 142 | 躍 | 143 | 辱 |
| 144 | 伸 | 145 | 賤 | 146 | 吸 | 147 | 仰 |
| 148 | 窮 | 149 | 餓 | 150 | 拙 | 151 | 柔 |
| 152 | 緩 | 153 | 煙 | 154 | 飯 | 155 | 筆 |
| 156 | 渴 | 157 | 漏 | 158 | 拔 | 159 | 毫 |
| 160 | 戴 | 161 | 隔 | 162 | 齊 | 163 | 口 |
| 164 | 疋 | 165 | 臼 | 166 | 又 | 167 | 糸 |
| 168 | 夕 | 169 | 風 | 170 | 鼎 | 171 | 曰 |
| 172 | 金 | 173 | 임금의 사위 | | | | |
| 174 | 몹시 어렵고 고통스러움 | | | 175 | 가장 뛰어난 부분 | | |
| 176 | 문제 해결의 가장 중요한 부분 | | | | | | |
| 177 | 자유가 없는 고통스러운 상태 | | | 178 | 침 | | |
| 179 | 군대 행렬의 줄 | | | 180 | 갓길 | | |
| 181 | 가지고 가서 드림 | | | | | | |
| 182 | 여자의 꽃다운 나이(스무 살) | | | | | | |
| 183 | 包裝 | 184 | 販路 | 185 | 留學 | 186 | 靈前 |
| 187 | 賣渡 | 188 | 艦艇 | 189 | 晩景 | 190 | 僻地 |
| 191 | 婚需 | 192 | 儉約 | 193 | 驛 | 194 | 号 |
| 195 | 盖 | 196 | 縫 | 197 | 奬 | 198 | 臺 |
| 199 | 荷 | 200 | 閥 | | | | |

### 해설

01 襟度(금도) : 다른 사람을 포용할 만한 도량.
→ 여기에서 '襟'자는 '가슴, 마음'을 뜻하고, '度'자는 '국량(局量 : 남의 잘못을 이해하고 감싸주며 일을 능히 처리하는 힘)'을 뜻한다.

**08** 推鞫(추국) : (조선 시대에) 의금부에서 임금의 특명에 따라 중한 죄인을 신문하던 일. '추국(推鞠)'으로 쓰기도 함.
→ 여기에서 '推'자는 '꾸짖다, 꼬집다, 따지다, 힐난하다'를 뜻하고, '鞫'자는 '국문(鞫問/鞠問)하다'를 뜻한다.

**16** 弄杖(농장) : (야구 따위에서) 공을 치는 일. 타구(打球). 격구(擊毬).
→ 여기에서 '弄'자는 '솜씨 있게 다루다'를 뜻하고, '杖'자는 '몽둥이'를 뜻한다.

**19** 席捲(석권) : '돗자리를 만다'는 뜻에서, '빠른 기세로 영토를 휩쓸거나 세력 범위를 넓힘'을 이르는 말. '석권(席卷)'으로 쓰기도 함.

**20** 堰堤(언제) : 하천이나 계류 따위를 막는 구조물. 댐.
→ 여기에서 '堰'자는 '(물을) 막다'를 뜻한다.

**33** 彫塑(조소) : 재료를 깎고 새기거나 빚어서 입체 형상을 만듦 또는 그런 미술.
참 '彫塑'는 보통 조각(彫刻)과 소조(塑造)를 아울러 이르는 말이다.

**34** 聳然(용연)하다 : ① 솟은 모양이 우뚝하다. ② 삼가고 두려워하는 상태에 있다.
→ '然'자는 형용사나 부사 뒤에 쓰여 사물이나 동작의 상태를 나타낸다.

**37** 僭稱(참칭) : ① 분수에 넘치게 스스로를 임금이라 이름. ② 분수에 넘치는 칭호를 스스로 이름.
→ 여기에서 '僭'자는 '참람하다(僭濫하다 : 분수에 넘쳐 너무 지나치다)'를 뜻한다.

**40** 瓦盞(와잔) : 질흙으로 구워 만든 술잔.
→ 여기에서 '瓦'자는 '질흙, 질그릇'을 뜻한다.

**41** 謫遷(적천) : 죄지은 관리를 먼 곳으로 귀양 보냄 또는 그런 일.
→ 여기에서 '遷'자는 '내쫓다, 추방하다'를 뜻한다.

**47** 使嗾(사주) : 남을 부추겨 좋지 않은 일을 시킴.
→ 여기에서 '使'자는 '시키다'를 뜻한다.

**48** 獅子吼(사자후) : ① (불교에서) 부처의 위엄 있는 설법을 '사자의 울부짖음에 모든 짐승이 두려워하여 굴복하는 것'에 비유하여 이르는 말. ② '사자의 우렁찬 울부짖음'이라는 뜻으로, '크게 부르짖어 열변을 토하는 연설'을 이르는 말. ③ '질투심이 강한 아내가 남편에게 암팡스럽게 떠드는 일'을 비유하여 이르는 말.

**49** 乾達婆(건달바) : 불교에서, 수미산 남쪽의 금강굴에 살며 제석천(帝釋天)의 아악(雅樂)을 맡아보는 신(술과 고기를 먹지 않고 향만 먹으며 공중으로 날아다닌다고 한다). '건달바(乾闥婆)'로 쓰기도 함.
→ '婆'자는 본음이 '파'이나 여기에서는 음역(音譯)으로 '바'로 읽는다.

**50** 擬音語(의음어) : 사람이나 사물의 소리를 흉내 낸 말. 의성어(擬聲語).

**110** 除授(제수) : ① 추천의 절차를 밟지 않고 임금이 직접 벼슬을 내리던 일. ② 옛 관직을 없애고 새 관직을 내리던 일.

**128** 慈殿(자전) : 임금의 어머니를 이르던 말. 자성(慈聖).

**140** 緘封(함봉) : ① 편지를 봉투에 넣고 봉함 또는 그 편지. ② '입을 꼭 다물고 열지 않음'을 비유하여 이르는 말.

**155** 投筆從戎(투필종융) : '붓을 버리고 군대를 따르다.'라는 뜻에서, '문인(文人)이 글을 포기하고 종군(從軍)하는 것'을 비유하여 이르는 말. '기필종융(棄筆從戎)'이라고도 함.

**159** 毫毛斧柯(호모부가) : ① '나무를 어릴 때 베지 않으면 마침내 도끼를 사용하게 된다.'는 뜻에서, '화(禍)는 크기 전에 없애야 함'을 비유하여 이르는 말. ② '나쁜 버릇은 어릴 때 고쳐야 함'을 이르는 말.

**196** 彌縫策(미봉책) : 눈가림만 하는 일시적인 계책.
→ 여기에서 '彌'자는 '깁다(떨어지거나 해어진 곳을 꿰매다), 꿰매다'를 뜻한다.

## 04회 1급 기출·예상문제

154쪽~158쪽

| | | | | | | | |
|---|---|---|---|---|---|---|---|
| 01 | 감여 | 02 | 두찬 | 03 | 고량 | 04 | 포말 |
| 05 | 오매 | 06 | 도륙 | 07 | 조박 | 08 | 눌삽 |
| 09 | 한발 | 10 | 비루 | 11 | 노략 | 12 | 태장 |
| 13 | 영어 | 14 | 발호 | 15 | 보살 | 16 | 조부 |
| 17 | 섬라 | 18 | 범주 | 19 | 인멸 | 20 | 시비 |
| 21 | 범납 | 22 | 자고 | 23 | 첨지 | 24 | 도서 |
| 25 | 앵순 | 26 | 독옹 | 27 | 괴패 | 28 | 간착 |
| 29 | 질매 | 30 | 야차 | 31 | 감교 | 32 | 부기 |
| 33 | 금종 | 34 | 삭회 | 35 | 척출 | 36 | 열반 |
| 37 | 침락 | 38 | 궤양 | 39 | 용훼 | 40 | 곤상 |
| 41 | 각건 | 42 | 예맥 | 43 | 걸주 | 44 | 공막 |
| 45 | 송률 | 46 | 구생 | 47 | 미륵 | 48 | 과립 |
| 49 | 담타 | 50 | 번설 | 51 | 끌 랍 | 52 | 뺨 협 |
| 53 | 밝을 량 | 54 | 삽살개 방 | 55 | 모날 릉 | 56 | 터질 작 |
| 57 | 까끄라기 망 | 58 | 전자 전 | 59 | 모기 문 | 60 | 어두울 매 |
| 61 | 시들 위 | 62 | 애오라지 료 | 63 | 함 함 | 64 | 숨을 둔 |
| 65 | 기릴 포 | 66 | 허물 고 | 67 | 소모할 모 | 68 | 죽을 폐 |
| 69 | 좁을 애 | 70 | 틈 극 | 71 | 무너질 퇴 | 72 | 개선할 개 |
| 73 | 거둘 렴 | 74 | 내기 도 / 볼 도 | | | 75 | 아낄 린 |
| 76 | 벗길 박 | 77 | 걸릴 리 | 78 | 술취할 명 | 79 | 아플 동 |
| 80 | 움 맹 / 싹 맹 | | | 81 | 거꾸러질 질 | 82 | 속일 만 |
| 83~92 | ②, ③, ⑥, ⑧, ⑨, ⑪, ⑮, ⑯, ⑱, ⑳ | | | | | | |
| 93 | 矢 | 94 | 斗 | 95 | 辛 | 96 | 大 |
| 97 | 殳 | 98 | 木 | 99 | 穴 | 100 | 香 |
| 101 | 里 | 102 | 戈 | 103 | 甞 | 104 | 湾 |
| 105 | 夢 | 106 | 瑞 | 107 | 紡 | 108 | 託 |
| 109 | 摩 | 110 | 哭 | 111 | 傲 | 112 | 悼 |
| 113 | 結 | 114 | 擇 / 選 | 115 | 開 | 116 | 柔軟 |
| 117 | 勤勉 | 118 | 險難 | 119 | 濃厚 | 120 | 勇敢 |
| 121 | 鈍濁 | 122 | 閑散 | 123 | 需要 | 124 | 左遷 |
| 125 | 洗練 | 126 | 口 / 策 | 127 | 龍 / 點 | 128 | 渴 / 井 |
| 129 | 老 / 戲 | 130 | 孤 / 援 | 131 | 斬 / 啓 | 132 | 累 / 危 |
| 133 | 面 / 歌 | 134 | 城 / 池 | 135 | 毛 / 柯 | 136 | 波 / 重 |
| 137 | 窮 / 追 | 138 | 流 / 世 | 139 | 尾 / 續 | 140 | 網 / 舟 |
| 141 | 派閥 | 142 | 辨證 | 143 | 偏僻 | 144 | 辯論 |
| 145 | 侮蔑 | 146 | 拳銃 | 147 | 匪賊 | 148 | 屍身 |
| 149 | 洞窟 | 150 | 遺棄 | 151 | 卒徒 | 152 | 爛熟 |
| 153 | 閨房 | 154 | 俳優 | 155 | 魅惑 | 156 | 姿態 |
| 157 | 購買 | 158 | 忌避 | 159 | 碧溪 | 160 | 沐浴 |
| 161 | 淸凉 | 162 | 糖尿 | 163 | 腎臟 | 164 | 跳躍 |
| 165 | 差度 | 166 | 汚染 | 167 | 覆蓋 | 168 | 高架 |
| 169 | 復元(原) | 170 | 潛在 | 171 | 侵犯 | 172 | 組暴 |
| 173 | 驅逐 | 174 | 解雇 | 175 | 商圈 | 176 | 焦眉 |
| 177 | 賠償 | 178 | 疏遠 | 179 | 葛藤 | 180 | 露呈 |
| 181 | 司祭 | 182 | 私第 | 183 | 膠着 | 184 | 交錯 |
| 185 | 沙(砂)洲 | 186 | 賜酒 | 187 | 辭讓 | 188 | 斜陽 |
| 189 | 酒邪 | 190 | 注射 | 191 | 초가을 | | |
| 192 | 관청의 물건을 사사로이 써 버림 | | | | | | |
| 193 | 오목새김 | 194 | 서울에서 멀리 떨어진 지방 | | | | |
| 195 | 햇무리 | 196 | 바랑 | 197 | 빈정거리며 웃음 | | |
| 198 | 읍하는 예를 갖추면서 자기를 낮춤 | | | | | | |
| 199 | 다듬잇돌 | 200 | 편들어서 감싸 주고 보호함 | | | | |

### 해설

**01** 堪輿(감여) : '만물을 포용하여 싣고 있는 물건'이라는 뜻에서, '하늘과 땅'을 이르는 말.
→ 여기에서 '堪'자는 '하늘'을 뜻하고, '輿'자는 '땅, 대지(大地)'를 뜻한다. 『漢書』, 「藝文志」에서 "감(堪)은 천도(天道)이고, 여(輿)는 지도(地道)이다"라고 하였다.

02 杜撰(두찬) : ① 전거나 출처가 확실하지 못한 저술. ② 틀린 곳이 많은 작품.
→ 이는 송대(宋代) 왕무(王楙)의 『野客叢書』에서 '두묵(杜黙)'이라는 자가 시를 짓는데 율(律)에 맞지 않는 것이 많아, 그 일로 인하여 일이 격에 맞지 않는 것을 두찬이라 한다'는 데에서 유래한 말이다.

07 糟粕(조박) : ① 재강. 술을 거르고 남은 찌끼. ② 학문이나 서화·음악 따위에서, 옛사람이 다 밝혀서 지금은 새로운 의의가 없는 것. ③ 양분을 빼고 난 필요 없는 물건.

13 囹圄(영어) : 죄인을 가두어 두는 곳. 감옥(監獄).

19 湮滅(인멸) : 자취도 없이 죄다 없어짐 또는 그렇게 없앰.

20 柴扉(시비) : 사립문. 사립짝을 달아서 만든 문.

21 梵衲(범납) : 중. 절에서 살면서 불도(佛道)를 닦고 실천하며 포교(布敎)하는 사람.
→ 여기에서 '衲'자는 '승려(僧侶)'를 뜻한다.

23 僉知(첨지) : ① 첨지중추부사(僉知中樞府事 : 조선시대에, 중추원에 속한 정삼품 무관의 벼슬) ② 지난날, 성(姓) 아래에 붙여서 특별한 사회적 지위가 없는 나이 많은 남자를 동료나 윗사람이 낮잡아 이르던 말.

29 叱罵(질매) : 몹시 꾸짖어 나무람.

30 夜叉(야차) : ① 두억시니. 모질고 사나운 귀신의 하나. ② 불교에서, 사람을 괴롭히거나 해친다는 팔부(八部)의 하나.
→ 여기에서 '叉'자는 '악귀 이름'을 뜻한다.

32 附驥(부기) : '모기나 파리 따위가 천리마의 꼬리에 달라붙어 먼 길을 간다'는 뜻에서, 흔히 자신의 겸칭으로 '후배가 선배에게 의지하여 명성을 얻음'을 이르는 말.

33 擒縱(금종) : 사로잡음과 용서하여 놓아줌.
→ 여기에서 '縱'자는 '석방하다, 놓아주다, 풀어주다'를 뜻한다.

36 涅槃(열반) : 모든 번뇌의 얽매임에서 벗어나고, 진리를 깨달아 불생불멸의 법을 체득한 경지.
→ '열반(涅槃)'은 산스크리트어 '니르바나(nirvana)'의 음역으로 니원(泥洹) 또는 열반나(涅槃那)라고도 쓰며, '멸(滅), 적멸(寂滅), 멸도(滅度) 또는 적(寂)'이라고 번역하기도 한다.

39 容喙(용훼) : 간섭하여 말참견을 함.
→ 여기에서 '容'자는 '받아들이다, 용납하다'를 뜻하고, '喙'자는 '(사람의) 입'을 뜻한다.

43 桀紂(걸주) : '중국 하(夏)나라의 걸왕(桀王)과 은(殷)나라의 주왕(紂王)'을 뜻하는 데에서, '천하의 폭군'을 비유하여 이르는 말.

46 舅甥(구생) : ① 외삼촌과 조카[甥姪]. ② 장인과 사위를 아울러 이르는 말.

129 老萊之戲(노래지희) : '중국 초(楚)나라 때의 노래자(老萊子)가 일흔 살에 어린애의 색동옷을 입고 늙은 부모 앞에서 재롱을 부려 즐겁게 해 드림으로써 늙음을 잊게 했다'는 고사에서 온 말.

135 毫毛斧柯(호모부가) : '어린 싹을 뽑아 버리지 않으면 마침내 큰 나무가 된다'는 뜻에서, '나쁜 버릇은 어릴 때 고쳐야 함'을 이르기도 함.

140 網漏吞舟(망루탄주) : '그물은 배를 삼킬 만한 큰 고기는 빠뜨리어 잡지 못한다[網漏吞舟之魚]'는 뜻에서, '큰 죄인이 법망(法網)에 걸리지 않음'을 이르는 말.

150 遺棄(유기) : ① 내다 버림. ② (보호를 받아야 할 사람을) 보호하지 않은 상태로 둠.
→ 여기에서 '遺'자는 '버리다'를 뜻한다.

180 露呈(노정) : 겉으로 다 드러내어 보임.
→ 여기에서 '露'자는 '드러나다'를 뜻한다.

182 私第(사제) : 개인 소유의 집.
→ 여기에서 '第'자는 '집, 저택(邸宅)'을 뜻한다.

194 遐裔(하예) : 하방(遐方).
→ 여기에서 '裔'자는 '가, 끝, 변방'을 뜻한다.

196 鉢囊(발낭) : 바랑. 승려가 등에 지고 다니는 자루 모양의 큰 주머니.

## 05회 1급 기출·예상문제

159쪽~163쪽

| 01 | 밀랍 | 02 | 훼방 | 03 | 관개 | 04 | 감당 |
|---|---|---|---|---|---|---|---|
| 05 | 공복 | 06 | 여과 | 07 | 범람 | 08 | 회뢰 |
| 09 | 모색 | 10 | 인색 | 11 | 적요 | 12 | 개벽 |
| 13 | 나선 | 14 | 풍미 | 15 | 파탄 | 16 | 유린 |
| 17 | 칩거 | 18 | 나태 | 19 | 논박 | 20 | 분부 |
| 21 | 비장 | 22 | 부고 | 23 | 홍염 | 24 | 초췌 |
| 25 | 상악 | 26 | 질서 | 27 | 포상 | 28 | 슬하 |
| 29 | 필봉 | 30 | 패역 | 31 | 계분 | 32 | 화병 |
| 33 | 퇴영 | 34 | 소급 | 35 | 분수 | 36 | 측은 |
| 37 | 영어 | 38 | 준설 | 39 | 수작 | 40 | 빙자 |
| 41 | 범패 | 42 | 융병 | 43 | 누설 | 44 | 비유 |
| 45 | 기탄 | 46 | 농염 | 47 | 취약 | 48 | 어혈 |
| 49 | 설사 | 50 | 결핍 | 51 | 나눌 반 | 52 | 속일 무 |
| 53 | 날 상 | 54 | 저울 칭 | 55 | 손톱 조 | 56 | 지껄일 훤 |
| 57 | 기쁠 흔 | 58 | 울타리 리 | 59 | 꾀꼬리 앵 | 60 | 꾸짖을 힐 |
| 61 | 고요할 막 | 62 | 먹일 포 | 63 | 미워할 질 | 64 | 불쌍할 휼 |
| 65 | 여윌 척 | 66 | 볼 조 | 67 | 무리 휘 | 68 | 참새 작 |
| 69 | 부술 쇄 | 70 | 모퉁이 우 | 71 | 교활할 활 | 72 | 질길 인 |
| 73 | 채찍 편 | 74 | 쪼갤 부 | 75 | 나부낄 표 | 76 | 빌 주 |
| 77 | 어루만질 무 | 78 | 더러울 비 | 79 | 부의 부 | 80 | 벙어리 아 |
| 81 | 비낄 의 | 82 | 갈빗대 륵 | 83 | ② | 84 | ① |
| 85 | ③ | 86 | ④ | 87 | ② | 88 | ④ |
| 89 | ② | 90 | ③ | 91 | ① | 92 | ② |
| 93 | 虐待 | 94 | 顧客 | 95 | 編輯 | 96 | 葛藤 |
| 97 | 煩惱 | 98 | 穩健 | 99 | 獻呈 | 100 | 掌握 |
| 101 | 籠城 | 102 | 修繕 | 103 | 雌雄 | 104 | 悽慘 |
| 105 | 押留 | 106 | 借款 | 107 | 敷地 | 108 | 拘礙 |
| 109 | 擁護 | 110 | 峽谷 | 111 | 診療 | 112 | 纖維 |
| 113 | 艦艇 | 114 | 養蠶 | 115 | 間諜 | 116 | 僑胞 |
| 117 | 敎唆 | 118 | 歪曲 | 119 | 駐車 | 120 | 酷毒 |
| 121 | 蹴球 | 122 | 專貰 | 123 | 沮害 | 124 | 妖精 |
| 125 | 魅惑 | 126 | 洞窟 | 127 | 預金 | 128 | 揷畫 |
| 129 | 准將 | 130 | 窒息 | 131 | 運搬 | 132 | 循環 |
| 133 | 憫 | 134 | 塞 | 135 | 吟 | 136 | 吏 |
| 137 | 驚 | 138 | 痲 | 139 | 伴 | 140 | 牽 |
| 141 | 悔 | 142 | 躍 | 143 | 朔 | 144 | 盾 |
| 145 | 緯 | 146 | 仰 | 147 | 胸 | 148 | 銳利 |
| 149 | 騷亂 | 150 | 緊張 | 151 | 輕薄 | 152 | 歸納 |
| 153 | 哨舍 | 154 | 追逐 | 155 | 辛勝 | 156 | 螢案 |
| 157 | 奬勵 | 158 | 栽培 | 159 | 聖餐 | 160 | 斬新 |
| 161 | 鑄型 | 162 | 賜死 | 163 | 戴 | 164 | 胎 |
| 165 | 坑 | 166 | 柏 | 167 | 拔 | 168 | 飯 |
| 169 | 靴 | 170 | 傲 | 171 | 忘 | 172 | 矯 |
| 173 | 塗 | 174 | 嘗 | 175 | 網 | 176 | 托 |
| 177 | 觸 | 178 | 辛 | 179 | 口 | 180 | 行 |
| 181 | 牛 | 182 | 老 | 183 | 广 | 184 | 手 |
| 185 | 匚 | 186 | 大 | 187 | 虫 | 188 | 変 |
| 189 | 覇 | 190 | 劑 | 191 | 성난 파도 | | |
| 188 | 깊고 오묘함 | | | 193 | 여든 여덟 살 | | |
| 194 | 몹시 고단함 | | | 195 | 임금이 있는 궁전 | | |
| 196 | 임금이 피난을 감 | | | 197 | 더위를 견디어 냄 | | |
| 198 | 겉으로 나타내어 보임 | | | 199 | 아양을 떨며 곱게 웃음 | | |
| 200 | 자유가 없는 고통스러운 상태 | | | | | | |

### 해설

**04** 勘當(감당) : 심문하고 조사함.
→ 여기에서 '勘'자는 '문초하다, 심문하다'를 뜻한다.

**07** 氾濫(범람) : ① 큰물이 흘러넘침. ② 바람직하지 못한 것들이 마구 쏟아져 돌아다님. '범람(汎濫)'으로 쓰기도 함.

**17** 蟄居(칩거) : 나가서 활동하지 아니하고 집 안에만 틀어박혀 있음.
→ 여기에서 '蟄'자는 '숨다'를 뜻한다.

**20** 吩咐(분부) : 윗사람이 아랫사람에게 명령이나 지시를 내림 또는 그 명령이나 지시. '분부(分付)'로 쓰기도 함.

**28** 膝下(슬하) : '무릎의 아래'라는 뜻으로, 어버이나 조부모의 보살핌 아래. 주로 부모의 보호를 받는 테두리 안을 이르는 말.

**33** 退嬰(퇴영) : ① 뒤로 물러나서 가만히 틀어박혀 있음. ② 활기나 진취적 기상이 없게 됨. ③ 뒷걸음질을 침.
→ 여기에서 '嬰'자는 '닿다'를 뜻한다.

**36** 惻隱(측은) : 가엾고 불쌍함.
→ 여기에서 '隱'자는 '가엾어 하다, 속을 태우거나 우울해하다'를 뜻한다.

**39** 酬酌(수작) : '술잔을 서로 주고받는다'는 뜻에서, '서로 말을 주고받음' 또는 '남의 속보이는 말이나 행동'을 낮잡아 이르는 말.

**41** 梵唄(범패) : ① 석가여래의 공덕을 찬미하는 노래. ② 불경 읽는 소리.

**48** 瘀血(어혈) : (한의학에서) 타박상 따위로 살 속에 피가 맺힘 또는 그 피.
→ 여기에서 '瘀'자는 '어혈지다(타박상 따위로 살 속에 피가 맺히다)'를 뜻한다.

**96** 葛藤(갈등) : '칡과 등나무가 뒤얽히는 것과 같다'라는 뜻에서, 개인이나 집단 사이에 목표나 이해관계가 달라 서로 적대시하거나 충돌함.
→ 칡[葛]은 왼쪽으로 감고 올라가고, 등나무[藤]는 오른쪽으로 감고 올라간다. 이 두 종이 서로 얽혀버리듯이 이해관계가 뒤엉켜버리면 사실상 해결의 실마리는 찾기 어려울 것이다.

**101** 籠城(농성) : ① 적에게 둘러싸여 성문을 굳게 닫고 성을 지킴. ② 어떤 목적을 이루기 위하여 시위의 수단으로 한자리를 떠나지 않고 지키고 있음.
→ 여기에서 '籠'자는 '싸다, 들어박히다'를 뜻한다.

**105** 押留(압류) : 집행 기관에 의하여 채무자의 특정 재산에 대한 처분이 제한되는 강제 집행.
→ 여기에서 '押'자는 '감독하다, 관리하다'를 뜻한다.

**106** 借款(차관) : 국가 간에 자금을 빌려 쓰고 빌려 줌 또는 그 자금.
→ 여기에서 '款'자는 '돈, 경비(經費)'를 뜻한다.

**117** 敎唆(교사) : 남을 꾀거나 부추겨서 나쁜 짓을 하게 함.
→ 여기에서 '敎'자는 '~로 하여금 ~하게 하다'를 뜻한다.

**124** 妖精(요정) : ① 요사스러운 정령(精靈). ② (서양 전설이나 동화에 나오는) 사람의 모습을 하고 불가사의한 마력을 지닌 초자연적인 존재.

**171** 徙家忘妻(사가망처) : '이사를 갈 때 아내를 잊고 두고 간다'는 뜻에서, '무엇을 잘 잊음'을 비유하여 이르는 말.

**175** 生口不網(생구불망) : '산 입에 거미줄을 치지는 않는다'는 뜻에서, '아무리 곤궁하여도 그럭저럭 먹고 살 수 있음'을 이르는 말.
→ 여기에서 '網'자는 '그물, 거미줄'을 뜻한다.

**176** 無依無托(무의무탁) : '몸을 의지하고 맡길 곳이 없다'는 뜻에서, '외로운 상태'를 이르는 말. '托'자는 '託'으로 쓰기도 함.

**196** 蒙塵(몽진) : '먼지를 뒤집어쓴다'는 뜻으로, '임금이 난리를 피하여 안전한 곳으로 떠남'을 이르는 말.
→ 여기에서 '蒙'자는 '무릅쓰다, 덮다'를 뜻한다.

**198** 露顯(노현) : 겉으로 나타내어 보여 줌. '노현(露見)'으로 쓰기도 함.
→ 여기에서 '露'자는 '드러나다, 나타나다'를 뜻한다.

# 한자능력검정시험

## 1급

- **인 쇄** · 2025년 4월 17일
- **발 행** · 2025년 5월 10일

- **엮은이** · 원 기 춘
- **발행인** · 최 현 동
- **발행처** · 신 지 원

- **주 소** · 07532
  서울특별시 강서구 양천로 551-17, 813호(가양동, 한화비즈메트로 1차)

- **T E L** · (02) 2013-8080~1
  **F A X** · (02) 2013-8090
- **등 록** · 제16-1242호
- **교재구입문의** · (02) 2013-8080~1

※ 본서의 독창적인 부분에 대한 무단 인용·전재·복제를 금합니다.

정가 15,000원

ISBN 979-11-6633-390-3  15710